KB264521

프랜차이즈

성공 창업의 길 알고가면 가깝다

프랜차이즈

성공 창업의 길 알고가면 가깝다

최 진 욱 著

KSi 한국학술정보(주)

머리말

　최근 우리나라는 사회·경제·문화적 환경의 급속한 변화를 거치면서 높은 브랜드 가치와 상품의 편의성 및 품질의 우수성을 갈망하는 현명한 소비자들이 많아지고 있고, 그 욕구 또한 다양한 형태로 나타나고 있다. 한편, 기업들은 소비자 기호와 상품소비에 대한 효용을 높이기 위해 고부가가치를 창출할 수 있는 사업테마를 모색하고 있는 것은 물론 새로운 유통방식을 접목한 사업 차별화에 심혈을 기울이고 있는 실정이다.

　패러다임의 변화에 따라 창업이라는 비즈니스 영역에서조차 차별화된 상품기획 능력과 새로운 유통체계에 대비한 점포 운영전략을 구비하지 않으면 안 되게 되었다. 이러한 흐름이 자영업자의 업종전환, 직장인의 창업 선호도 및 실업률의 증가 등의 현상과 부합되면서 프랜차이즈 방식이 개인 창업의 주요한 수단으로 자연스럽게 자리잡는 계기가 마련되었으며, 특히 프랜차이즈 가맹점 창업은 직장인 등 창업 초보자들이 창업 시장에 출사표를 던지는 가장 일반적인 방법으로 각광을 받게 되었다. 이 결과 고용안정과 신규 일자리 창출을 위해 정부는 자영업 활성화 정책은 물론 가맹사업거래법의 개정 및 진흥을 위한 각종 법안을 마련하는 데 부심하고 있다.

　하지만 창업이라는 활동은 이미 갖추어진 테두리 안에서 그 조직이 정해주는 규범과 사업계획에 따라 생활하는 것이 아니라, 모든 사업기반을 자신이 구축하고 자신의 경험과 노하우를 최대한 활용하여 부가가치를 창출해야만 사업을 안정적으로 영위할 수 있다는 특수성을 갖고 있기 때문에, 철저한 시장조사와 준비단계를 거치는 것이 필수적이다. 프랜차이즈 성공 창업을 꿈꾸는 모든 이들이 결코 모든 분야의 전문가가 될 필요는 없지만, 자신들이 당면하게 되는 각종 상황에 대해 적절한 대응방안을 찾을 수 있는 능력이 구비되지 않는 한, 안정적인 창업은 불가능하게 된 것이다.

이 책은 창업경험이 없는 예비창업자들이 많이 선택하게 되는 프랜차이즈 가맹점 창업에 초점을 맞추어 프랜차이즈 개념과 동향은 물론, 실전에 필요한 단계별 창업 준비 절차와 방법에 대해 기술함으로써, 소위 전쟁터나 다름없다는 창업 시장에서의 성공을 위한 가이드라인을 제시하는 데 그 목적이 있다. 또한 창업 실무에 종사하는 분들의 다양한 시각에서 프랜차이즈 창업과 관련된 모든 분야의 기본 구조와 필수적인 사항을 간단명료하게 정리함으로써, 가맹본부 임직원들의 사내 교육과 각종 민관에서 주관하는 창업 관련 교육교재로도 활용될 수 있도록 집필되었다. 이 책의 특징을 정리하면 다음과 같다.

(1) 프랜차이즈 사업에 대한 기본적인 이해와 활용이 가능한 내용으로 구성되어 있다
- 경영학 원론 수준에 가까운 창업 관련 단행본과 성공 창업을 강조한 단행본의 내용에서 탈피하여 가급적 프랜차이즈 창업 원론과 실무를 동시에 이해할 수 있도록 창업 전후에

알아야 할 사항을 단계별로 그리고 최소의 이론을 가미하는 형태로 집필하였다.

(2) 프랜차이즈 창업에 대한 불안감을 해소하고 성공의 실마리를 제공하고 있다.
  - 프랜차이즈 창업 시 반드시 알아야 할 사항과 사전에 체크해야 할 사항 등을 기술함으로써, 충분한 계획과 고려를 거치지 않은 무분별한 프랜차이즈 창업 시도로 인하여 발생하는 사회적 손실을 미리 예방하고, 프랜차이즈 가맹점을 운영하면서 발생할 수 있는 각종 장애요인이나 애로점을 미리 점검, 예측함으로써 보다 성숙한 우량 자영업자로 자리매김하는 데 도움을 주고자 한다.

(3) 프랜차이즈 가맹본부 및 가맹점주가 올바른 운영방법과 전략을 세울 수 있도록 정리되었다.
  - 프랜차이즈 산업에 대한 지식이나 분류방식에 중점을 두지 않았으며, 신뢰성 없는 데이터를 가지고 가맹본부나 실 창업수요자의 판단을 흐리게 하는 내용은 지양하고 있어 변화되는 창업 환경에 대처할 수 있는 능력을 배양할 수 있도록 하는 데 주안점을 두고 있다.

창업 초기에 예비창업자들은 많은 신체적, 정신적 어려움을 느끼고 봉착하게 되는 위기상황을 맞게 되는데, 이러한 상황을 극복할 수 있는 힘의 원천은 가맹본부가 아닌 자신이 창업 전 준비단계를 얼마나 충실히 이행하였는지 여부에 달려있으며, 그 운영결과에 대한 책임 역시 본인에게 있음을 잊어서는 안 될 것이다. 프랜차이즈 가맹점 창업의 성공을 보장받기 위해서는 자신의 마인드를 변화시켜 냉정하고 객관적인 판단하에 영업에 임하는 것이 중요하며, 당장 눈앞의 이익보다는 장기적인 발전에 비중을 두어 모든 사항을 다분히 주관적으로 판단하거나 속전속결하려는 태도를 갖는 것은 바람직하지 않다. 따라서 프랜차이즈 창업에 대한 올바른 메커니즘을 이해하고, 공존공생 관계를 맺게 되는 가맹본부 및 타 가맹점과 더불어 표준화된 영업방침을 성실히 준수한다면, 이 책을 읽는 모든 분들께 좋은 결과가 있으리라 믿어 의심치 않는다.

2006년 9월

최 진 욱

목 차

[제1장] 창업을 위한 새로운 패러다임

[제2장] 프랜차이즈 창업을 위한 준비

[제3장] 가맹점 운영의 기본방침 수립

[제4장] 프랜차이즈 비즈니스 마케팅

[제5장] 세무관리 및 분쟁처리

표 차례

그림 차례

[제1장] 창업을 위한 새로운 패러다임

제1장 창업을 위한 새로운 패러다임

A. 프랜차이즈란

A-1. 프랜차이즈의 이해

> **POINT**
>
> 프랜차이즈 사업은 가맹본부와 가맹점이 가맹계약을 체결하여 양자간의 계속적인 사업동반자 관계를 맺는 시스템이다. 가맹본부는 자사의 상호, 상표, 기타 영업의 상징이 되는 것과 경영 노하우 그리고 동일한 이미지 아래에서 영업할 수 있는 권리를 가맹점에게 부여하고, 가맹점은 그에 상응한 일정한 비용을 지불함과 동시에 사업에 필요한 자금을 투입하여 가맹본부의 지도와 원조 아래 영업활동을 수행하게 된다.

과거 프랜차이즈 시스템은 제조업체가 생산한 상품과 등록된 상표에 한해 판매권리를 부여하는 상품공급형 방식을 취했으나, 1950년대 이후 유형재화의 판매뿐만이 아닌 사업에 필요한 모든 노하우를 포함한 무형자산도 모두 가맹점에게 제공하는 사업형 프랜차이즈 형태로 발전하였다. 이것을 현대적 의미에서의 프랜차이즈 시스템이라고 말하는데 이 책에서 프랜차이즈라고 표현한 모든 형태는 사업형 프랜차이즈를 지칭하는 것이다.

모든 비즈니스가 그렇듯이 프랜차이즈 사업 역시 사업의 정의와 속성을 이해하지 못하고 연관된 주체자들의 이해관계를 파악하지 않고서는 사업을 성공시킬 수 없다. 특히 프랜차이즈 사업의 핵심은 계약주체자인 가맹본부와 가맹점 간의 공존 관계에 있는 만큼, 이들을 둘러싼 환경과 운영방식 등을 사전에 분석한 후 실전에 임하는 것이야말로 사업 성공의 기반을 확고히 다질 수 있는 계기가 될 것이다.

◆ 프랜차이즈의 역사

국내 프랜차이즈 사업은 1975년 치킨전문점 '림스치킨'을 시작점으로 보는 견해가 우세하며, 이후로 커피전문점 '난다랑'과 햄버거 전문점인 '롯데리아' 등이 프랜차이즈 시스템을 도입했다. 현대적인 프랜차이즈 시스템이 국내에 본격적으로 적용된 것은 편의점 체인인 세븐일레븐이 1989년 서울 올림픽선수촌 아파트 상가 내에 올림픽점(1호점)을 오픈하면서부터이다. 〈그림 1〉에서 보듯이 비록 미국보다 120여 년 늦게 도입되었지만, 90년대 외식문화의 확산과 IMF체제 극복과정에서 발생한 경제적, 사회적 여건의 변화가 잠재적 창업수요를 흡수하면서 짧은 기간에 급격한 양적 성장을 거듭하게 되었다. 이후 현재까지 프랜차이즈 시스템은 국내 산업의 대부분 영역으로 빠르게 확산되고 있으며, 유통시스템 전반의 정책 방향과 소비자 인식을 바꿔 놓는 등 큰 반향을 불러일으키고 있는 것도 사실이다.

현재 국내 프랜차이즈 산업은 최대 성숙기를 맞고 있는 반면, 내부적으로는 업계의 자정노력 분위기와 더불어 프랜차이즈 산업 전반에 걸친 구조조정이 진행되고 있다. 외부적으로는 해외 현지법인 설립, 합작투자, 마스터 프랜차이징 등의 방법을 통해 해외로 진출하는 가맹본부가 눈에 띄게 증가하고 있고, 외식업과 서비스업을 중심으로 대기업의 진출이 활발히 전개되고 있는 한편, 역으로 국내법인 등을 통해 과거 개인기업 위주로 무분별하게 해외 브랜드를 도입했던 방식과는 달리 우수한 프랜차이즈 브랜드를 과학적이고 체계적인 분석과 검증을 통해 선별적으로 도입하는 사례도 늘어나고 있다.

<그림 1-1> 프랜차이즈 사업의 태동과 성장

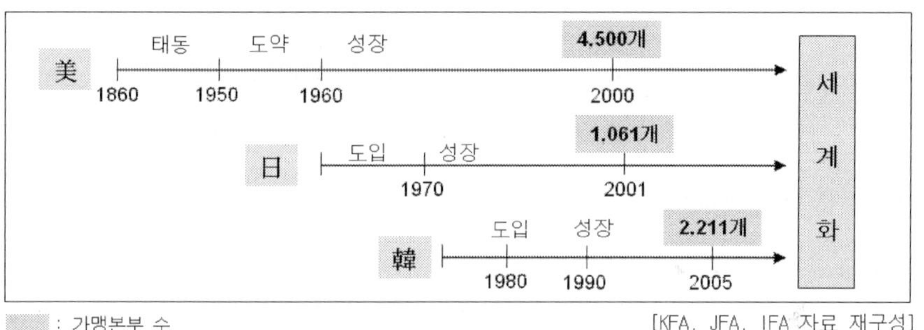

◈ 프랜차이즈의 법률적 해석

2002년에 제정된 가맹사업거래의공정화에관한법률 (略, 가맹사업거래법, 공정거래위원회)에서는 프랜차이즈 사업을 가맹사업이라는 용어로 대용하고 있으며, 그에 대한 정의를 다음과 같이 내리고 있다.

'가맹사업'이라 함은 가맹본부가 가맹점사업자로 하여금 자기의 상표·서비스표·상호·간판 그 밖의 영업표지를 사용하여 일정한 품질기준에 따라 상품(원재료 및 부재료를 포함) 또는 용역을 판매하도록 함과 아울러 이에 따른 경영 및 영업활동 등에 대한 지원·교육과 통제를 하며, 가맹점사업자는 영업표지의 사용과 경영 및 영업활동 등에 대한 지원·교육의 대가로 가맹금을 지급하는 계속적인 거래관계이다.

각 국가, 기업, 프랜차이즈 관련 단체마다 나름대로 프랜차이즈에 대한 개념을 약간씩 달리하고 있으나 그 내용면에서는 가맹사업거래법에서 정의하고 있는 내용과 크게 차이가 없음을 알 수 있다. 결국 범용적으로 지칭되는 프랜차이즈, 가맹사업이라 함은, 한마디로 가맹본부와 가맹점 간 가맹계약에 의해 공동의 사업목표를 달성하기 위해 지속적인 거래관계를 유지하는 시스템이라고 할 수 있다. 이 책에서 기술하고 있는 프랜차이즈의 개념 역시 가맹사업거래법상의 정의를 따르고 있으며, 이를 도식화하면 〈그림 1-2〉와 같은 관계구도로 표현할 수 있다.

〈그림 1-2〉 가맹본부와 가맹점 간의 관계구도

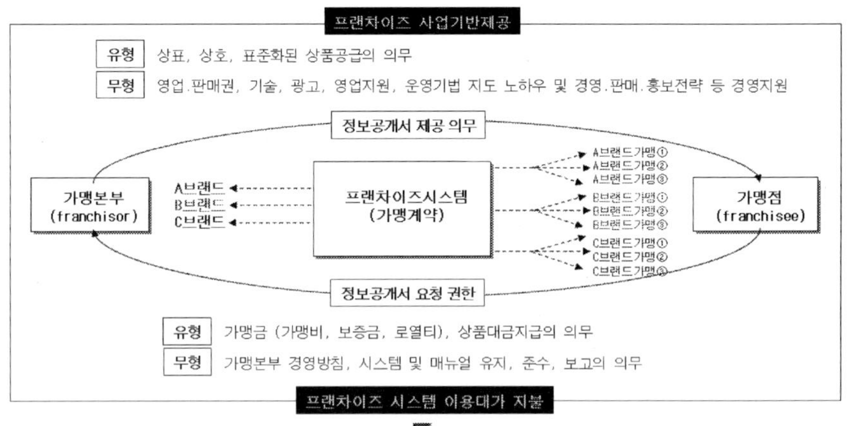

프랜차이즈와 유사한 개념으로 체인(Chain)사업에 대한 법률적인 해석이 있을 수 있는데, '유통산업발전법'에서는 '체인사업'을 같은 업종의 여러 소매점포를 직영(자기가 소유하거나 임차한 매장에서 자기의 책임과 계산 아래 직접 매장을 운영하는 것을 말한다)하거나 같은 업종의 여러 소매점포에 대하여 계속적으로 경영을 지도하고 상품·원재료 또는 용역을 공급하는 사업으로서 대통령령이 정하는 것이라고 정의하고 있다. 체인사업은 프랜차이즈 사업보다 광의의 개념으로서 이에 대한 내용은 'A-2. 프랜차이즈의 특성과 구별'에서 자세히 언급하도록 하겠다.

◆ 프랜차이즈와 관련된 용어의 정의

프랜차이즈 사업 이해를 위해 반드시 알아야 하는 기본 용어에 대해 가맹사업거래법에서 정의하고 있는 내용을 바탕으로 정리해보면 다음과 같다.

○ '가맹본부'라 함은 가맹사업과 관련하여 가맹점사업자에게 가맹점운영권을 부여하는 사업자로서 가맹본사라고도 말한다.

○ '가맹점사업자'라 함은 가맹사업과 관련하여 가맹본부로부터 가맹점운영권을 부여받은 사업자로서 가맹점 또는 가맹점주라고도 말한다.

○ '가맹희망자'라 함은 장래 가맹점을 운영할 목적으로 특정 가맹본부로 하여금 가맹점사업자의 부담, 영업활동의 조건 등 제10

호의 정보공개서의 내용을 제공하도록 서면으로 신청하는 자로서 예비 가맹점 또는 예비 가맹점주라고도 말한다.

○ '가맹점운영권'이라 함은 가맹본부가 가맹계약에 의하여 가맹점사업자에게 가맹사업을 영위하도록 부여하는 권리를 말한다.

○ '가맹금'이라 함은 명칭이나 지급형태 여하에 불구하고 다음 각 목의 1에 해당하는 금전으로서 대통령령이 정하는 것을 말한다.

- 가맹점사업자가 가맹점운영권을 부여받을 당시에 영업표지의 사용허가와 영업활동에 관한 지원·교육 등의 대가로 가맹본부에게 지급하는 금전으로 초기투자비용의 하나인 가맹비가 이에 해당한다. 즉 가맹점주가 맺은 가맹계약에 귀속되는 브랜드와 함께 제공되는 운영기법·경영, 판매전략, 교육·광고와 홍보 등에 대한 일종의 노하우 제공에 대한 대가로서 대부분 비환급성 비용이다.

- 가맹점사업자가 상품의 판매대금 등에 관한 채무액 또는 손해배상액의 지급을 담보하기 위하여 가맹본부에게 지급하는 금전으로서 상품이나 용역공급에 대한 보증금이 이에 해당한다.

- 가맹점사업자가 가맹본부와의 계약에 의하여 승낙 받은 영업표지의 사용과 영업활동에 관한 지원·교육 등의 대가로 가맹본부에게 정기적으로 지급하는 금전으로서 교육훈련비나 로열

티가 이에 해당된다. 가맹계약 이후 발생되는 신메뉴 R&D, 상표권, 유지·관리비 등 지속적인 상품과 노하우 공급을 위해 필요한 것들에 적용되는 약정 금액이다. 보통 매출 대비로 책정하는 경우가 가장 많으며, 일시불 또는 월별, 분기별, 연별로 지급하는 방식을 취하고 있다.

한편, 가맹사업거래법 시행령에서는 가맹금의 범위를 다음과 같이 프랜차이즈 사업뿐만 아니라 대리점, 체인점, 위탁점 등을 포함하는 광범위한 내용을 담고 있어 현재까지도 프랜차이즈의 사업 범위에 대해 학자들뿐만 아니라 사업자들 간에도 혼동과 논란의 대상이 되고 있다.

- 가맹점사업자가 가맹점운영권을 부여받을 당시에 영업표지의 사용허가와 영업활동에 관한 지원·교육 등의 대가로 가맹본부에 지급하는 금전(예: 개시지급금, 가맹본부로부터 공급받은 정착물, 설비, 원자재 또는 가맹사업을 운영하기 위하여 최초로 가맹점사업자에게 인도되는 물품의 가격 또는 부동산의 임차료 명목으로 가맹본부에 지급하는 금전 중 적정한 도매가격을 초과하는 금전)

- 가맹보증금, 보증금 등 명칭 여하에 불구하고 가맹점사업자가 상품의 판매대금이나 자재대금 등에 관한 채무액 또는 손해배상액의 지급을 담보하기 위하여 가맹본부에 지급하는 계약이행보증금

- 가맹점사업자가 가맹본부와의 계약에 의하여 승낙받은 영업표지의 사용과 영업활동에 관한 지원, 교육 등의 대가로 가맹본부에 정기적으로 지급하는 금전(예: 정기지급금, 가맹본부로부터 공급받은 상품, 원재료, 부재료, 정착물, 설비, 자재의 가격 또는 부동산의 임차료에 대하여 가맹본부에 정기적으로 지급하는 금전 중 적정한 도매가격을 초과하는 금전)

○ '가맹지역본부'라 함은 가맹본부와의 계약에 의하여 일정한 지역 안에서 가맹점사업자의 모집, 상품 또는 용역의 품질유지, 가맹점사업자에 대한경영 및 영업활동의 지원·교육·통제 등 가맹본부의 업무의 전부 또는 일부를 대행하는 사업자로서 보통 관할 지역의 물류업무를 담당하는 사무소에서 이 역할을 병행하는 경우가 많으며, 대부분 가맹본부와는 별도의 사업자로 등록되어 있다.

○ '가맹중개인'이라 함은 가맹본부 또는 가맹지역본부로부터 가맹점사업자를 모집하거나 가맹계약을 준비 또는 체결하는 업무를 위탁받은 자로서 점포개설 담당자라는 명칭으로 통용되고 있으며, 일명 오더맨이라고 불리기도 한다. 이들은 가맹본부 직원이 아닌 경우가 많고 계약 성사 건수에 따라 일정액의 수수료나 인센티브를 지급받기 때문에 가맹점 유치에만 심혈을 기울일 뿐 사후관리가 전혀 되지 않아 향후 분쟁의 원인이 되기도 한다. 이것은 가맹본부 소속이 아니면서 가맹사업거래법에서 규정된 만큼의 역할을 담당하는 자연인은 현실적으로 존재하기

어렵다는 것을 반증하는 것이다.

○ '가맹계약서'라 함은 가맹사업의 구체적 내용과 조건 등에 있어 가맹본부 또는 가맹점사업자의 권리와 의무에 관한사항을 기재한 문서를 말한다.

○ '정보공개서'라 함은 가맹본부의 사업현황, 임원의 경력, 가맹점사업자의 부담, 영업활동의 조건, 가맹점사업자에 대한 교육·훈련·지도·통제, 가맹계약의 해제·해지·갱신 기타 해당 가맹사업에 관하여 대통령령이 정하는 사항을 수록하여 책자로 편철한 문서를 말한다.

○ '수퍼바이저(supervisor)'라 함은 정기 또는 비정기적으로 가맹점을 방문하여 영업과 관련된 각종 지도와 편달을 담당하는 가맹본부의 스텝으로서 판매현장인 가맹점에서 발생하는 정보를 수시로 본사로 전달하고 가맹본부의 지침 및 각종 통보사항을 가맹점에 전파하는 역할을 수행한다.

○ '매뉴얼'이라 함은 가맹본부가 모든 가맹점을 대상으로 표준화되고 통일된 노하우를 전달하기 위해 만들어 놓은 각종 지침서를 말한다.

◈ 기타 프랜차이즈 사업 관련 법규

○ 독점규제 및 공정거래에 관한 법률 (공정거래위원회)

○ 표시·광고의 공정화에 관한 법률 (공정거래위원회)

○ 약관의 규제에 관한 법률 (공정거래위원회)

○ 소비자보호법 및 소비자 피해보상규정 (재정경제부)

<table>
<tr><td align="center">Reference Site</td></tr>
<tr><td>재정경제부 (www.mofe.go.kr)
공정거래위원회 (www.ftc.go.kr)
공정거래위원회 기업협력단 가맹유통팀 (franchise.ftc.go.kr)
가맹사업거래분쟁조정협의회 (www.fmc.or.kr)</td></tr>
</table>

A-2. 프랜차이즈의 특성과 구별

POINT

프랜차이즈 사업은 가맹본부 측면에서는 적은 자본으로 영역지역을 빠르게 확산시켜 규모의 경제와 범위의 경제를 통해 수익원을 창출시키기에 알맞은 사업방식이라는 점에서, 가맹점 측면에서는 브랜드 인지도를 바탕으로 비교적 쉽게 고객을 확보할 수 있고, 가맹본부의 지속적인 지원하에 표준화된 운영 경험을 축적함으로써 비용절감을 도모할 수 있다는 점에서 각광을 받고 있다.

모든 사업은 경제활동의 기본요소인 노동, 토지, 자본을 통해 부가가치를 창출해야만 생존할 수 있다. 그러나 부가가치를 창출하기 위해 동종 간, 이종 간의 사업 운영주체들이 협력하기란 결코 쉽지 않은 일이다. 이러한 측면에서 프랜차이즈 창업은 〈그림 1-3〉과 같이 독립창업과는 달리 가맹본부와의 협업과 공동체 의식 및 가맹점 간의 유대성을 기반으로 구매력과 브랜드 파워를 제고시키고 공동구매를 통한 원가절감을 가능케 함으로써 사업의 성공확률을 높일 수 있다는 강점을 갖고 있다. 또한 성숙해진 소비자들에 의해서 각각의 가맹본부 또는 브랜드 간의 경쟁을 유발시킴으로써 자연스럽게 프랜차이즈 시장을 정화시켜 바람직한 창업문화를 제시하고 사업기반을 안정적으로 정착시키는 데 도움을 주기도 한다.

〈그림 1-3〉 프랜차이즈 사업의 발전 기반

◆ 프랜차이즈의 비교우위

우리나라 프랜차이즈 산업은 투자적인 측면보다는 비용적인 측면에서 사업의 경제성이 입증되어 급속하게 발전되었다고 볼 수 있는데, 그 이유는

첫째. 사업규모의 확장에 의한 저비용 실현이 가능하다는 규모의
경제성

둘째. 사업활동의 범위를 넓혀 판매 채널, 브랜드명, 생산 설비 등
의 경영자원과 노하우를 복수 가맹사업에 활용할 수 있다는
범위의 경제성

셋째. 가맹본부 및 가맹점이 습득한 경험을 바탕으로 비용 절감을
도모할 수 있다는 경험곡선에 부합함과 브랜드의 선호에 따른
소비자의 배움 효과가 점진적으로 증대되고 있기 때문이다.

즉, 프랜차이즈 사업상 첫째, 둘째 측면은 가맹본부 입장에서 나머
지는 가맹점 입장에서 확장성과 안정성을 도모하는 기존 창업형태와
는 차별화된 비교우위를 누릴 수 있는 시스템이라고 할 수 있는데
이를 도식화하면 〈그림 1-4〉와 같다.

〈그림 1-4〉 프랜차이즈 시스템의 비교우위

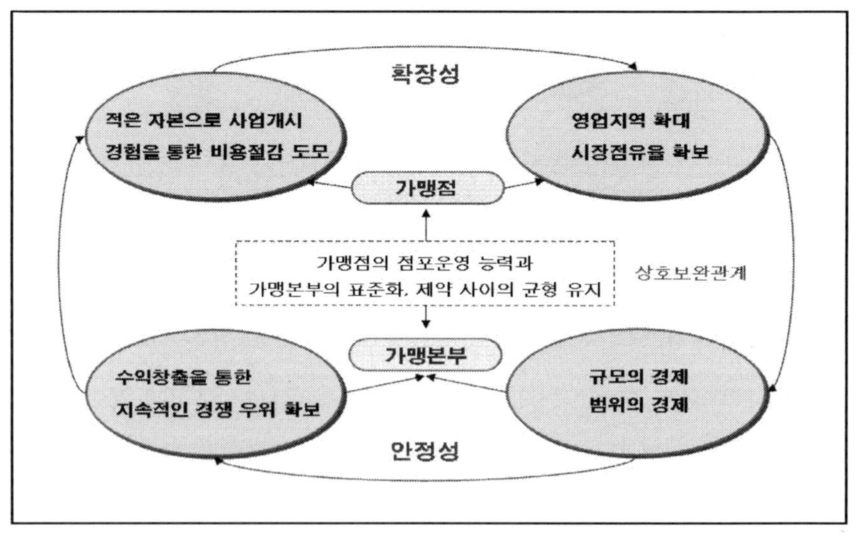

독립창업과 프랜차이즈 창업의 가장 큰 차이점은 가맹본부와 가맹점과의 가맹계약에 의해 대등한 지위에서 사업을 진행한다는 점과 가맹사업의 양적, 질적 확대에 따른 재생산과 재소비를 창조한다는 것이다. 창업 역시 일반 기업경영과 마찬가지로 성공의 불확실성은 매우 높으며, 특히 창업의 경우에는 한번의 실패가 돌이킬 수 없는 결과를 초래할 수도 있기 때문에 모든 것을 혼자서 한다는 생각보다는 자신의 능력을 기반으로 타인으로부터 성공사업을 위한 노하우를 조달받아 운영할 수 있는 방식을 택하는 것이 현명하다고 할 수 있다.

창업 시장은 소비자의 변덕과 신속하게 변화하는 외부환경으로 요동치는 험난한 전쟁터이다. 새로운 컨셉과 노하우를 자신의 능력과 조합하는 방식의 창업형태에 대해 막연히 부정적인 선입견을 갖기보다는 긍정적인 창업인의 자세로 냉정하게 자기 자신과 창업시장을 분석해보는 것이 더 현실적이라는 점을 잊지 않도록 해야 한다.

◆ 프랜차이즈 사업의 유사 개념

프랜차이즈에 대한 법률적, 사전적 의미가 실제 현장에서 이루어지는 사업전개 방식에 부합되느냐 아니냐는 그다지 중요하지 않으며, 혼용되고 있는 프랜차이즈 개념을 굳이 재정의할 필요는 없다고 생각한다. 〈표 1-1〉과 〈그림 1-5〉에서 표현한 프랜차이즈 사업과 유사 개념들을 구분한 것은 다분히 이론적이지도 주관적이지도 않은 범용적으로 흔히 지칭하거나 사용하고 있는 용어와 내용들을 현실에 맞게 재정리한 것이다. 이렇게 정리가 되어야 하는 기본적인 이유는 프랜차이즈 사업수행의 주체로서 적용될 수 있는 법률이 이미 시행

되고 있고, 세제, 대출 등 금융상의 각종 혜택을 받을 수 있는 제도
가 존재하고 있기 때문이다.

<표 1-1> 프랜차이즈 사업의 유사개념 및 구별

구 분	가맹점 (Franchisee)	대리점 (Agent)	체인점 (Chain Store)
형 태	가맹계약형 프랜차이즈	상품판매형 프랜차이즈	자율판매형 프랜차이즈
공급자	가맹본부 (계약상품+상표권+가맹 본부의 각종 노하우)	특정 제조업자 ·(소품목 상품+상표권)	불특정 다수의 제조업자 (다품목 상품+상호)
사업시작의 원 천	가맹본부	제조업체	유통업체
운영형태	-한 개의 가맹본부와 다수 의 가맹점주와의 가맹계 약에 의한 상호 대등한 권위에서의 권리와 의무 를 수행하는 방식	-Brand Name Value가 높 은 제조회사가 사용하는 사업방식 -제조업체가 자사상품 판 매를 위해 운영하는 형태	-동종업종끼리의 공동개발, 연구를 통해 노하우와 동 일한 상호를 사용 -각 소유대표는 별도로 존재
운영방법	-시대적 변화에 따라 나타 나는 신규시장 또는 니치 마켓을 선점하기 위해 가 맹본부의 차별적인 브랜 드 컨셉과 동일한 매장 분위기, 서비스 등을 가맹 점주가 전수받아 판매를 대행하는 형태 -전 가맹점이 가맹본부의 동일한 컨셉으로 운영되 어 본사의 제약이 심하며, 개인이 판단한 시장 상황 에 대해 탄력적으로 대응 전략을 구사하기가 어려움	-한 사업자의 제품만을 판매 -제품가격의 임의조정 불가 -본사 제품 외 타 제품 사입 불 가 -공급제품 변형제작 판매 불가	-상호만 사용할 뿐 매장 내 의 상품이나 서비스에 대 해 많은 규제나 간섭을 하지 않는 형태 -판매상품의 종류, 가격, 마 케팅 방법 등이 점포마다 상이 -본사가 다수의 매장을 소 유하고 점장 또는 매니저 를 두고 본사의 운영방침 을 대행하는 형태 또는 독립된 소매점들이 협동 하는 형태로 운영
관련 주 법률	가맹사업거래의공정화에 관한법률	공정거래법	유통산업발전법
대표사례	-직영점 형태:대형 패스 트푸드, 패밀리레스토랑 -순수 개인가맹과 위탁가맹 의 혼합형태: 24시간 편의점 -개인가맹 형태: 배달, 내 점형 등 방식의 외식, 도 소매, 서비스업종 대부분 의 개인 가맹점포	가전, 전자제품 메이커가구점, 주유소	대형할인마트, 슈퍼센터, 슈 퍼마켓, 기타 유통업체 또 는 voluntary 형태의 슈퍼 마켓

〈그림 1-5〉 프랜차이즈 사업의 구별

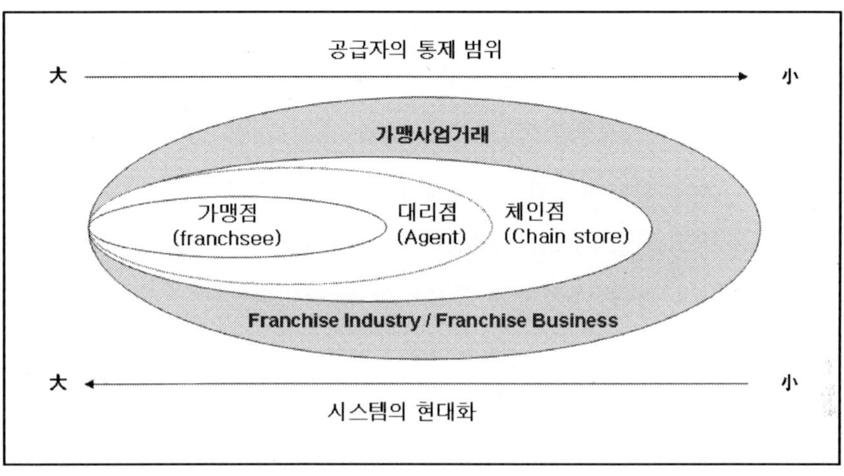

◈ 운영 방식에 따른 가맹 형태

또한 프랜차이즈 사업은 가맹본부의 운영 방식에 따라 〈표 1-2〉와 같이 구별할 수 있는데 보통 운영방식을 결정짓는 요소가 출점 방식 또는 입점 위치와 방법에 따라 구분되며, 이에 따라 발생한 매출에 대해 수익을 어떻게 배분하느냐가 가맹본부의 운영방식으로 채택되고 있음을 알 수 있다.

〈표 1-2〉 운영 방식에 따른 가맹형태 및 구별

운영방식	가맹형태	가맹개설 이해관계자
Direct Franchise	전형적인 프랜차이즈 가맹형태	개인 vs 가맹본부
Commission Franchise	위탁가맹형태	개인 vs 가맹본부
Profit Sharing Franchise	대형 marketplace에 입점하는 형태	개인 vs 가맹본부 vs 대형유통업체
Master Franchise	현지 총판 형태	가맹본부 vs alliance 체결 업체

Direct Franchise는 국내 대부분의 프랜차이즈 가맹본부가 택하는 방법으로서 가맹본부가 직접 운영하는 직영점 운영 형태와 일반 개인과의 가맹계약을 통해 가맹점 개설을 승인하여 진행하는 형태가 있다. 직영점은 가맹본부의 판단에 따라 A급 상권 또는 적합지로서 반드시 출점이 필요하지만, 임대료나 제반 입점 조건이 까다로워 개인가맹 유치가 힘들 것으로 예상하거나 가맹본부의 전략적 요충지로 활용하기 위해 직접 개설하여 운영하는 방식이다.

Commission Franchise는 보통 편의점 관련 가맹본부가 순수가맹점이 아닌 위탁가맹점에 사용하는 형태로서 투자금액이 적은 가맹희망자를 대상으로 점포에 대한 직접적인 투자(점포임대비용, 권리금, 판매시설 및 집기, 인테리어 비용 등)와 인건비를 제외한 점포보증금 및 월세, 수도광열비 등의 운영경비는 가맹본부가 부담하고 가맹점주에게는 경영만 위탁하는 방법을 취한다. 가맹점주는 적은 투자비용과 신규 창업에 대한 위험을 회피할 수 있다는 장점이 있는 반면, 이익배분금이 상대적으로 적다는 단점을 지니고 있다.

Profit Sharing Franchise 는 대형 마켓플레이스를 보유하고 있는 백화점이나 할인마트에 입점하여 매출의 일정비율을 share하거나 수수료를 지급하는 형태로 보통 가맹본부와 유통사가 직접 계약을 체결하는 것이 일반적이며, 가맹본부가 대리인(가맹점주)과의 별도 계약을 통해 위임하는 경우도 있다. 이 경우에는 유통사에게 지급한 이익배분액을 제외한 매출의 일정비율을 가맹본부와 대리인이 share하거나 성과급 형태로 지급하기도 한다.

마스터프랜차이즈(Master Franchise)는 가맹본부가 브랜드 사용권과 사업 노하우를 전수하고 투자와 운영은 제휴 대상자가 담당하도록 하는 형태로서 보통 가맹본부가 해외로 진출할 때 쓰는 방식이며, 현지 법인설립 방식과는 구별된다. 가맹본부 입장에서 자본투자 없이 또는 투자규모를 최소화하여 이질적인 문화와 소비환경에 따라 발생할 수 있는 위험을 최소화시키고, 브랜드와 시스템만을 수출하여 현지 사업권자의 경험과 노하우를 최대한 활용할 수 있을 뿐만 아니라 단기간에 외국의 자본을 투입해 해외시장을 공략할 수 있다는 장점 때문에 선호하는 경향이 있는 반면, 현지인의 운영방식의 변용에 따라 브랜드 또는 상품 가치를 떨어뜨릴 수도 있다는 단점을 지니고 있다.

◈ 프랜차이즈 가맹본부의 주수입원

프랜차이즈 가맹본부의 수입원은 결국 가맹점 입장에서는 비용이다. 가맹본부는 가맹 초기부터 운영에 이르기까지 각 가맹점으로부터 징수하는 각종의 가맹금, 예를 들어 상권분석을 통한 가맹점의 입지선정 등을 위한 초기 수수료 명목의 수수료, 개시지급금, 정기지급금, 계약이행보증금 등이 바로 그것이며, 이 수입원에는 공급한 상품에 대해 취하는 일정의 마진율, 가맹점의 매출액, 면적 단위 등으로 일시불, 또는 기간에 따라 산출하여 징수하는 Brand License Fee 등의 로열티와 마케팅 비용의 공동 부담액 등을 모두 포함하게 된다.

참고적으로 외국계 프랜차이즈 또는 국내 메이저급 가맹본부일수록 초기 가맹금이 고액인 경우가 많으며, 일부 편의점 업계의 경우에는 임차장소, 장비, 시설에 대한 대여비 명목의 수수료를 주 수입원으로 하는 경우도 있다.

◈ 독립 창업과 프랜차이즈 창업의 차이점

〈표 1-3〉과 같이 프랜차이즈 창업은 독립 창업과 상이한 점이 많다. 또한 프랜차이즈 가맹점 창업도 가맹본부로부터 제공받는 유·무형 재화의 종류와 공급범위에 따라 운영방법이 다를 수 있으므로 향후 가맹본부 선택 시 고려해야 한다.

〈표 1-3〉 독립 창업과 프랜차이즈 창업의 구별

구분	독립 창업	프랜차이즈 창업 (가맹점)	
		상표권만 사용하는 경우	상표권 및 원부자재를 사용하는 경우
형 태	개업준비~운영~폐업까지 일련의 사업활동을 모두 개인이 해결하는 형태	일반적으로 가맹본부가 개업준비~운영에 조력함	-일반적으로 가맹본부가 개업준비~운영~폐업에까지 조력함 (단, 점포의 명의변경과 양도양수, 매매 시 투자금액 회수 등에 가맹본부가 비협조적인 태도를 보이는 경향이 있음)
		프랜차이즈 가맹본부로부터 등록된 상표의 사용을 승인받고, 소정의 교육을 이수한 후 판매에 임하는 형태	프랜차이즈 가맹본부의 등록된 상표 사용 및 원부자재를 공급받아 본사가 규정한 각종 매뉴얼을 준수하여 매장을 운영하는 형태
장 점	-모든 경영을 자신만의 노하우를 바탕으로 독창적인 컨셉과 운영방식을 구사할 수 있음 -시장 상황과 변화에 따라 아이템, 가격, 마케팅 등 모든 부분을 탄력적으로 대응, 운영 -상품구매와 판매가의 조정으로 마진율을 독단적으로 결정할 수 있음 -BEP가 낮다	-상표에 대한 로열티만 지급하는 데 비해 브랜드 인지도와 지명도를 쉽게 갖출 수 있음 -점포운영이나 영업방식에 대한 가맹본부의 간섭이 비교적 적다	-실패위험이 적어 초보창업자에게 유리 -경험부족으로 이한 불안감을 해소할 수 있음 -신뢰도, 인지도, 지명도가 개점과 동시에 발생되어 쉽게 개업발(open발)을 받을 수 있음 -본사의 통합된 홍보대행으로 영업력 상승 -단기간에 학습능력이 배양됨 -편의성, 품질, 서비스의 일관성을 유지할 수 있음 -소비자 기호의 변화에 체계적인 대응이 가능

구분	독립 창업	프랜차이즈 창업 (가맹점)	
		상표권만 사용하는 경우	상표권 및 원부자재를 사용하는 경우
단점	-초보자에게 불리함 -인지도, 신뢰도가 상대적으로 낮음 -고객포용에 시간이 많이 걸리며, 상권에 따라 초기에 사업성패가 결정되는 경향이 많음 -모든 사업활동에 대한 책임과 권한이 자신에게 있다	-개점 후 같은 상표를 사용하는 가맹점과 동일한 형태의 서비스를 제공할 수 없는 경우가 발생함 -가맹본부가 불평등한 계약조건을 요구하는 경우가 많음 -상표권에 대한 분쟁이 많음	-프랜차이즈 가맹본부의 의지대로 무조건 끌려갈 수 있음 -가맹본부의 매뉴얼 준수와 각종 절차 등에 대해 운영상 제약을 받을 수 있음 -가맹점주가 운영에 필요한 사항을 즉시 해결하지 못하는 경우가 있음 -독립창업에 비해 마진율이 떨어짐 -BEP가 높아 일정 수준의 매출을 달성해야 함 -초기투자비의 부담 -부실 가맹본부 선택에 의한 피해가 발생할 수 있음 -타 가맹점에 의해 뜻하지 않은 피해를 입을 수 있음
Key point	-경쟁력 있는 자신만의 노하우가 반드시 필요함 -신뢰와 정감 있는 인상과 사업마인드가 구비되어야 함 -원부자재의 질에 많은 신경을 써야 함	-가맹본부의 각종 서비스 매뉴얼을 모든 가맹점이 전적으로 준수해야 함 -상표권 소유업체의 과대맹신은 금물	-가맹점 수보다는 가맹본부의 책임감, 안정성, 노하우를 검증해야 함 -단기적 측면보다는 장기적으로 운영이 가능한 아이템을 선정
		-브랜드파워의 약화로 인한 매출기복이 심함 -가맹본부의 다수 브랜드 운영으로 인한 가맹점 관리 소홀 -제품과 서비스에 대한 결함이나 하자 발생 시 구전효과에 인해 브랜드는 물론 전가맹점의 매출에 악영향을 미칠 수 있음	

<table>
<tr><th colspan="2">Reference Site</th></tr>
<tr><td colspan="2">

한국프랜차이즈협회 (www.ikfa.or.kr)

한국편의점협회(www.cvs.or.kr)

한국체인스토어협회 (www.koca.or.kr)

</td></tr>
</table>

B. 새로운 비즈니스 패러다임

B-1. 창업 패러다임의 변화

> **POINT**
>
> 시대의 흐름에 따라 변화하는 패러다임은 정치·경제·사회·문화 등의 모든 분야에 커다란 영향을 미치게 된다. 특히 정보화의 발전 및 신경제이론의 탄생과 더불어 급속한 패러다임의 전환을 시시각각 맞이하게 되면서 창업의 형성과정과 형태도 다양하게 변화되었으며, 프랜차이즈 창업 역시 이론적인 개념에 국한되지 않고 실생활과 소비자 기호의 변화와 밀접한 관계를 형성하면서 빠른 발전을 거듭해나가고 있다.

우리나라는 고려시대부터 사농공상(士農工商) 즉, 선비, 농민, 공장(工匠), 상인 등의 순으로 직업에 따른 사회계급의 귀천을 구별하였다. 비록 이러한 계급 질서는 1894년 갑오개혁 이후 점차 무너지기 시작했으나 아직도 우리 부모님 세대는 물론 심지어 청장년층조차 상인을 등한시하는 풍토는 아직도 잔재해 있다. 하지만 정보화 시대에 즈음한 작금에는 변호사, 의사 등 소위 '사'字 신분을 가진 사람들 역시 사업을 영위하기 위한 무한 경쟁시대에 돌입해 있어 자연적으로 사업적인 마인드를 배양하고 몸소 실천하고 있으며, 직장인과 주부 그리고 전업준비자들도 그들 나름대로 여타의 이유에서 상인을 바라보는 관점을 달리하고 있다. 특히 상인으로 신분을 바꾼 사람들은 창업이라는 과정을 통해 새로운 직업을 보유하게 된 것을

조직으로부터의 탈피를 통한 안식처를 마련했다는 측면보다는 자아
실현과 자기계발을 위한 선택이라고 생각하는 등 상업에 종사하는
사람들을 바라보는 사회적 인식이 점차 달라지고 있다는 것을 알 수
있다.

　이러한 사회적 인식의 변화와 실천 주체의 다양화에 따라 창업시
장 역시 더욱 더 치열한 전쟁터가 될 것은 불 보듯 뻔한 일이다. 따
라서 창업을 희망하고 또한 성공을 원한다면, 철저한 사업의 이해와
전략기획 및 운영노하우를 겸비하여야 함은 물론이고 단지 의욕으로
만 창업시장에 접근하는 태도는 지양해야 할 것이다. 바야흐로 정보
화와 지식기반의 경제 활동이 저변화되면서 이제는 창업분야에서도
전문화, 다양화, 차별화를 겸비해야 함은 물론, 아이템에 대한 핵심기
술이 없이는 생존하기 어려운 세상이 도래한 것이다.

　〈그림 1-6〉은 외부환경의 변화에 따른 창업의 발전단계를 도식화
한 것으로 정보화의 급속한 진전에 따라 변화되고 있는 패러다임을
기준으로 창업의 형태가 어떻게 바뀌고 있는지 나타낸 것이다.

<〈그림 1-6〉 패러다임의 전환에 따른 창업 형태의 변화

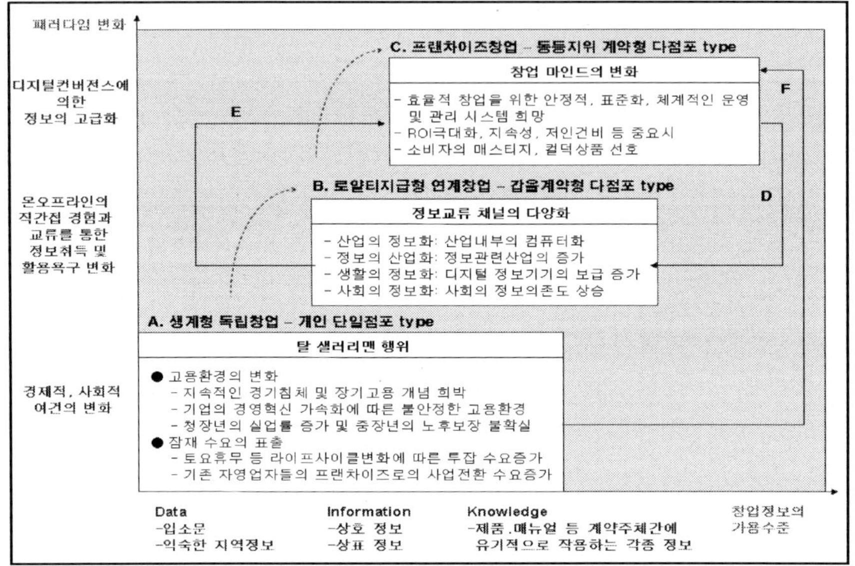

그림에서 보듯이 우리나라의 창업 형태는 A~F로의 순환고리를 갖고 진화하고 있는데, 특이한 점은 각 단계별로 순차적으로 진행되어 발전하는 경우도 있지만 비순차적 또는 개별 단계의 통합과 병행 등을 통해 각종 변형된 형태의 새로운 창업 비즈니스모델(BM; Busienss Model)을 만들어내면서 진화하고 있다는 점이다. 그 이유는 과거 data 수준의 창업정보가 이제는 지식수준에 가까운 정보로 바뀌고 있어 잠재 창업수요자가 획득할 수 있는 질 높은 정보에 대한 가용수준이 점차 높아지고 있음은 물론 이에 부응하여 소비자가 선호하는 재화의 선택기준 역시 변화하고 있기 때문이라고 할 수 있다.

창업의 진화를 카테고리별로 다음과 같이 설명할 수 있다. A단계는 개인이 단일점포형태로 생계형 독립창업을 시도했던 시기로서 80

년대 경기호황을 기회로 삼아 무분별하게 창업을 시도했거나, 특히 90년대 후반에 찾아온 IMF 시대에 즈음하여 조직에서 이탈 또는 조직에 대한 회의감을 느낀 샐러리맨들이 경험 없이 창업 시장으로 대거 영입되게 된 전형적인 자영업 창업 모델이다.

이렇듯 급속한 경제적, 사회적 여건의 변화로 인해 창업에 대한 잠재수요가 급속히 많아짐에 따라 선발 창업주들은 B단계와 같은 브랜드 라이선스를 이용한 로열티 지급방식의 시스템 도입을 가속화시킴으로써 경험이 없는 예비창업자들을 자사의 영업 대열에 참여시키기 위해 많은 노력을 기울이게 된다. 이러한 과정 속에서 편의점 위주로 운영되었던 프랜차이즈 방식이 전 산업, 모든 업종에 확산되는 결과를 낳았고, 마침내 C단계와 같이 대등한 지위에서 가맹계약을 통해 가맹점을 개설하는 정통 프랜차이즈 시스템이 각광을 받기 시작했다.

특히 프랜차이즈 창업은 소수의 고소득층에서나 향유할 수 있었던 희소성 있는 제품을 선망하는 소비자 심리를 바탕으로 탄생한 소위 '매스티지(masstage 명품의 대중화)'열풍과 제공된 재화를 단지 물리적인 상품(product)이 아닌 하나의 문화(culture)로 인식하는 욕구 (컬덕: cult-duct; culture+product)를 해결할 수 있는 대안으로 떠오르면서 급속한 발전을 거듭하게 되었다. 또한 밸류컨슈머와 연관성이 있는 대중 속의 마니아로 지칭되는 소비자들이 컬덕 재화의 소비를 선호하여 과거의 소비성향과는 다른 새로운 소비시장을 지속적으로 갈망하게 되면서 보다 성숙된 프랜차이즈 시스템의 연구와 우량 가맹본부의 탄생을 촉진시키는 데 기여하고 있다.

참고로 세간에 많이 인용되는 스타벅스(Starbucks), 커피나 웰빙 등 건강한 소비문화를 창조하려는 분위기를 적절히 활용하여 출시한 각종 기능성 재화 등이 바로 매스티지와 컬덕을 반영한 제품이라고 할 수 있다. 특히 스타벅스의 경우에는 커피를 마시는 것을 단순히 음료를 소비하는 차원에서 소비자의 감성적 경험을 자극시키는 것으로 승화시킴으로써 고객에게 스타벅스 커피 한잔에 대한 고급스러움과 독특한 매장의 분위기와 새로운 소비문화를 맘껏 누리게 하고 있다. 비단 소비자의 컬덕, 매스티지 지향 현상은 먹거리에 국한된 것만이 아니라, 공기정화기, 은나노 세탁기 등 모든 공산품에도 다양한 형태로 확산되어 가고 있다.

이러한 긍정적인 측면 이외에 C단계에서 사업을 수행하는 일부 가맹본부들이 사업 초기에 원부재료의 고급화와 브랜드 인지도를 확보하기 위해 투입된 마케팅 비용을 만회하고자 제품 원가를 높게 책정 또는 판매가를 상향 조정하여 가맹점에 비용을 전가시키거나 가맹점의 양적인 팽창을 통해 과도한 가맹비 또는 높은 마진을 취함으로써 투자비를 조기에 회수하려는 도덕적 해이(Moral Hazard)에 빠지게 되었다. 이러한 병폐로 인해 아직까지도 프랜차이즈 가맹본부를 부도덕한 사업자라고 손가락질하는 경우가 적지 않은데, 이러한 선입견을 불식시키기 위해서는 초기 투입자본을 비용 측면보다는 투자의 개념으로 인식하는 사고의 전환을 시도하고 프랜차이즈 사업윤리강령을 준수하는 현명한 사업자가 많아져야 한다는 데 민관, 업계가 한 목소리를 내고 있는 실정이다.

한 가지 브랜드로 프랜차이즈 창업시장에 성공적으로 진입한 가맹본부는 C단계에서 또 다른 브랜드를 시장에 선보이며, 복수 브랜드 또는 복수의 가맹본부 설립 등의 과정을 통해 우량 가맹본부로 성장하기 위한 기반을 마련하게 된다. 이러한 과정으로 발전을 거듭하게 되는 가맹본부 경우는 대부분 고가상품의 가격부담과 저가상품의 낮은 제품만족도를 해소하는 중저가 시장을 개척한 경우가 대부분이다.

한편, 프랜차이즈 가맹점을 창업하여 성공한 사람들은 C단계에서 다수의 가맹점 운영을 시도함으로써 생계형 창업에서 사업형 비즈니스로 탈바꿈하려는 마인드의 변화를 가져오게 된다. 더욱 진취적인 성향을 지닌 사람들은 D, E 와 같이 가맹점 운영의 경험을 바탕으로 새로운 프랜차이즈 가맹본부를 설립하는 경우도 있다. 이들은 상대적으로 가맹본부의 처녀출전으로 인한 리스크를 줄이기 위해 D와 같이 브랜드 라이센싱을 통한 가맹점 모집을 선호하는 경향이 있으며, 이 단계에서 성공하는 경우 이를 발판으로 E와 같이 완벽한 프랜차이즈 가맹본부를 설립하여 가맹점을 모집하는 방법을 취하게 된다.

물론 가맹본부에서 직원으로 근무한 경험을 바탕으로 바로 가맹본부를 설립하는 경우도 있고, 아이템 보유자와의 협약에 따른 가맹본부 설립 또는 가맹점주들 간의 합작투자를 통한 가맹본부 설립, F와 같이 개인 단일점포형태에서 바로 가맹본부를 설립하는 등 다양한 진보적인 형태의 프랜차이즈 창업이 보편화되고 있다. 최근에는 가맹점을 운영할 경우, 운영에 대한 책임과 부담이 많다는 판단하에 상대적으로 사업진출과 운영이 수월한 공동 투자 또는 공동 브랜드를 운영하는 경우와 가맹본부의 직영점에 일부를 출자하는 형식을 취하는 경우도 점차 늘어나고 있다. 또한 대형화 트렌드를 겨냥하여 최상의 상권에 대형 매장을 개설하는 고급화 경향이 나타나고 있는데, 이것은 지속적인 경기침체에 따라 여유자금이 프랜차이즈 시장으로 유입되고 있는 이유 이외에 해당 업종이 브랜드 파워 및 가치를 반드시 유지하기 위해 독특한 노하우와 양질의 원부자재를 사용함은 물론, 가맹점 모집에 따른 요구사항의 증폭과 브랜드 이미지 실추를 미연에 방지하고, 진입장벽을 높이는 차별화 전략을 선호하는 경향이 팽배해지고 있기 때문이라고 분석된다.

현재 창업시장은 만성적인 공급과잉시대로서 업체 간 경쟁은 심화되고 있는 반면, 소비자에게는 그만큼 선택의 폭이 넓어지고 있는 것이다. 이러한 현상을 가속화시키는 것이 바로 미디어와 정보화의 발달이다. 이제는 소비자들이 직접 기업과 제품의 신뢰를 확인할 수 있는 다양한 채널을 확보하고 있고, 정보화의 발전으로 인해 각종 정보의 불균형이 해소되고 있으며, 이에 따라 소비자는 공급자가 제공하는 모든 제품 및 서비스에 대한 내역을 정확하게 분석해낼 수 있는 능력까지 갖추게 되었다. 조류독감, 만두파동, 공산품의 불량 등 소비량과 직결될 수 있는 이슈가 발생하면 소비자들은 빠른 정보습득을 통해 자신들의 권리를 즉시 행사하는 행동을 취하는 것도 이러한 패러다임의 변화 때문이라는 것을 간과해서는 안 될 것이다.

Reference Site
KIET 산업연구원 (www.kiet.re.kr) 한국음식문화연구소 (www.daom21.com) 중소유통실태조사 (www.gs1kr.org/ssmr)

B-2. 최적의 경험을 위한 기본 원칙

> **POINT**
>
> 미래의 고객들이 체험하게 될 최적의 경험치를 알아내는 것은 영업활동에서 가장 최우선적으로 고려되어야 할 사항이다. 소비자들이 최적의 경험을 느낄 수 있도록 진정으로 갈망하는 욕구를 해결해주는 차별화 전략을 통해 패러다임의 전환과 소비자 인식의 변화에 대응해야 할 것이다.

급속한 패러다임의 전환과 소비자 인식이 변화하고 있는 상황에서 성공적인 프랜차이즈 가맹점 창업을 위해 과연 무엇에 초점을 맞춰 사업을 준비하는 것이 가장 현명한 방법일까?

창업에는 여러 가지 준비단계와 실행방법들이 있지만, 가장 근본적으로 추구해야 하는 과제는 미래의 고객들이 체험하게 될 최적의 경험치가 무엇인가를 예측하고, 지속적으로 그 경험을 누리게 함으로써 영업활동에 탄력을 받게 하는 방법이 무엇인가를 알아내는 것이다. 즉, 최적의 경험을 알아내는 것은 이제 영업활동에서 이루어지는 여러 가지 거래대상 중에서 최우선적으로 고려되어야 할 사항이기 때문에, 이미 모든 사업영역에서 고객에 대한 최적의 경험을 최우선의 거래대상으로 인식하고 전략을 수립하는 곳이 많아지고 있다.

예를 들면, 인텔의 앤드류그로브 회장은 인텔의 비즈니스는 단지 컴퓨터를 파는 것이 아니라 그 컴퓨터를 이용하여 고객들에게 디지털 세상을 경험케 하는 서비스를 제공하는 회사라고 천명한 바 있는데 결국 이것은 고객에게 전달되는 최종 재화의 일차적인 특성만으로는 이제 고객을 사로잡을 수 없는 새로운 시대가 도래한 것임을 입증하는 것이라고 할 수 있다.

프랜차이즈 업계 역시 이러한 최적의 경험을 최우선적으로 고려하는 영업 전략을 채택하고 있는 업체가 눈에 띄게 늘어나고 있는데, 스타벅스의 감성마케팅, 커피빈의 틈새마케팅, 놀부의 고객만족경영, 제너시스의 치킨고급화 전략 및 VIP고객 DM발송 등이 바로 그 예이다. 특히 스타벅스의 경우는 1987년 미국 시애틀에서 6개 매장으로 시작해 전세계 9천여 매장을 운영하고 있는 다국적 프랜차이즈 업체로서 한국 총판인 스타벅스코리아가 1999년 이화여대 앞에 1호점을 개점하면서 단순히 커피숍이라는 개념을 벗어나 오감을 통한 체험과 고급 소비문화를 접촉할 수 있는 기회를 제공하는 것을 최적의 경험을 위한 기본 원칙으로 채택하여 좋은 성과를 거두고 있다.

국내 소비자들은 '커피=다방=잠시 머무르는 장소'로만 경험했지만, 스타벅스와 커피빈은 고유 색조의 인테리어와 분위기, 만남의 장소라는 문화적 차원에서의 새로운 컨셉을 소비자에게 어필한 것이 긍정적인 반응을 불러 일으켰으며, 더욱이 20대와 30대 사이에서 '별다방파(스타벅스), 콩다방파(커피빈)'로 지칭되는 마니아층까지 탄생시키기에 이르렀다. 프랜차이즈 사업의 원조격인 국내 토종 커피전문점이 성장가도를 이어가지 못한 반면, 국내에 진입한 해외 브랜드가 프랜차이즈 업계의 대표적인 성공사례로 기록되는 아이러니한 현상이 발생한 원인이 과연 무엇인가 한 번 더 생각해 보아야 할 것이다.

최근에는 이러한 업체를 벤치마킹하여 베이커리와 패스트푸드 업계들도 〈표 1-4〉에서보는 바와 같이, 매장형태를 카페형으로 리뉴얼하여 매장분위기를 바꿈으로써, 과거 새로운 상품을 신속하게 만들어내기 위한 신제품 출시 전략보다는 시장 자체를 새롭게 창조해 신소비문화를 만들어 나가려는 전략으로 방향을 재정립하고 있다. 결국 인간의 오감과 재화 취득과 소비로 인한 자기만족을 느끼지 못하게 하는 상품은 더 이상 시장에서 인정받지 못하기 때문에 기업이 고객에게 제공하는 모든 서비스는 고객에게 만족을 주는 무형적 활동뿐만 아니라, 자사의 브랜드를 통한 소비문화 형성에도 관심을 기울여야 한다는 점을 보여주는 것이다.

〈표 1-4〉 최적의 경험을 도출하기 위한 영업전략의 재정립

구분	추구하는 최적의 경험요소	
	스타벅스	패스트푸드점 리뉴얼
시각	빨강(원두), 노랑(아늑함), 파랑(넓음)	빨강, 흰색, 검정→은은함(자연친화적)
미각	맞춤커피	달콤함, 자극→다양화, 고급화
청각	에스프레소 기계음(쉬~, 치~)	발랄, 경쾌함→잔잔함
후각	직원의 향수자제, 금연	고기, 제빵향→원두향, 나무향
촉각	따뜻함, 편안함	딱딱함, 사각→포근함, 라운드

신문화창조
브랜드밸류 제고

최적의 경험을 지향하는 가맹본부들은 통일성을 강조하는 프랜차이즈 시스템의 기본원리를 충실하게 수행하고 있는데, 그들의 CI(Corporate Identity), BI(Brand Identity)나 메뉴들의 표준화는 물론이고, 홈페이지 및 포장지조차도 매장분위기와 동일한 컨셉을 갖도록 하는 질감과 색을 사용하고 있다. 이러한 세밀함은 소비자에게 강한 브랜드 이미지와 신뢰도를 구축하는 필수사항으로 작용되지만, 결국 제공되는 상품이 칼로리가 높다든지, 변질·변색되었다든지 등의 결함이 발생된 경

우에는 위와 같은 감성경영에 악영향을 미치게 된다는 점도 간과해서는 안 될 것이다.

또한 매장 내부뿐만 아니라 외부에서도 이러한 전략을 구사하고 있는데, 스타벅스가 특유의 커피맛을 중독시키기 위해 매장에서의 소비를 원하지만 흡연 또는 거리상 등의 문제 때문에 매장을 찾지 못하는 고객층을 위해 병커피를 출시하여 '커피점＋병커피'라는 두 가지 소비 채널을 만든 것도 그 일환이라고 할 수 있다. 또한 병원이 입주하면 으레 약국이 입주한다는 생각과 마찬가지로 상권을 분석하는 사람들에게는 스타벅스가 있는 상가가 입지가 좋은 곳이라는 공식이 생겼을 정도인데, 이것 역시 브랜드 밸류를 높여 소비자의 최적 경험치를 제고시키려는 치밀한 영업전략인 것이다.

프랜차이즈 가맹점들도 역시 소비자 행동에 많은 영향력을 행사하는 최적의 경험을 찾기 위해 부단한 노력을 해야 한다. 소비자는 자신의 소비욕구가 제공 되어진 제품과 서비스의 특성으로 해결될 수 있는가를 경험하게 되며, 그것이 만족한 결과를 가져올 때 소비자는 기대에 넘어서는 충실한 고객으로 발전하게 된다. 결국 소비자들이 최적의 경험을 느낄 수 있도록 진정으로 갈망하는 욕구를 해결해줄 수 있는 것을 찾아내는 것이 곧 자기 점포의 차별화 전략인 것이다.

자신의 점포운영에 있어서도 제공하는 제품이나 서비스가 아닌 소비자들이 갖게 되는 경험에 초점을 맞추게 되면, 과거의 운영성과가 눈에 띄게 달라짐을 느끼게 될 것이다. 만일 점포 운영전략을 프랜차이즈 창업의 강점인 공동구매를 통한 원가절감에 맞춘다면 영업

포인트는 '가격'에 있다. 어느 가맹점에 가든지 동일한 제품을 동일한 조건에 구입하여 소비할 수 있다면, 당연히 가격이 저렴한 곳에서 제품을 구매하게 될 것이다. 또한 운영전략을 제품과 서비스에 맞춘다면, 영업 포인트는 얼마나 많은 좋은 품질의 상품 또는 서비스를 제공받느냐에 있게 된다. 즉, 가격이 비슷하다면 더 많은 부가적인 기능과 서비스를 제공하는 매장으로 발걸음을 돌리게 된다. 그러나 영업전략을 고객의 최적 경험에 맞춘다면, 영업의 포인트는 누가 얼마나 좋은 인상을 각각의 고객에게 심어줄 수 있느냐에 있게 된다.

독립 창업에 비해 프랜차이즈 창업은 개별 고객에게 최적의 경험을 제공할 수 있는 기반을 갖춘 비즈니스라고 할 수 있다. 과거의 제품과 서비스에 맞추어진 영업방식은 새로운 패러다임에 익숙해져 가는 현명한 소비자들이 원하는 방법이 아님을 직시해야 할 것이다.

◆ 프랜차이즈 점포 운영을 고객의 경험에 맞추어야 하는 이유

'고객만족경영', '고객지향주의', '소비자는 왕' 등의 슬로건이 비록 소비자에게 식상하게 느껴질지언정 프랜차이즈 창업에 있어 업종을 선정하고, 아이템을 정하고, 가맹본부를 선택하고, 입지를 선정하여 점포를 오픈하는 모든 단계에서 결국 자신의 소득을 좌지우지할 고객을 응대할 방향성을 잃는다면, 모든 조건이 완벽하다고 할지라도 결국 사업수명은 단축되고 만다.

가맹본부는 대부분 브랜드 관리를 위해 표준화 매뉴얼 유지, 보수 그리고 프로모션에 비중이 실린 마케팅 정책에 치중하게 된다. 따라서 고객에게 최적의 경험을 제공하는 주체는 가맹본부가 아닌 가맹점주 자신임을 명심해야 하며, 다음과 같은 이유에서 점포운영을 고객의 경험에 맞추도록 영업전략을 수립하는 것이 좋다.

○ 프랜차이즈 점포 운영은 반드시 고객중심이어야 한다.

자신의 점포 방문을 통해 고객이 무엇을 원하고, 어떤 필요에 의해서 내점 또는 주문을 했으며, 어떤 점으로 불편을 호소하였는가 등을 고려하여 점포 운영전략을 수립해야 한다. 이러한 전략을 바탕으로 수많은 메뉴, 상품을 구비하고 배열하는 방법을 찾아내고, 개별 고객에 대한 감성적인 부분을 체크하며, 배달 및 결제시스템에 대한 다양성과 신뢰도를 높이도록 한다. 결국 매장의 평가는 고객이 어떤 경험을 하였는가에 따라 가맹점주가 예측할 수 없는 결과를 나타내게 된다.

○ 경험은 부가가치를 높이는 좋은 영양소이다.

프랜차이즈 창업이 아무리 표준화와 통일성에 입각하여 동일한 제품과 서비스를 제공한다고 할지라도, 고객의 좋은 경험을 찾아내려고 노력하는 가맹점이 타 가맹점보다 상대적으로 높은 부가가치를 창출할 수 있다. 최적의 경험 요소를 발견하지 못하면, 차별화할 수 있는 영업전략은 점점 요원해질 수밖에 없다. 고객에게 최적의 경험을 제공하기 위해서는 브랜드 중심보다는 고객을 중심으로, 메뉴나 제품보다는 점포에서 좋은 기억이 남도록 하는 운영방침을 세워야 한다.

예를 들어 죽을 전문으로 하는 모 프랜차이즈 가맹본부는 여타 업체와는 다르게 가맹점 오픈 행사를 하지 않는다. 그 이유는 가맹점주의 무경험 또는 초창기 영업에서 발생이 예상되는 모든 실수들이 고객의 경험에 각인되는 것을 방지하기 위해서인데, 비록 대대적인 오픈 행사를 한 것보다 초기 매출은 떨어졌을지 몰라도 보이지 않는 좋은 경험을 판매한 것이 결국 긍정적인 효과를 가져오게 되는 것이다.

Reference Site

삼성경제연구소 (www.seri.org)
스타벅스 (www.starbucks.com)
커피빈 (www.coffeebean.com)

C. 프랜차이즈 창업의 전망

C-1. 창업에 대한 전망

POINT

창업은 움직이는 자에게만 기회가 주어지고, 속도와 타이밍이 필수적으로 요구되는 비즈니스이기 때문에, 이에 신속하게 대응한 사업과 아이템만이 생존할 수 있다. 따라서 창업에 대한 전망이 누구에게나 같은 내용으로 보편적으로 받아들여질 수는 없는 것이다.

"덩치가 크다고 해서 항상 작은 기업을 이기는 것은 아니지만, 빠른 기업은 느린 기업을 언제나 이긴다."(존 챔버스, 시스코 시스템즈 회장) 이것은 인터넷 비즈니즈로 전환되는 패러다임을 빠르게 간파하여 사업에 성공한 한 기업인의 말을 인용한 것으로 항상 빠르게 변화하는 창업시장에 진입하려는 기업인 또는 예비창업자에게도 의미 있게 받아들여질 수 있는 명언이라고 생각한다.

21세기는 유연성과 감성이 중시되는 사회로 바뀌고 있다. 제조업보다는 서비스나 정보통신업계에 종사하는 사람들의 숫자가 훨씬 많아지고 있고, 외식·레저·유통·서비스·정보제공 등의 창업시장 규모가 이미 제조업을 능가하고 있다. 교육시장 또한 폐쇄된 공간 대신 인터넷이나 위성방송을 통한 e-learning 형태의 양질의 교육 서비스가 제공되고 있고, 직업 역시 평생직장보다는 평생직업의 개념이 더 중요해짐에 따라 기업은 내부인력을 활용하는 것보다 프로젝트 단위로 직원을 고용하거나 계약직을 활용하는 풍토가 만연해지고 있다.

이와 같이 사회적·기술적인 변화가 창업시장의 발달을 크게 촉진시키고 있는 것이 사실이지만, 과거 창업시장에 대한 전망이 핑크빛 일색이었던 것과는 달리 창업시장의 현장에서 종사하고 있는 그 주체들은 실직 소득이나 기타 질적인 측면에서 여전히 낮게 평가되거나 양극화되는 현상을 보이고 있다. 또한 창업자들은 자기 아이템의 특성상 대부분 개별적인 영업활동을 전개하는 경우가 많아 창업자들이 시장침투나 마케팅 방법 등에 대해 조직과 규모를 갖춘 기업들과의 거래에서 불이익을 보는 경우도 많아 실제 영업지속기간이 2

년 미만 정도로 상당히 짧은 것이 현실이다.

하지만, 과거에는 한정된 일반인들이 자신의 경험과 선택에 의해 결정된 점포 또는 무점포를 통해 다양한 형태의 상품과 서비스를 제공하고 그에 대한 보상을 받는 거래행위를 하는 방식이었던 창업시장이 아직도 많은 관심을 끄는 가장 주된 이유는, 사회 자체가 과거의 연공서열 중심에서 능력위주로 변모하고 생존경쟁이 점점 더 치열해지며, 더 이상 평생직장의 개념이 보장되지 않는 사회적 분위기 때문이다. 그러나 각종 포털사이트에서 운영되고 있는 14,000여 개의 창업 관련 카페와 200,000여 개의 블로그에서만 보아도 알 수 있듯이, 창업시장이 큰 관심을 끄는 이면에 창업자들은 치열한 생존경쟁에 직접적으로 노출될 수밖에 없다는 점을 지적하지 않을 수 없다.

창업에 대한 전망은 보통 시장 트렌드를 통해 각 개별 아이템을 발굴하는 방식 또는 시장에 선보였던 아이템과 성공 테마를 그루핑(grouping)하여 전체 시장을 예측하는 형태 등으로 이루어지는데, 결국 창업은 한마디로 움직이는 자에게만 기회가 주어지고 속도와 타이밍이 필수적으로 요구되는 비즈니스이기 때문에 이에 신속하게 대응한 사업과 아이템만이 생존할 수 있다. 따라서 창업에 대한 전망이 누구에게나 같은 내용으로 보편적으로 받아들여질 수는 없는 것이다.

최근에는 창업을 준비하는 개인뿐만 아니라 대기업의 경우에도 기존 업종과 관계없이 각자의 분야에서 구축된 자기만의 인지도와 신뢰도를 바탕으로 현금 수입비중이 큰 외식업 진출이 가속화되고 있는 것도 이러한 비즈니스 특성을 잘 간파한 행동이라고 할 수 있다.

즉 제조업에 비해 투자비용이 적고 사업을 다각화하기에 적합한 분야라는 판단과 유통·제조 분야에서의 노하우를 충분히 성숙된 외식 시장에 접목시키는 것이 유리하다고 생각했기 때문이다.

Reference Site

Daum 창업 (biz.daum.net)
Naver 창업 (www.naver.com)
창업넷 (www.changupnet.go.kr)

C-2. 프랜차이즈 산업의 과거와 미래

POINT

프랜차이즈 산업 역시 과열경쟁과 구조조정 등으로 어려운 상황을 맞고 있는 것이 사실이며, 산업 최전방위에서 사업을 영위하는 모든 사람들이 업계 성장을 위해 새로운 돌파구를 마련해야 하기 위해 노력하고 있지만, 2002년부터 지속된 불황이 전 산업으로 확산되면서 소비의 양극화로 인한 소상공인 자영업자의 소득은 급격히 추락하여 중산층 월평균소득에도 미치지 못하는 결과를 초래하였다.

과거 5년여 간의 프랜차이즈 창업시장은 그 어느 때보다도 힘들었던 시기였다. 통계청이 발표한 소비자 기대지수가 간헐적으로 상승세로 돌아서면 일단 경기회복에 긍정적인 신호로 받아들여지는 것과는 대조적으로 만두, 오뎅, 조류독감, 김치 기생충 사건, 무분별한 짝퉁 상품, 상표권 분쟁 등으로 브랜드의 신뢰는 추락했으며, 금리인상, 8·31 부동산 안정 정책, 유가의 널뛰기 장세 등 예측할 수 없는 거시환경변수가 복병으로 계속 등장함에 따라 현재까지 체감경기는 여전히 회복되지 못하고 있는 실정이다. 하지만 이러한 외부환경의 변화 이외에 비록 각 가맹본부마다 다른 브랜드와는 차별화된 전략으로 시장에 진입하였다고는 하지만, 동일하거나 유사한 업종과 아이템의 난립과 동일한 고객집단을 나눠먹는 식의 사업방식이 결국 프랜차이즈 가맹본부와 가맹점의 수익성을 떨어뜨리는 데 일조를 했다는 것도 부인할 수 없는 사실이다.

과거의 창업시장은 프랜차이즈 분야가 아닌 소자본 '나홀로 창업'이 주류를 이루었다고 볼 수 있으나, 2000년대부터 급격히 팽창하기 시작한 프랜차이즈 관련 업체의 증가로 작금의 창업시장의 많은 부분을 프랜차이즈 형태가 잠식해나가고 있다. 이를 뒷받침하듯이 프랜차이즈 아이템이 히트하게 되면, 일반 자영업자들이 그 테마를 모방하는 경우를 보아도 그렇고, 반대로 일반 자영업자가 장사가 잘되면 프랜차이즈 기업으로 사업방향을 전환시켜 영업다각화를 꾀하는 현상을 보아도 그렇다. 따라서 프랜차이즈 산업의 동태를 예의주시하는 것이 결국 국내 창업시장의 전반적인 동향과 흐름을 예측할 수 있는 방법이라고 해도 과언이 아닐 것이다.

2005년 5월경에 발표되었던 정부의 '영세자영업자 안정화 대책'은 그 실효성에 대해 공감대를 형성하지 못하면서 대폭적인 축소와 수정을 거듭하여 결국 자영업자의 자발적인 신청에 따라 민간컨설턴트 투입하는 방식의 컨설팅 사업만이 수행되었다. 프랜차이즈 산업도 이에 반해 별반 차이가 없을 정도로 그 성장세가 둔화되었다. 특히 외식업 프랜차이즈업체들은 가맹점 매출부진과 신규 출점의 악화로 큰 어려움을 겪고 있고, 브랜드파워를 확보하고 있는 상위 가맹본부만이 그나마 현상유지를 하였다는 견해가 지배적이다.

가맹점들 입장에서도 유가상승, 원재료의 국산화 등으로 원가부담이 늘어난 반면, 이를 판매가에 반영하지 못함으로써 줄어드는 마진폭을 감당하기 힘들게 되었다. 결국 이러한 악순환이 프랜차이즈 가맹본부에 대한 불신으로 확대되어 분쟁이 늘어났을 뿐만 아니라, 베이커리 업계의 경우 이동통신사와의 제휴마케팅 서비스로 인해 프랜차이즈 가맹점 외에 독립자영업자들의 반발로까지 이해관계가 충돌하는 현상도 발생하였다.

세수확보를 위해 2005년 11월 16일에 재정경제부에서 밝힌 '전문직종과 자영업자의 분리과세' 추진 방안과 2005년도 중반에 발표되었던 자영업자의 시장진입 규제에 관한 제도의 행보가 어떻게 진행되느냐도 프랜차이즈 창업시장의 분위기를 바꾸기에 충분 요인으로 지적할 수 있겠다. 더욱이 소상공인지원센터가 진흥원으로 승격된 가운데 정부의 프랜차이즈 산업과 업계 그리고 자영업자에 대한 제도나 법안이 어떻게 마무리되어 윤곽을 드러내느냐가 프랜차이즈 창업시장의 어려움이 가중되고 있는 이 시점에서 중요한 변수로 작용하게 될 것이다.

특히 공정거래위원회의 가맹사업거래법을 강화하려는 움직임에 따라, 그 동안 부실했던 가맹본부가 줄어들 것으로 판단되며, 프랜차이즈 가맹본부를 대상으로 한 인증제나 등록제가 법 기반하에서 시행될 경우, 프랜차이즈 창업시장은 건전한 창업문화 분위기가 확산되고, 그에 따라 우량 프랜차이즈 가맹본부도 각종 유·무형의 혜택을 입을 것으로 기대된다.

전술한 바와 같이 프랜차이즈 산업은 전 산업의 마케팅과 유통혁신의 대안으로 떠오르는 산업이고, 전 산업에 걸쳐서 진행되는 특성을 갖고 있기 때문에 예비창업자들의 잠재수요는 계속적으로 팽창하고 있다. 따라서 서민들의 안정적인 중소규모의 창업을 유도하여 경제활동인구를 증가시켜 궁극적으로 국가고용창출에 이바지할 수 있는 프랜차이즈산업에 금융, 세제 등의 정책지원은 물론 프랜차이즈산업이 국가 전략산업으로 정착될 수 있는 각종 제도가 필요하다고 하겠다.

그 동안 지속되어 온 장기간의 경기침체로 인한 소비의 정체현상이 짧은 시간 내에 해결될 것으로 보이지는 않지만, 정부의 각종 지원책 마련이 가시화되고 있고, 업계의 구조조정이 진행되고 있다는 측면에서 긍정적인 질적 발전을 예상할 수 있다. 무엇보다도 독립창업에서는 볼 수 없는 특화 업종을 개척하거나 해외로의 확장 등 새로운 시장을 찾아내려는 움직임이 많아짐에 따라 가맹본부가 건실화되고 우량기업으로 성장하여 그 결과가 가맹점의 수익성 제고로 이어질 것을 기대해 본다.

Reference Site

소상공인지원센터 (www.sbdc.or.kr)
LG경제연구원 (www.lgeri.co.kr)
한국개발연구원 (www.kdi.re.kr)
쿠폰제 경영컨설팅 지원사업 (www.smbacon.go.kr)

C-3. 프랜차이즈 창업에 대한 전망

> **POINT**
>
> 과거 가맹본부들의 도덕성 문제로 프랜차이즈 업계를 왜곡된 바라보는 시각이 많았지만, 이제는 프랜차이즈 산업이 새로운 유통산업의 대체 수단으로 그 대안을 제시하면서 국가산업발전에 큰 비중을 차지하게 되었고, 이에 따라 소비자의 인식도 좋아져 바야흐로 프랜차이즈 업계에 바람직한 발전이 지속적질 것이 예상된다.

〈그림 1-7〉와 같이 희망하는 프랜차이즈 창업 분야는 외식업이 압도적인 우위를 차지하고 있으며, 창업비용으로 생각하는 수준은 대부분 3~8천만 원 정도를 희망하는 것을 알 수 있다. 이것은 비교적 손쉽게 창업할 수 있는 아이템과 투자규모를 최소화함으로써 위험을 회피하고자 하는 예비창업자 심리를 반영한 것이라고 할 수 있는데, 이러한 현상은 매년 일정 기간별로 특별한 사회현상, 경기동향에 따라 특별히 다르게 나타나는 것이 아니라 1980년대 중반부터 현재까지 근 16년간 거의 비슷한 형태를 보이고 있다. 특히 투자규모 면에 있어서는 물가상승이나 경기상황 등을 반영하지 않고, 일방적으로 자기 자신이 지출할 수 있는 한계비용만을 생각하고 있다.

2006년 상반기에는 서비스업에 대한 선호도가 약간의 상승을 가져온 것으로 분석되었으나, 외식업 창업에 대한 부정적인 시각과 우려가 조사 시기 이전에 매스컴에 많이 보도된 탓으로 보일 뿐, 창업 선호도의 근간을 뒤바꿀 수 있는 정도의 큰 변화를 나타낸 것이라고는 보기 어렵다.

〈그림 1-7〉 업종별, 투자규모별 프랜차이즈 창업 선호도

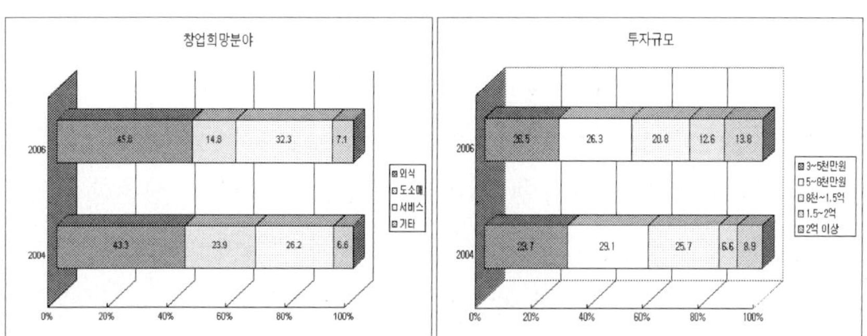

[2004, 2006 프랜차이즈산업박람회 참관객 조사결과]

〈표 1-5〉에서 보듯이 매년 말, 매년 초에 발표되는 예상 히트아이
템도 결국 소규모, 소자본창업과 안정성이라는 범주 안에 속해 있다.
제시하는 아이템은, 우리나라와 소비문화가 비슷하고 프랜차이즈 산
업의 역사가 상당적으로 긴 일본의 아이템을 벤치마킹하는 경우가
대부분이다. 또한 사업초기에 반짝 아이템으로 세간의 화제를 모았
을 뿐, 본격적인 성장기의 고비를 넘지 못하고 소리 소문 없이 사라
진 아이템이 부지기수이다.

더욱이 대형 유통점의 확대 등으로 소비자의 거래처 접근방식이
바뀌고, 소득수준의 상승에 따라 소비자가 매스티지 상품을 선호하
는 추세로 말미암아 프랜차이즈 가맹점들에 비해 상대적으로 인지도
가 낮은 소규모 매장이나 독립창업자들의 입지는 점점 더 좁아지고
있다. 소비자의 접근성을 좋게 하기 위해 매장을 옮길 수도 없다. 체
계적인 제품을 만들거나 브랜드를 시장에 선보이기 위한 자금력도
부족하고, 영업촉진을 위해 무리하게 마케팅 비용을 지출할 수도 없

는 노릇이기 때문이다.

　이러한 상황 속에서 프랜차이즈 창업에 대한 전망은 그다지 어둡지 않다고 생각된다. 그 이유는 프랜차이즈 창업이 한마디로 정보화 사회로의 이전이라는 급속한 패러다임의 변화 속에서 생존할 수 있는 유일한 방법이며, 정보교환 및 교류의 신속성에 따른 소비자 기호의 급변에 적절히 대응할 수 있는 시스템을 근간으로 하기 때문이다. 표준화된 운영방식과 브랜드 파워를 앞세워 시장지배력을 갖춘 기업화된 점포, 그리고 비록 독립창업이지만, 규모면에서 대형화를 추구하는 업소들만 호황을 누리는 반면, 영세업자들은 점점 버티기 어려운 상황으로 치닫고 있는 작금의 추세로 볼 때, 프랜차이즈 창업은 소규모와 적은 자본을 투자할 수밖에 없는 예비창업자 입장에서 시대 흐름에 대응할 수 있는 최선의 선택이라고 생각된다.

〈표 1-5〉 과거 유망아이템 예측 현황

년도	아이템 명		
	외식업	도소매업	서비스업
1997	셀프쿠킹, 전통 핫도그, 소규모 피자배달, 뚝배기 전문, 스탠딩 뷔페, 항아리 전문	장난감 대여업, 중고재생업, 연예인 액세서리숍, (교육)비디오대여, 빈병 인테리어, DVD대여, 24시간 편의점, 컴퓨터 CD대여, 조기교육용품점, 어린이 패션숍, 목욕용품점	발마사지, 토탈미용살롱, IP업, 스트레스해소센터, 안마방, 즉석 인쇄점, 멀티미디어 CD제작, 어린이 놀이시설, 인터넷 카페, 뷰티/메이크업도우미, 포토아트, 컴퓨터 공부방, 만화캐릭터방, 파티대행업, 다이어트센터
1998	맞춤건강식, 자연식전문, 추어탕전문점, 샌드위치전문점, 과일전문점, 떡배달업	도서(만화)대여업, 사무편의점, 사무용품 전문점, 인터넷쇼핑몰	캐릭터전문점, 포토아트점, 멀티휴게방, 코인골프방, 셀프서비스업, 호스팅서비스, 홈페이지제작업
1999	베트남쌀국수, 케밥전문점, 도넛전문점, 아이스크림전문점, 김밥전문점, 도시락배달업, 꼬치구이, 치킨배달업	힙합의류, 향기관련업, 십자수전문점, 꽃배달업, 세계주류전문점	테마형 노래방, 인터넷 교육사업, 핸드메이드업, 청소대행업, 산후조리원, 포장이사업, 부동산 중개업, 인터넷게임방
2000	즉석제과점, 커피전문점, 돈가스전문점, 참치전문점, 호프/주점, 카레전문점	속옷전문점, 잡화할인점, 양말전문점, 홍삼판매점	미용전문점, 유아교육학원, 정보처리학원, 대형어학학원, 휘트니스센터, 공부방
2001	아이스크림전문점, 과일전문점, 장어구이점, 퓨전 감자탕, 생식전문점	24시간 편의점, 기능성건강식품, 저가 화장품, 속옷전문점, 주얼리전문점, 한복대여업	세탁전문점, 피트니스센터, 인터넷 학습방, 공부방, 베이비 디지털포토, PC수리업
2002	반찬점문점, 유기농산물전문점, 찜닭전문점, 가마솥밥, 숯불바비큐치킨, 죽전문점, 족발배달업	어린이 책 대여업, 아동복 할인전문점, 프린터 리필전문점, 방문교육업, 애완동물 옷제작업, 향기제품 판매업	애완동물 전문점, 디지털 편집업, 운동화세탁점, DVD방, 악취제거전문점, 어린이전용미용실, 방문교육업, 남성전용미용실
2003	데이크아웃전문점, 닭갈비 부분육전문점, 생과일전문점, 제사음식배달업, 버섯전문점, 롤&스시, 돈가스/우동전문점, 토스트전문점	인터넷쇼핑몰, 아로마바디용품점, 스포츠용품 판매업, 저가 주얼리전문점	CP업, 실버시터파견업, 이동식 영화관, 디지털카메라인화, 소독전문점
2004	포장마차카페, 채식레스토랑, 반찬전문점, 불닭, 굴요리전문점, 와인/허브 삼겹살	천연화장품, 맞춤향기관리업, 사무용품 할인점, 허브판매업	홈스쿨, 창의력놀이방, 네일아트숍, 자동차관리업
2005	두부전문점, 저가 삼겹살, 퓨전 삼겹살, 해물요리/저가 화주점, 보쌈전문점, 오뎅바	한방제품전문점, 완구판매점, 인터넷쇼핑몰, 가격파괴생활용품점	소형골프연습장, 비디오게임방, 홈DVD제작업, 카페형 PC방
2006	구슬/녹차김밥, 설렁탕전문점, 베이커리 카페, 소형 음식뷔페, 유기농산물	와인전문점, 독립형 편의점, 이동식 테이크아웃업	음원서비스업, 미용/다이어트관리업, 헤어스타일링업, 실내 환경정화 사업

예를 들어 복사집들이 사양길로 접어들고 있는 틈새시장을 겨냥하여
복사지로 유명한 다국적 제지기업인 더블에이가 복사지 시장 확대를 위

해 새롭게 내놓은 프랜차이즈 비즈니스 모델인 DACC(Double A Copy Center)의 경우, 고려대 앞 1호점을 시작으로 1년 만에 숙명여대 100호점을 내는 성과를 거두어 복사지와 같은 저관여 제품에 대해서도 충분히 소비자들이 관심을 갖게 할 수 있다는 것을 증명하였다. 또한 대형 할인점 공세에 대응하여 동네 슈퍼들이 연합하여 탄생시킨 자발적 참여형 프랜차이즈(Voluntary Franchise)인 햇빛촌(www.kvc.or.kr)이라는 브랜드는 과거에 브랜드·가격·인테리어·입지·진열 방법 등 모든 부분에서 통일성과 시스템화를 갖추지 못한 독립창업자들이 프랜차이즈 시스템을 통해 공동 주문방식을 취하는 등의 협력을 통해 사업 활로를 개척한 사례도 있다. 또한 외식업에 지나치게 편중된 프랜차이즈 가맹본부와 시장 변화의 틈새를 찾아 피부미용이나 PC관련 아이템이 대부분이었던 한정된 서비스 영역에서 간판, 인테리어, 한의원, 무형 콘텐츠 등 규모가 크고 확장된 테마를 주 사업아이템으로 한 프랜차이즈 가맹본부의 탄생 속도도 점차 빨라지고 있다.

소비자 기호와 인식의 변화에 신속히 대응한 경우는 프랜차이즈 시스템의 대명사격인 패스트푸드 업계에서도 찾아볼 수 있는데, 다운쉬프트와 웰빙의 열풍으로 패스트푸드에 대한 부정적인 인식이 팽배해지자 세계적으로 불어 닥친 카페형 트렌드를 수용하여 빨리 사서 빨리 먹는 컨셉에서 탈피, 편안하고 여유 있게 웰빙 상품을 즐길 수 있는 컨셉으로 점차 변화시키고 있다. 패스트푸드 업계는 전형적으로 딱딱하고 원색적인 매장 분위기에서 탈피하여 쿠션 있는 소파를 놓고, 벽화까지 벽에 거는 등 분위기 쇄신에 박차를 가하고 있다. 배달 위주의 피자 전문점 역시 내점객의 만족을 위해 매장의 중대형화와 파스타, 와인, 맥주, 디저트까지 판매하는 등 정통 이탈리안 레스토랑으로 리모델링을 시도하고 있다.

◈ 정보화 사회와 프랜차이즈 사업의 공통점

정보화 사회로의 이전과 프랜차이즈 사업과의 공통점은 고객의 입장에서 가치 있는 무엇인가를 찾아내고 제공해줄 수 있는 기반을 제공한다는 점이다.

〈표 1-6〉 정보화 사회로의 이전과 국내 프랜차이즈 산업의 발전

(5,000만 명 이용자를 확보하는 데 걸린 시간)

라디오	전 화	TV	PC	케이블TV	인터넷
38년	25년	13년	16년	10년	4년

구 분	1999	2002추정	2005추정	02년 대비 05년 증감률(%)
매출액(조원)	45	41.69	61.31	47.1
가맹본부 수(개)	1,501	1,600	2,211	38.2
가맹점 수(개)	120,000	119,623	284,182	137.6
종사자 수(명)	556,000	566,094	831,726	46.9

[프랜차이즈산업실태조사, 산업자원부, 한국프랜차이즈협회, 2005]

〈표 1-6〉처럼 정보화에 사용되는 모든 하드웨어, 소프트웨어, 운영체계 등이 이제는 더 이상 단순한 정보기술이 아니라 새로운 문화를 확산시키는 매개체의 역할을 담당하여 기술의 발전 → 생활의 변화 → 새로운 소비자 기호와 성향 → 신규 시장의 탄생으로 이어지고 있는 것임을 알 수 있다. 우리나라는 90년대 중반부터 급속히 발달하게 된 정보인프라가 이미 생활양식을 바꾸는 역할을 담당하고 있기 때문에, 이에 파생되는 사회와 경제, 문화적 변화의 흐름을 예측하지 못한다는 것은 결국 각종 기회시장에 진입하지 못하게 된다는 것을 의미하는 것이다. 2005년 프랜차이즈 산업 실태에서도 알 수 있듯이 이미 국내 프랜차이

즈 가맹본부 수가 2,000개를 넘어서고 있고, 그에 따른 종사자 수도 83만 명에 육박하고 있는 것이 우연이거나 불경기 때문이 아니라 정보화 사회로의 진입에 따른 창업시장의 지각변동 결과라고 볼 수 있다.

우리나라는 전통적으로 개인 음식점의 성공을 통한 외식업 프랜차이즈로의 사업 전개방식이 가장 보편화되어 있다. 하지만 점차 도소매, 서비스로 확산되고 있으며, 사양화되고 있는 독립창업 특히 소매 업종을 중심으로 점차 프랜차이즈 창업 수요가 지속적으로 증가하여 지속적인 프랜차이즈 신규 브랜드의 탄생은 물론 신유통사업의 대안으로 정착할 것이다.

또한 적은 자본을 투자해 가맹본부를 설비한 후 가맹점을 모집하면서 가맹본부의 안정화를 추구했던 사업방식에서 점차 대기업과 중소기업의 프랜차이즈 시장참여의 확대, 인허가(등록제) 시행 및 영세자영업자의 프랜차이즈 창업 유도를 위한 정부시책 마련 등 프랜차이즈 시장의 활성화 추세에 따라 우량 프랜차이즈 본부의 탄생이 기대되어 예비창업자의 선택의 폭이 넓어질 것으로 보인다.

결국 프랜차이즈 창업시장은 제조업 중심의 경제가 서비스업 중심의 경제로 이동하고 있는 정보화 시대를 맞이하여 모든 가맹본부들이 각각의 브랜드 파워를 바탕으로 얼마만큼의 소비자 수요를 창출시키느냐에 달려 있다. 대형 가맹본부나 브랜드 인지도가 높은 경우를 중심으로 시장재편 현상과 대기업의 프랜차이즈 산업으로의 진입이 가속화될 것이며, 불황의 장기화에 따라 중하위 가맹본부들의 구조조정이 자연스럽게 이루어질 것이다.

◈ 주요 창업박람회 결과 분석

프랜차이즈 창업시장의 미래는 박람회, 세미나 또는 선진국의 동향에서 그 징후를 예측할 수 있다. 박람회에 참여한 업체와 세미나의 발표 주제가 되고 있는 테마 등을 살펴보면, 향후 성장 업종이 어떤 군에 많이 집약될 것인가와 업계의 핵심 전략과 아이템을 어떤 쪽에 집중시킬 것인가 등이 가늠될 수 있기 때문이다.

다음은 2005년 하반기부터 2006년 상반기 사이에 서울을 비롯하여 두 개 광역시에서 진행된 박람회를 분석한 결과이다. 조사대상이 된 박람회는 총 6건으로 박람회에 참가한 483개 업체를 대상으로 집계되었다.

〈그림 1-8〉 박람회 참가기업의 업종별 분포

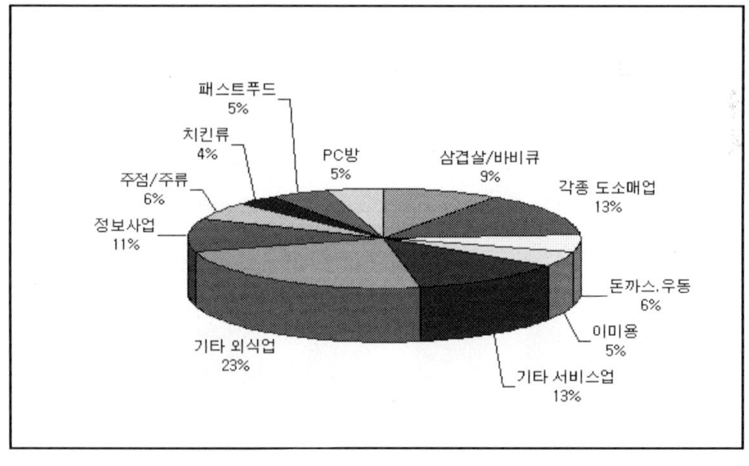

〈그림 1-8〉에서 보는 바와 같이, 국내 프랜차이즈 창업시장은 여전히 외식업 비중이 높은 것으로 나타났다. 그러나 점차 외식업 비중이 적어지고 있는 현상을 박람회에 참가한 업체 분석뿐만이 아니

라, 각종 자료를 통해 접할 수 있었다. 이러한 현상이 자영업자의 외식업 시장으로 진입하려는 것을 통제하려는 정부의 움직임 때문인지, 〈그림 1-9〉와 같이 각종 매스컴에서 자영업 관련 사업자의 평균 수입이 공개되면서 예비창업자의 선호도가 상대적으로 줄어든 결과인지, 아니면 이미 사업안정권에 있는 외식관련 가맹본부들이 양적인 팽창보다는 가맹점 수익성에 치중하는 전략을 펴고 있기 때문에 박람회에 불참해서인지는 판단하기 어렵다.

하지만 우리나라의 자영업자 비중이 OECD회원국 중에서 상위를 차지하고 있고, OECD 평균에 2배 이상이라는 발표에서도 알 수 있듯이 우리나라 인구 4,800만 명 중 음식업이 60만개, 소매점이 65만개인 점을 감안하면, 고작 70~80명이 이들 자영업자의 고객이 될 수밖에 없다는 현실이 외식업 창업을 기피하는 장애요인으로 작용되고 있다는 점은 유추해낼 수 있다.

<그림 1-9> 근로자와 자영업자 가구의 월평균 실질소득

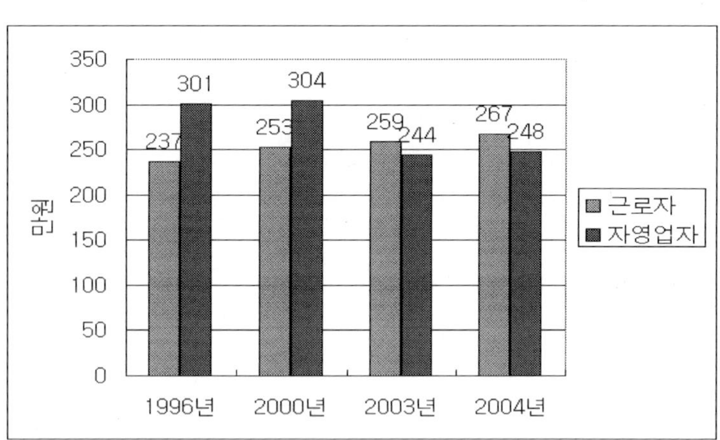

[중소기업특별위원회, 2006.5]

판단은 자신이 하고 자신이 책임져야 하는 것이다. 프랜차이즈 창업도 이 부분에서만큼은 예외일 수 없다. 자기가 가장 자신 있어 하고 관심을 갖고 있는 분야를 선택하고, 자신이 직접 체험하고 운영하도록 하며, 주변 인맥을 활용하여 누가 소비력 있는 계층인지를 파악하여 소집단의 고객 구성과 비율이 전체 시장을 움직이는 것과 무관하지 않다는 간단한 명제를 스스로 찾아내길 바란다.

Reference Site

비즈플레이스 (www.bizplace.co.kr)
창업경영신문 (www.sbiznews.com)
마이비즈메이크 (www.mybizmake.com)

[제2장] 프랜차이즈 창업을 위한 준비

A. 진단 단계

　활동 과제 ①: 창업의도와 창업의 준비자세 정립

B. 정보취득과 계획수립 단계

　활동 과제 ②: 창업 정보의 탐색과 습득

　활동 과제 ③: 창업 방향성 결정과 업종 및 아이템의 선택

C. 상담 단계

　활동 과제 ④: 가맹점 상담의뢰

D. 가계약 단계

　활동 과제 ⑤: 가맹본부의 선정

　활동 과제 ⑥: 점포 상권 및 입지조사와 선택

E. 본계약 단계

　활동 과제 ⑦: 점포 임대차 계약

　활동 과제 ⑧: 가맹계약

F. 오픈준비 단계

　활동 과제 ⑨: 인테리어와 시설 집기 계약 및 입고

G. 운영준비 단계

　활동 과제 ⑩: 가맹본부 교육 이수

　활동 과제 ⑪: 개점 준비와 개점

제2장 프랜차이즈 창업을 위한 준비

POINT

단계별 준비과정에서 모든 사항이 예비 가맹점주에게 유리하게 작용될 수는 없겠지만, 성공적인 프랜차이즈 가맹점 창업을 목표로 최적의 의사결정을 도출하기 위해 각 단계별로 수집되는 정보를 정형화, 계량화, 문서화시켜 적용한다면, 최소한 창업에 걸림돌이 되는 내용들을 제거하고, 보다 합리적인 조건으로 계약을 이끌어 내는 데 도움이 된다.

◆ 프랜차이즈 가맹점 창업의 단계별 활동 내용

프랜차이즈 가맹점을 창업하기 위해서는 보통 4가지 활동사항을 기본으로 총 7단계의 과정을 거치게 되는데, 그 내용은 아래 〈표 2-1〉에서 보는 바와 같이 사전준비활동(3단계), 선택활동(1단계), 계약활동(2단계), 교육과 영업활동(1단계) 등으로 이루어지게 진다. 물론 각 단계가 순차적으로 진행되는 경우도 있고, 두세 단계가 병행되거나 뒤바뀌는 경우도 있지만, 특이한 경우가 아닌 이상 가맹점 창업절차는 통상적으로 7단계에서 크게 벗어나지 않는다. 〈표 2-1〉에서 활동과제로 제시한 내용 중 ④가맹점 상담의뢰, ⑤가맹본부의 선정, ⑧가맹계약, ⑩가맹본부 교육이수 부분은 독립창업 과정에서는 볼 수 없는 내용들이다.

프랜차이즈 가맹점 창업 준비과정이 독립 창업과 다른 이유는 전술된 바와 같이 가맹계약서를 체결하고 가맹본부의 노하우(브랜드 사용, 운영기법, R&D 등)를 제공받는 대가로 가맹비, 보증금, 교육 훈련비, 로열티 등을 지급하는 운영방식을 취하고 있기 때문이다. 그리고 점포 운영에 있어서도 가맹본부의 표준 매뉴얼을 준수해야 하기 때문에 영업활동에 어느 정도 제한을 받게 되는 일도 있다.

<표 2-1> 프랜차이즈 가맹점 창업의 단계별 준비와 활동

구 분	단 계	활 동 과 제
사전준비활동	A. 진단 단계	① 창업 의도와 창업의 준비자세 정립
	B. 정보취득과 계획수립 단계	② 창업 정보의 탐색과 습득
		③ 창업 방향성 결정과 업종 및 아이템의 선택
	C. 상담 단계	④ 가맹점 상담의뢰
선택활동	D. 가계약 단계(가맹신청)	⑤ 가맹본부의 선정
		⑥ 점포 상권 및 입지조사와 선택
계약활동	E. 본계약 단계 (임대차/가맹계약)	⑦ 점포 임대차계약
		⑧ 가맹계약
	F. 오픈준비 단계	⑨ 인테리어와 시설 집기 계약 및 입고
교육과 영업활동	G. 운영준비 단계	⑩ 가맹본부 교육 이수
		⑪ 개점 준비와 개점

프랜차이즈 가맹점 창업과정을 <그림 2-1>과 같이 크게 창업 준비기, 가맹점 설립기, 개업 준비기로 나누어 도식화해 보면 쉽게 이해할 수 있다.

창업 준비기는 창업 이전에 다시 한번 돌다리를 두드려보는 기간으로서 창업 동기와 목적을 분명히 정립하기 위해 자신의 경험과 노하우를 재점검하고 어떻게 이것을 창업에 활용할 수 있는지를 짚어보는 과정이다. 또한 개업자금과 운전자금의 조달방법을 생각하고, 정보수집과 상담을 통해 창업분야와 영업의 범위를 점차 구체화시키게 된다.

가맹점 설립기에는 창업의 중요한 관문인 가맹본부를 선택하고 최소 비용으로 최대 효과를 낼 수 있는 작업장을 결정하게 된다. 이 기간에는 창업 준비기에 쌓아온 각종 정보를 활용하여 가맹본부를 선별하고 상권 및 입지 분석을 통해 최적의 가맹계약과 임대차계약을 체결하게 된다.

개업 준비기는 영업에 필요한 제반사항을 준비하고 최종 점검하는 기간으로서 자신이 선택한 업종과 종목에 맞는 각종의 인허가 사항과 자격요건을 취득하게 되며, 이를 바탕으로 사업자등록이라는 절차를 통해 사업 주체자로서 정식으로 탄생하게 된다.

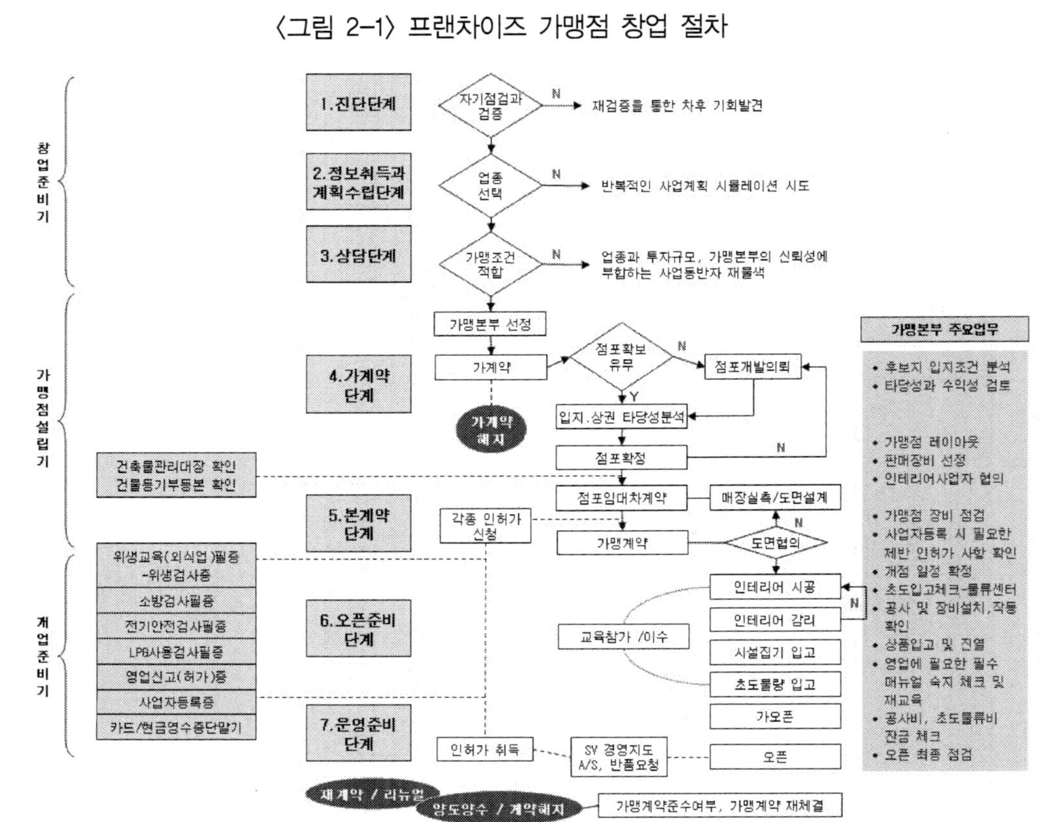

<그림 2-1> 프랜차이즈 가맹점 창업 절차

A. 진단 단계

▶ 활동과제 ①: 창업의도와 창업의 준비자세 정립

> **POINT**
>
> 프랜차이즈 창업을 하고자 한다면, 기본적으로 인적·물적 자원, 자기를 중심으로 둘러싸고 있는 외부환경 그리고 자신만의 기술과 노하우 등 세 가지 부분을 점검해 보아야 한다.

◆ 자기자산의 점검

프랜차이즈 창업은 가맹본부라는 사업 동반자가 존재하지만 그 관계는 일정 수준으로 사업이 성장하고 유지되는 경우에만 국한되기 때문에 가맹점 운영의 핵심 주체는 바로 자기 자신일 수밖에 없다. 따라서 자신이 가맹점에 투입할 수 있는 인적자원과 물적 자원에 대해 사전 점검이 반드시 이루어져야 한다. 특히 소규모 가맹점 창업일수록 두 가지 자원의 중요성은 더 크다고 할 수 있는데, 그 이유는 여유자산과 인맥을 형성해 놓지 않은 상태에서 가맹점 창업에 모든 자원을 투입했다가 사업 실패나 중도 포기라는 최악의 결과가 발생될 경우, 원상회복을 하기가 어렵게 되는 경우가 빈번히 발생하기 때문이다. 자기자본과 타인자본, 자신이 참여할 수 있는 노동량과 작업량의 정도, 그리고 타인의 참여 의사와 참여 정도 등을 파악해야 한다.

또한 자기 자신을 둘러싸고 있는 혈연, 지연, 나이, 가족관계 및 현재의 생활환경과 수준, 시대적 흐름 등 외부환경 등을 점검해야 한다. 그 이유는 대부분 자기를 둘러싸고 있는 외부환경은 자의적으로 좀처럼 바꿔지기가 힘든 부분이기 때문이다. 뿐만 아니라 자기가 좋아하는 일, 싫어하는 일, 할 수 있는 일과 하고 싶은 일, 잘하는 일, 못하는 일 등을 구분하여야 하며, 경험을 통해 알고 있는 노하우나 자신만이 보유한 유·무형의 기술, 그리고 가맹본부의 교육과 훈련을 통해 영업활동에 필요한 모든 기술을 자신의 것으로 소화해낼 수 있다는 자신감이 구비되어야 한다. 이러한 자기자산의 점검을 통해 창업하고자 하는 업종과의 적합 여부가 사전에 체크된다면, 가맹본부를 충실한 조력자로 활용하여 기대 이상의 사업성과를 낼 수 있게 된다.

◈ 자기 진단

창업을 준비함 있어 두 가지 바람직한 마음가짐이 있는데, 하나는 어떠한 상황 속에서도 가장 희망적인 생각, 말, 행동을 선택하는 긍정적인 태도(positive attitude)를 갖는 것이며, 다른 하나는 가족과 자기 자신을 위해 최선을 다해 생활하고 희생할 수 있다는 자신과의 약속을 이행하는 것이다.

○ 창업에 대한 기본마음 가짐

창업 희망자들이 창업에 대해 관심을 갖게 되는 계기는 대부분 우연한 상황에서 비롯되는 경우가 많고, 준비 과정에 있어서도 비계획적이고 지극히 모방적인 행동을 흔히 취하게 된다. 창업의 꿈을 항상 마음에 담고 사는 직장인들이 주변 오피스가 음식점에서 흔히 하는 말들을 상상해보자. '야~ 여기 장사 정말 잘된다', '이 집은 항상 손님이 많아!', 장사는 이렇게 하는 거야!', '나도 직장 그만두고 이런 장사나 해서 빨리 돈벌어야 하는데', '요즘 ○○가 유행이라던데 나도 한번 해볼까?' 등 '돈벌이로서는 장사가 최고일 것이다'라는 말들을 쉽게 하곤 한다. 더욱이 여름철 맥주 집이나 삼계탕 집 등 계절적인 요인으로 손님으로 가득 차는 시기에는 이러한 부러움이 극에 달하기도 한다.

하지만 모든 점포가 성수기 또는 피크타임 때는 물론 평상시의 잠재 수요가 꾸준히 매출로 이어져 폭발적인 수입을 보장받고 있는 것은 아니다. 점포 문만 열면 손님이 몰려들어 돈을 쥐어주는 장사는 세상에 존재하지 않으며, 만일 그러하다면, 그 이유는 창업에 대한 성공을 열망하는 점주의 보이지 않는 열정과 준비가 상품과 음식 그리고 행동에 배어 있기 때문에 나타나는 결과인 것이다.

취업과 창업은 엄연히 다르다. 자신이 피고용인 상태(취업)였을 때와는 확연히 다른 고용주(창업)입장이 되기 위한 마음의 준비가 되어있는지 자문해 볼 필요가 있다. 창업의 동기와 목표는 명확하고 분명할수록 성공할 확률이 높아진다. 먹고살기 위해 어쩔 수 없이 하기 싫은 일을 할 수밖에 없다는 구복지계(口腹之計)식의 사고방식으로는 창업을 준비하는 것도 유지하는 것도 힘들다는 점을 명심해야 한다. 또한 창업을 하면 샐러리맨보다 편하고 수입이 많을 것이라는 막연한 생각과, 창업과 관련된 책이나 정보 등에서 얻을 수 있는 경험자들의 충고를 귀담아 듣지 않는 태도 역시 바람직하다고 볼 수 없다. 하고 싶지만 못하는 일, 할 수 있지만 안 하는 일, 실제 할 수 있을 것 같지만 어려운 일 등 자신이 뛰어들려고 하는 분야의 특성과 본인의 과거와 현재 그리고 미래 상황을 잘 판단하여 준비해야 한다.

○ 창업을 위한 생활 습관

창업을 하기로 일단 마음을 먹었다면, 창업에 필요한 정보를 축적하고 분별할 수 있도록 정리하는 습관을 갖도록 해야 하며, 의식적이든 무의식적이든 자기가 모든 면에서 주인이고 리더라는 생각을 갖고 행동하는 버릇을 들여야 한다.

우선 언제 어디서든 메모할 수 있는 메모장과 필기도구를 준비하도록 한다. 디지털카메라, PDA, 노트북, 핸드폰 등의 정보통신 기기가 구비될 수 있다면 더욱 좋다. 이 메모장에는 창업 분야의 특성과 발전상태, 광고, 마케팅 관련 아이디어, 상권의 특성, 교통과 지역정보, 인력 구성과 매장 운영방법의 특이점, 상품의 배치와 배열, 먹거리의 특성 등 창업과 관련된 모든 사항에 대해서 직간접적인 경로를 통해서 얻어지는 정보든, 자신이 생각해낸 것이든 일목요연하게 기록하도록 한다. 또한 신문, 잡지, 인터넷 등에서 매일 쏟아져 나오는 관련 자료 역시 스크랩을 통해 정리하도록 한다. 이런 과정에서 모아진 정보는 양과 질의 수준을 떠나 창업 의지를 현실화하고 구체화시키는 데 중요한 역할을 담당하게 된다. 결국 꾸준히 정리한 메모장과 스크랩북은 자신만의 노하우가 담긴 최고의 창업정보 모음집으로 발전되어 향후 창업을 준비하고 점포를 운영하는 각 과정에서 훌륭한 가이드라인을 제시해 주게 된다.

또한 직장인의 경우에는 점포 운영이 결국 회사 업무의 축소판이라는 생각을 갖고, 수동적으로 일해오던 근무태도를 버리고 경영자

관점에서 모든 일을 처리하는 데 익숙해지도록 한다. 조직 내의 상·하급자, 동료 및 하청업자 등 향후 관계를 위해 모든 사람과 좋은 인간적인 관계를 형성하도록 하며, 특히 자기의 업무 외에 타 부서의 업무에도 관심을 갖는 것은 물론, 회사의 전반적인 업무를 이해하여 조직체가 안정되고 성장할 수 있는 요인을 찾아내도록 한다.

○ **창업 수습기간**

가맹점이 오픈되는 순간부터는 연습이라는 것은 없다. 창업자의 대부분은 자신이 현재까지 쌓아온 물적 재산의 많은 부분을 첫 창업에 투입하게 되므로 한번 실패를 복구하기 위해서는 많은 인내와 노력 그리고 시간이 재투자되어야 하기 때문이다. 따라서 창업 전 자신이 선택하려는 업종에 대한 수습기간을 나름대로 거치는 것이 좋다. 외식업, 도·소매업, 서비스업 등 업종을 불문하고 실제 가맹점을 오픈한 것처럼 느낄 수 있는 채널을 확보하여 체험해볼 수 있는 방법을 찾도록 한다. 예를 들어 외식업의 경우라면, 적당한 시간을 확보하여 홀서빙이나 주방 설거지 등을 유급형태이든 아니든 간에 무조건 지원하여 외식업체의 생리를 체험하도록 한다. 만일 무점포 창업이나 도·소매업을 염두에 두고 있다면, 실제 길거리에 좌판을 펴고 물건을 팔아본다든지, 편의점에서 하루종일 소비자 구매 패턴을 분석하고, 카운터에서 발생하는 일들을 정리해보는 등 실전을 통해야만 얻을 수 있는 각종 운영 방법을 경험해 보도록 한다. 나름대로 설정한 기간 동안 실제로 몸으로 부딪치다 보면, 자신의 생각과 현실과는 커다란 차이가 있음을 경험하게 되며, 이것을 계기로 다시 한번 창업에 대해 심사숙고하는 과정을 자동적으로 거치게 된다.

○ 냉정하고 객관적인 자기 자신에 대한 진단

인간관계가 좋기 때문에 고객관리에는 자신이 있다. 상권의 특성에 관계없이 이 동네에서 최고의 매출을 올릴 자신이 있다. 창업은 40대에 하면 늦기 때문에 바로 지금 해야만 한다.

창업에 적합한 사람의 특징이 있기는 하다. 그러나 그것이 모든 업종, 각 개인이 처한 상황 등에 공통적으로 적용되는 것은 아니며, 주관적으로 생각하는 자기 자신에 대한 평가나 이미지에 대해 타인도 똑같이 느낄 수 있을지는 미지수이다. 여러 기관에서 제공하고 있는 창업적합검사를 통해 좀 더 자기 자신을 객관적으로 평가해보고, 특히 가맹점 운영 자체를 좋아하고 즐길 수 있는 준비자세가 되어있는지, 불확실한 환경, 쉽게 지치거나 힘든 상황에서도 끝까지 노력하려는 끈기가 있는지 등에 대해 냉정하고 객관적인 평가를 내려보기 바란다. 결국 가맹본부의 우수한 제품과 서비스를 바탕으로 자기 가맹점에 대한 열정을 갖고, 가족, 종업원, 고객과 친밀한 대인관계를 유지할 수 있는 기질이 충만하다면, 프랜차이즈 가맹점 창업의 성공 열쇠는 이미 쥐어져 있는 것이나 다름없다.

Reference Site
소상공인지원센터 (www.sbdc.or.kr) -스스로 창업적성검사
맥세스실행컨설팅(www.maxcess.co.kr)
창업경영신문 (www.sbiznews.com) -창업적성검사, 창업적합검사
창업넷 (www.changupnet.go.kr) -창업지원 상담
외식창업정보발전소 (www.mybizmake.com) -창업적성검사
좋은나무 성품학교 (www.goodtree.or.kr) -긍정적인 태도

B. 정보취득과 계획수립단계

▶ 활동과제 ②: 창업 정보의 탐색과 습득

> **POINT**
>
> 정보 취득방식을 한 가지만 고집하거나 국내외 성공사례에 너무 의존하지 않도록 하며, 주간별, 월별, 분기별, 연간 단위로 지속적인 정보 탐색을 시도하여 체계적으로 정리해 두도록 한다.

정보의 탐색과 습득은 창업준비의 초석이 됨은 물론, 향후 각 단계에서 의사결정을 하는 데 중요한 역할을 담당하게 되기 때문에 경우에 맞는 각종의 비교분석이 체계적으로 이루어질 수 있도록 정확한 정보를 제공하는 곳을 찾아내는 것이 중요하다.

창업 정보란 창업에 필요한 모든 유·무형의 콘텐츠와 경험 등을 포함한 데이터를 말하며, 프랜차이즈 가맹점 창업에 필요한 정보는 프랜차이즈 가맹본부, 가맹점을 둘러싸고 있는 모든 내·외부환경과 시장동향, 프랜차이즈 산업의 동향과 추세, 성공사례, 실패사례, 경험자의 자서전 또는 회고록, 각종 리포트 등을 통해 얻을 수 있다.

○ **정보의 일반적인 습득**

21세기는 정보통신산업의 급속한 발전으로 정보의 습득 경로가 다양화되어 있고 접근 또한 매우 용이한 반면 정보가 정확하지 않고 불분명한 출처로 신뢰도가 떨어지는 경우가 많다. 검증되지 않은 정보의 확산으로 인하여 피해를 보는 사례도 있으므로 자신의 경험과 판단에 의해 취득된 정보를 검증하는 단계를 거치도록 한다.

창업에 대한 일반적인 정보는 생활정보지, 신문광고와 기사, 전단지, 인터넷 등을 취합, 정리함으로써 손쉽게 정리될 수 있으며, 좀 더 심도 깊은 자료가 필요하거나 동일한 관심을 가진 사람들과의 교류를 원한다면, 창업과 관련된 문헌이나 지식검색 사이트 및 리포트를 검색하고 각종 동우회나 포럼에 가입하여 활동하는 방법을 취하면 된다. 물론 박람회 등을 참관하여 참여업체의 동향과 최신의 정보를 직접 얻어내는 것도 좋은 방법이다. 특히 박람회 등을 통한 정보를 취득의 경우에는 단순한 관람만을 목적으로 하지 말고 가맹본부와의 상담, 가맹본부, 브랜드 간의 비교분석을 통해 한 차원 높은 현장감 있는 정보에 접근하는 것이 중요하다.

인터넷을 통해 정보를 구하는 경우에는 가급적 인터넷 카페나 블로그의 정보보다는 해당되는 프랜차이즈 가맹본부의 홈페이지를 직접 방문 또는 유선 접촉을 통해 꼭 필요한 콘텐츠를 확보하는 것이 바람직하며, 누가 보아도 정보의 신뢰도가 많이 떨어지는 광고물이나 홍보물은 그 형태와 내용을 판단하여 선별적으로 취득하도록 한다. 신문광고 역시 광고내용은 광고 심의만 통과된 것일 뿐이기 때문에 기사보다는 공신력이 떨어지는 만큼, 광고내용을 맹신하지 않도록 주의한다.

〈표 2-2〉는 외식업 프랜차이즈 창업을 위해 조사된 정보를 간략하게 정리한 예이다.

프랜차이즈 창업 정보를 얻기 위해서 다양한 습득 채널을 찾아내는 것도 중요하지만 각종 리포트 또는 상장된 본사의 기업설명자료(IR; Investor Relation), 신문기획 기사 등 비교적 구체적이고 신뢰도가 높은 자료에 접근하는 것이 좋다. 또한 먼저 희망하는 업종 또는 관련 시장을 대분류로 정하고, 점차 하위 개념으로 제품 인지도(소비자 선호도), 시장점유율, 매장 수, 매출액 등으로 구분하여, 습득된 정보를 분류하는 과정을 통해 그루핑(grouping)시켜 분석하도록 한다. 이러한 정리 방식을 택하는 것이 향후 업종선택은 물론 가맹본부 선택에도 꼭 필요한 보충자료로 활용될 수 있다.

〈표 2-2〉 외식업 동향 정보

작성 일자: ○○년 ○월 ○일~○일
정보 출처: ○○○ site 및 ○○신문 10면(○월 ○일자)

구 분	동 향
사회환경의 변화	·주 5일제, 격주 토요 휴무제
소비자기호의 변화	·저가격 고품질 서비스 선호
업체의 변화	·대형화 추세와 배달업의 꾸준한 성장세 ·자연친화적인 인테리어, 만남의 장소공간 마련 ·오픈 키친으로 음식에 대한 신뢰도 어필 ·조리 과정 공개를 통한 볼거리 제공
유망입지	·부도심권, 고정고객 확보가 가능한 위치
가맹점 평균 매장 평수	·배달형: 5~12평 내외, 내점형: 15~30평 내외 ·복합형: 30평 이상
주요 타깃층	·20~30대 젊은 세대, 레저 세대
평균 객단가	·식사: 4,000~6,000원/ 주류: 3,000~6,000원 ·음료: 1,000~3,000원
창업 주안점	·경쟁업체와의 차별화 및 틈새공략으로 리스크 분산 ·상권 형성 초기에 진입하여 타깃층을 선점 ·깨끗함, 청결, 깔끔함을 지향하는 퓨전메뉴 중심 ·가공률이 높은 아이템을 선정하는 대신 인건비를 절감하는 방향 모색 ·기술전수형 가맹본부를 선택하는 것이 유리함 ·외식업 중 퓨전브랜드 인지도가 높은 편임

예를 들어 중저가 코스메틱 관련 가맹점에 대한 정보를 정리한다고 가정하면, 〈표 2-3〉와 같이 거시적 환경과 동향 그리고 가맹본부의 영업방식 등을 분석한 후, 코스메틱 프랜차이즈 브랜드를 조사하여 〈표 2-4〉와 같이 정확하지 않더라도 나름대로 중저가 시장의 전체규모를 정한 다음, 중저가 브랜드별로 매출, 매장 수 등을 기준으로 시장점유 순위를 매겨보는 방식으로 정리될 수 있도록 한다.

〈표 2-3〉 희망 아이템의 시장 정보

구 분	정리할 내용
업 종	· 코스메틱
일반 동향	· 시장동향 · 디자인과 실내장식, 인테리어 동향 · 틈새시장 예측 · 각 가맹본부의 차별화, 경쟁력 파악
가맹본부/가맹점 수	· 업종, 테마별 가맹본부, 가맹점의 수 파악
시장진입 수준과 브랜드 인지도	· 진입기, 성장기, 성숙기 파악 · 브랜드 평가, 경험담 집계
적합한 상권 및 입지	· 유동인구, 점포접근성과 가시성, 교통편리성 · 신세대, 일반인, 주부, 학생, 직장인, 여성 · 오피스, 단독주택가, 대학가, 역세권, 근린시설 · 오피스텔 1층, 기숙사, 3천 세대 이상 아파트
경기에 영향받는 정도	· 민감, 둔감
제품 성격	· 고관여, 저관여
투자비용	· 투자규모 (가맹비, 초기 투자비용) · 자기자본과 타인자본의 적절한 비중
수익률	· 투자자금 회수시기 및 예상 BEP
가맹본부 지원사항	· 교육훈련 체계, 물류체계, 마케팅전략 등

〈표 2-4〉 관련 업종 브랜드별 정보

브랜드명	매출액	시장점유율 (Market Share)	매장 수		본사위치
			국내	국외	
○○○	000억원	20%	200	10	서울
△△△	00억원	17%	140	2	안양
□□□	00억원	15%	100	0	서울

Reference Site

중소유통업 실태, 통계 (www.gs1kr.org/ssmr) - 점포영업실태 및 영업성과

식품외식경제 (www.foodbank.co.kr)

마이비즈메이크 (www.mybizmake.com)

비즈플레이스 (www.bizplace.co.kr)

창업경영신문 (www.sbiznews.com)

매직시스템 (www.magicsystem.co.kr)

국가지식포털 (www.knowledge.go.kr)

한국식품연구원 (www.kfri.re.kr)

Naver 지식시장 (km.naver.com)

Daum 신지식 (k.daum.net)

Yahoo 지식검색 (kr.ks.yahoo.com)

Newswire (www.newswire.co.kr)

아이서퍼 (www.eyesurfer.com) - 종합정보 탐색서비스

▶ 활동과제 ③: 창업 방향성 결정과 업종 및 아이템의 선택

> **POINT**
>
> 프랜차이즈 창업의 방향성은 수집된 정보의 분석을 통해 정립될 수 있으며, 업종과 아이템을 선정하고 현재 정확하게 결정되지 않은 가맹점 창업계획을 자기가 의도한대로 이끌어 나가는 데 도움을 주는 기준으로 삼을 수 있다.

◈ 프랜차이즈 창업 방향성 결정

프랜차이즈 창업은 브랜드 감성과 합리적인 가격을 누릴 수 있는 제반 환경을 통해 비용절감, 브랜드밸류의 확보, 효율적인 공동마케팅 등을 도모함을 통해 브랜드 감성과 합리적인 가격을 중시하는 밸류컨슈머(value consumer)를 자극함으로써 판로확대와 수익극대화 등의 목적을 달성할 수 있다. 하지만 취급하려는 상품이 무엇이고, 어떠한 곳에서 어떠한 형태로 얼마의 가격으로 판매할 것인가 그리고 판매하려는 대상은 누구인가 등에 대한 방향성이 결정되지 않고서는 불가능한 일이다.

프랜차이즈 창업에 대한 방향성을 결정해야 하는 이유는, 과도한 창업시장의 경쟁구도가 업종을 불문하고 지속적으로 형성됨에 따라 사업 초기에 철저한 사업전략을 세울 수 있는 가이드라인이 필요해졌기 때문이다. 방향성 없이 고집스럽게 외길 영업전략을 구사하는 것보다는, 고객을 위한 판매방식을 먼저 생각하고 사회적 흐름에 발 빠르게 대응하며, 소비자의 목소리를 귀담아들으면서 이에 부응할 수 있는 차별화된 방향성을 보유해야 한다. 아무리 훌륭한 브랜드와 좋은 점포를 소유하고 있다 할지언정, 가맹점 편의위주로 매장을 운영하는 방향으로 매장을 꾸려나간다면, 결코 성공을 보장받을 수 없다.

창업 후 매장을 운영하면서 타깃 상품과 고객을 조정하거나 확장, 수정, 보완하는 방법도 있지만, 프랜차이즈 창업은 이미 가맹본부의 브랜드 컨셉에 의해 고객을 분명하게 구분 짓고 있기 때문에, 창업을 계획하는 단계에서 희망하는 점포 운영의 방향과 브랜드 컨셉의 공통분모를 많이 찾아내는 것이 중요하다. 즉 가맹본부의 운영방침에서 벗어나 자기 점포만을 생각하는 지나치게 특화된 영업방향을 수립하는 것은 오히려 가맹점 매출 향상에 절대 도움이 되지 않는다는 점에 유의해야 할 것이다. 브랜드 컨셉에 맞는 방향성을 명확하게 정립한 후 영업활동에 임한다면, 매출향상과 브랜드 컨셉 유지는 물론 자기 가맹점의 차별성과 독특함을 충분히 인정받을 수 있게 된다.

최근 밸류컨슈머들의 소비 성향에 적합한 상품과 서비스를 출시한 프랜차이즈 가맹본부들이 좋은 성과를 나타내고 있는데, 이것은 시대흐름과 소비자 행동 변화에 적절한 대응할 수 있는 사업모델과 아이템을 선정했기 때문이다. 결국 창업의 방향성을 확실히 정립하고 이와 함께 시너지 효과를 창출할 수 있는 아이템으로 이런 가맹본부에서 제공하는 브랜드를 선택했다면, 이미 성공 대열에 올라섰다고 감히 말할 수 있겠다.

◆ 업종과 아이템의 선정

업종의 생명주기는 고유의 특성에 따라 큰 차이를 보인다. 외식업의 경우는 메뉴의 전문화와 획일적인 음식 맛이 유지된다면, 생명주기가 짧게는 한 달에서부터 길게는 3년 이상까지 지속될 수 있는 반면, 도·소매업의 경우는 단품이나 복합품을 spot 또는 기간별로 적절하게 판매할 수 있는 전략을 구사하여 제품 생명주기를 나름대로 가맹점주가 비교적 손쉽게 조절할 수 있다. 서비스업의 경우는 점포 없이도 운영이 가능한 유형의 제품은 생명주기가 비교적 짧은 반면, 무형 재화를 제공하는 경우에는 주력기능 외에 부가적인 보완서비스를 신축성 있게 제공하는 멀티숍 형태로 운영방식을 전환함으로써 생명주기를 연장시킬 수 있다.

유망 업종의 생명주기는 결국 가맹본부와 가맹점이 구사하는 영업 컨셉 주기와 동일하다고 할 수 있다. 따라서 프랜차이즈 가맹본부는 업종의 생명주기를 연장시키기 위해서 매장 인테리어를 리뉴얼하라거나, 신규 브랜드와 메뉴를 도입하라고 권유하기도 한다. 이러한 행동은 가맹점의 생존 기간을 길게 한다는 측면에서는 바람직한 일이라고 할 수 있겠지만, 가맹점주의 무리한 재투자와 모험은 현실적으로 힘들다는 점을 감안하면 초기의 업종과 아이템 선정에 좀 더 심혈을 기울여야 한다는 결론을 이끌어낼 수 있는 것이다.

또한 어떤 업종과 아이템을 선정하느냐가 점포 임대관련 비용, 인테리어 비용, (주방)설비 및 각종 기기 구입비용 등의 초기 투자비용과 원가의 구조, 마케팅 방식, 타깃 고객의 선정 등 가맹점 운영

방향을 좌지우지하게 되므로, 원가 대비 수익성 분석과 투자회수율을 감안하여 무리하게 업종과 아이템을 선정하는 일은 없어야 할 것이다.

○ 업종의 선택

예비창업자들의 공통된 고민은 유망한 사업 업종과 아이템을 어떻게 발견하는가에 있지만 유망 사업을 예측하는 일은 결코 쉬운 일이 아니다. 물론 이것은 모든 영리를 추구하는 기업들도 마찬가지이다. 시대적인 흐름에 맞는 업종과 아이템으로 유망한 분야에 범주를 설정할 수는 있겠지만, 개인이 갖고 있는 능력과 개성이 다른 상황에서 모두에게 똑같이 적용되는 유망 사업 아이템이란 존재하기 힘들다. 생소한 분야이지만 유망하다고 소문난 업종이라는 이유만으로 분별없이 뛰어들었다가 실패하는 경우도 많고, 특히 고정비나 변동비를 매출에 따라 측정해보는 과정을 거치지 않거나, 가맹본부가 제시한 수익률은 가히 살인적인 노동시간과 인력이 투입되어야만 실현 가능하다는 점을 무시했거나, 유통과 조리과정이 복잡하고 시간이 많이 걸려 회전율에 문제가 있다는 점을 미처 발견하지 못하는 등 초기 투자비와 검증되지 않은 예상 수익에만 치중하여 업종을 선택하는 오류를 범해서는 안 될 것이다.

이것은 비단 독립 창업뿐만 아니라, 프랜차이즈 가맹본부의 노하우를 빌린 가맹점 창업일지라도 마찬가지이다. 현재의 경쟁자나 앞으로 생길 경쟁자들을 이길 수 있는 자신만의 무기가 없는 상태에서 좋은 업종만을 찾고 있다면, 스스로 경쟁력을 발휘할 수 있는 능력을 갖출 때까지 가맹점 창업을 미루는 편이 현명한 방법일지도 모른다.

〈그림 2-2〉 업종과 아이템 선택에 고려되어야 할 사항

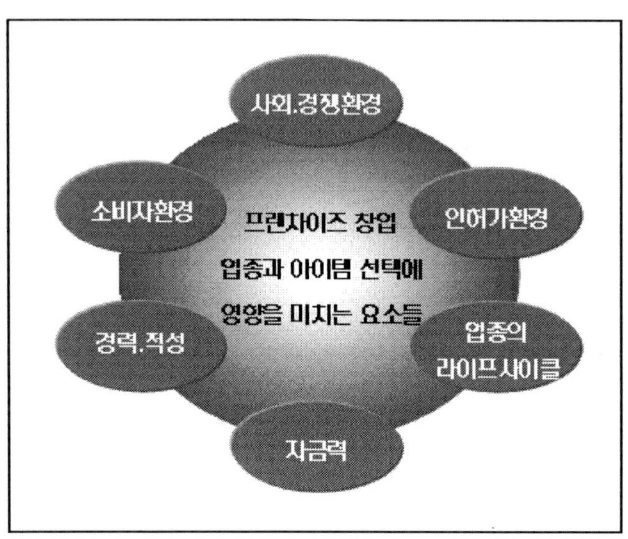

　가맹점 창업은 〈그림 2-2〉와 같은 사항을 감안하여, 사회의 변화, 시대의 흐름, 소비자의 환경 등을 잘 파악하고, 거기서 파생되는 비즈니스 기회를 포착한 가맹본부의 브랜드를 선택하고 자신만의 차별화 전략이라는 무기를 더하게 되면 성공할 수 있는 것이다. 우연을 기대할 수도 없고 해당 브랜드로 가맹점 창업에 성공한 이들의 결과만을 보고 부러워하는 자세 역시 자신에게는 아무런 도움이 되지 않는다. 변화의 흐름을 파악하지 못하는 가맹점은 시대의 변화를 남보다 앞서 파악하여 좋은 시스템을 갖추고 있는 가맹본부의 브랜드를 소유했다고 하더라도 결국 도태될 수밖에 없다.

　업종을 선택하기 위해서는 〈표 2-5〉와 같이 업종에 대한 기본적인 특성을 이해해야 한다. 외식업은 프랜차이즈 형태가 아니더라도 가장 경쟁이 치열한 업종이지만 초기 투자비용이 타 업종에 비해 낮고, 비

교적 쉽게 창업할 수 있다는 강점으로 예비창업자들이 선호하고 있다. 그러나 과거와는 달리 외식문화에 대한 고객의 수준이 크게 향상되어 있고, 고객의 건강 지향성, 고급화 욕구뿐만 아니라 다양한 먹거리의 지속적인 탄생으로 인해 선택의 폭이 증가되고, 메뉴의 생명주기가 단축되는 등 외식업에서의 성공도 쉽게 보장받을 수는 없게 되었다.

〈표 2-5〉 업종별 기본 특성

업종	특 성	keypoint
외식업	·시장진입 용이 ·경쟁요인 많음 ·초기투자비용 다양 ·노동력 투입 강도 높음 ·계절별 원부재료 관리주의 ·QCS(Quality, cleanliness, Service) ·즉시성이 요구됨	·일반외식업: 상권과 입지 ·전문외식업: 브랜드 파워 ·유흥가: 주류판매와 영업시간(24시간 운영여부), 이벤트 필수 ·먹자골목: 전문성. 단일메뉴 (점심매출 부진) ·직장가: 주말매출 부진과 매장 평수, 음식점과 주점 영업 경계 혼재, 단체고객유치 ·대학가: 유행 민감, 가격저항, 양의 승부, 다양한 메뉴 ·주택가: 가족중심공략, 매장형태(테이블, 방), 재래시장 초입 유리, 포장 배달, 주중매출이 관건, 주부, 어린이 고객 선점 ·학원가: 구매력 일정, 학부모 입소문 ·오프라인: 포장과 배달판매 고려
도소매업	·상품 종류가 많은 편임 ·물류관리 시스템 필수적 ·단품 재고관리 부담 ·평균 초기투자비용 中大 ·시장진입이 용이하지 않음 ·지속적인 제품지식 습득필요 ·효과적인 머천다이징	·생필품 위주: 다양한 상품 ·선매품 위주: 상품력과 브랜드 파워 ·중고등학교/ 학원/ 대학가: 문구 위주 ·직장가:오피스 사무용품 위주(할인 매장형태) ·온·오프라인 판매 병행 ·B2C(Business to Consumer, 기업대 소비자 간 거래)보다는 B2B(Business to Business, 기업 간 거래)가 규모가 큼
서비스업	·매장 평수 비교적 큼 ·평균 초기투자비용 中大 ·구매나 사용 이전에 소비자평가를 예측하기 어려움 ·품질 통제의 어려움	·잉크충전, PC수리 등 컴퓨터 관련업은 방문 서비스 병행 ·영업력과 인적자원 관리가 필수적 ·내점형 무점포 사업 등 영업방식 다양 ·점포 규모와 층수 선택에 신중

즉, 외식에 대한 소비자의 선호분야가 매우 다양화되어 있기 때문에 부득이 불특정다수의 소비자들을 대상으로 시장을 세분화함에 따라 시장 규모를 축소시키는 결과를 초래하고 있는 것도 사실이다.

다양한 메뉴로 승부하기보다는 전문적이고 특화된 단일 품목의 메뉴로 차별화할 수 있는가를 체크해 보는 것이 바람직하며, 가맹점주가 주방에서 탄생되는 모든 메뉴의 재료의 정선방법, 손질법, 재료의 양, 숙성 기간, 보관 방법, 맛있게 먹는 방법 등 모든 레시피(recipe)를 정확하게 숙지하고 있어야 한다. 주방과 홀과의 호흡을 잘 맞추어 효율적인 인력관리에 항상 관심을 기울이는 것도 중요하다. 또한 타업종에 비해 많은 노동력이 투여되기 때문에 점포 운영의 가족참여 여부와 자신의 건강을 사전에 체크해보아야 한다.

다음 〈표 2-6〉는 프랜차이즈 가맹점 창업으로 외식업을 선택한 경우, 기본적으로 고려되어야 하는 운영 방식을 구분한 것이다.

도·소매업은 보통 가맹본부가 도매상의 역할을 담당하고 가맹점은 소매상 기능을 수행하는 형태로 운영된다. 단품의 종류와 가지수가 상당히 많기 때문에 재고관리와 수·발주 시스템이 제대로 갖추어진 가맹본부를 택하는 것이 중요하며, 적시에 합리적인 가격으로 제품을 공급하는 효과적인 머천다이징 능력을 보유했는지도 판단해보아야 한다. 또한 각 상권별로 제품의 핵심적인 기능을 파악하여 상품구색과 배열 그리고 점포입지의 선정에 특별한 관심을 기울여야 한다. 특히 선매품을 판매하는 업종의 경우는 소비자 구매결정시간이 생필품보다 많이 걸리기 때문에 가급적 동종업종이 모여 있는 상권을 택하도록 한다.

예를 들어 문구류의 경우는 학원가에서는 문구용품 위주로 비교적 매장규모가 작게 운영하는 것이 중요하며, 매장 규모가 큰 오피스가에서는 문구용품을 기본으로 생활필수품, 각종 팬시용품 등의 부가 상품을 구비하여 상품의 다양화와 할인매장 형태로 운영하는 것이 좋다. 그리고 투자규모가 크지만, 사업성이 좋고 경쟁력이 확실한 경우라면, 개인 가맹뿐만 아니라 파트너십을 통한 공동 창업도 고려해 볼만한 업종이다. 도·소매업은 상품 특성상 온·오프라인 판매를 병행하는 경우가 많은데, 〈표 2-7〉와 같이 그 특성을 파악하여 온라인 판매방식으로 인해 오프라인 가맹점과 충돌할 수 있는 요소가 있는지, 그렇지 않으면 시너지 효과를 일으킬 수 있는 요소가 있어 병행 운영하는 것이 반드시 필요한지 등에 대해 판단해 보도록 한다.

〈표 2-6〉 배달형과 내점형의 비교

구분	배달형	내점형(홀영업)	배달+내점형
형태	주변지역에서 유선 또는 인터넷 등으로 주문이 들어오면 오토바이 등을 이용하여 직접 고객을 찾아가는 형태	준비된 품목을 입점한 고객에게 판매하는 형태	·배달과 홀영업을 병행하는 형태로 보통 중소형 음식점들이 평이한 메뉴로 영업반경을 넓히기 위해 운영하는 형태 ·도·소매업이나 서비스 업종의 경우는 판매를 위한 배달보다는 고객 편의를 제공하기 위해 사용함
장점	인건비 부담이 적고, 신문삽지, 전단지 배포, 상가수첩 게재 등 비교적 쉬운 홍보방법을 통해 매출에 반영되는 시간을 단축시킬 수 있음	·요일, 계절, 날씨에 따라 신속한 판매전략을 세울 수 있고, 유도주문, 추가 주문 등으로 추가매출을 발생시킬 수 있음 ·복합판매와 다양한 판매기법을 동원하여 부대수입을 창출할 수 있음	·고정적인 입지와 유동 인구의 한계를 극복할 수 있음 ·최대한 상권 범위를 폭넓게 사용하여 매출 상승효과를 노릴 수 있음
단점	·요일에 따라 매출 폭이 큼 일회성 주문으로 그치거나 다양한 메뉴에 대한 상세한 정보를 전달하거나 시식할 수 있는 방법이 적음 ·소비자 불만을 접수하거나 관리하기 힘듦 ·교통사고 등의 위험이 있음	·상권과 입지, 홀 평수 등에 따라 매출폭이 큼 ·인건비, 임대비 비중이 큼 ·부동성으로 인해 영업 범위를 넓히는 데 한계가 있음 ·단순한 홍보방법으로 즉각적인 매출상승이 이루어지지 않음	·인건비와 변동비가 상승됨 ·노동량이 많아져 쉽게 피곤을 느낄 수 있음 ·품목에 따라 객단가가 하락되는 현상이 나타남 ·홀과 배달의 피크타임이 달라 어느 한쪽을 소홀하게 될 수 있음
key point	·비대면 거래이므로 거주지와 주문품목 이외의 주문자정보를 획득하기 어려움 ·직대면 거래가 아니라 방문판매형태이므로 배달원의 이미지에 유의해야 함	·상권과 입지의 선택이 중요 ·가시성과 시계성을 확보 ·항상 청결하고 다이내믹한 매장 분위기를 유지해야 함 ·고객을 분류하여 선별적인 마케팅을 구사해야 함	매장 위치와 크기에 따라 배달, 홀 제공 품목을 이원화시키는 것이 좋으며, 배달 시 1회 방문단가를 높이는 메뉴를 선정하고 개발하는 것이 중요

<표 2-7> 온오프라인의 특성 파악

구 분	오프라인	온라인
목 표	One Stop Shopping	e-marketplace 공간제공을 통한 신규 마케팅 채널
시공간	지역거점 점포개설 영업시간 한정	사이버 공간 24시간 영업
고객층	내점객 (지역주변 거주자)	20~30대 중 000제품 잠재 구매고객
고객구매대응	n:n(즉시 대면, 실물거래)	1:1 (비대면, 일정시간 외상거래- 결제가 완료되는 시점이 긴 편임)
사용자 약관	중요도 낮음	매우 중요
개인정보보호	중요도 중상	매우 중요
배 송	자체 해결, 점간 이동용이	통합 물류 필요
결제, 반품	대부분 자체 해결	PG사, 카드사, 가맹본부
고객불만	대부분 자체 해결	사이버공간에서 입소문 확대의 위험 존재 (초기 사이버상 Opinion Leader의 철저한 관리 필요)

서비스업의 경우는 소비자의 구매행위가 일어나기 이전에는 제공된 서비스에 대한 평가결과를 얻기 힘들고, 서비스 제공 즉시 소비자에 의해 소비되기 때문에 재고관리의 개념이 적용되지 않는 즉시 소멸되는 특징을 갖고 있다. 외식업과 도·소매업에 비해 가맹점마다 수준이 다른 품질의 서비스가 제공될 확률이 높고, 가맹점마다 소비자 취향에 맞게 서비스의 양과 질을 신축적으로 조정하기 때문에 표준화에 어려움을 가장 많이 겪는 업종이기도 하다. 따라서 서비스를 위한 기계, 설비의 양질화도 중요하지만, 종업원의 선발과 교육 훈련에 많은 시간과 자원이 투입되어야 한다.

서비스업은 아직 외식업이나 도·소매업에 비해 아이템이나 사업신장률이 외국에 비해 매우 미흡한 편이다. 대부분 사람들이 일상생활에서 느끼는 불편함을 즉시 해결해주는 아이디어형 아이템과 건강 및 웰빙과 관련된 이·미용 간접지원형 아이템이 그 주류를 이루고 있다. 또한 점포 형태로는 운영되는 피부미용이나 PC 수리업, 잉크충전방 등 내점형 가맹점보다는 SOHO(Small Office Home Office) 형태의 무점포 창업이 많은데, 이러한 아이템의 경우 대부분 3D (Difficult, Dangerous, Dirty)에 해당되는 각종 클리닝, 리모델링, 리폼, 청소대행, 생활편의형 관련 아이템으로 한정되는 경향이 있다. 최근에는 투자비와 원가율이 낮고 수익성이 양호한 아이템들을 중심으로 프랜차이즈 형태화되고 있는데, 가맹본부의 초도 상품비용이 자체 구비 시보다는 비싸다는 단점은 있지만, 양질의 서비스와 브랜드 이미지를 바탕으로 거래처 발굴, 수주영업 대행하는 방식을 통해 영업시간을 절감시켜 사업 본연에 활동하는 시간을 만들어주는 장점을 갖고 있다.

업종을 불문하고 프랜차이즈 시스템의 기본이라고 할 수 있는 불합리하고 복잡한 유통단계를 단순화, 표준화시켜 중간마진을 없애거나 줄임으로써 가맹본부의 이익 portion을 낮추고, 가맹점에게는 합리적인 공급가와 판매가를 제시함에 따라 마진율을 높혀 주게 되어, 결국 그 혜택이 소비자에게 되돌아가도록 하는 시스템을 갖출 수 있게 해주는 업종이 가장 좋다고 하겠다. 이러한 업종을 주 사업으로 하는 가맹본부일수록 주요 상권에 직영 매장을 안테나숍으로 운영하는 방식과 가맹점 확장 전략을 병행함으로써 지속적으로 유통채널을 안정화시키는 데 노력한다.

○ 아이템의 선정

시대가 변하면서 사람들의 삶의 방식과 가치관이 바뀌게 되고, 이러한 변화와 함께 소비자의 니즈(needs)가 함께 변하게 된다. 과거처럼 오로지 한 기업에서 판매하는 재화나 용역만을 고집하지는 않고 가치관의 변화에 따라 자신이 필요한 용역, 재화가 있는 곳이면 언제든지 소비처를 바꾸게 된다. 다음은 창업 아이템을 선정하기 위해서 점검해 보아야 하는 사항을 나열한 것이다.

(1) 창업 동기- 생계형, 부업형, 전업형 또는 사업형인지
(2) 자신의 경험을 바탕으로 한 아이템인지
(3) 안정성과 성장성이 보장되는 아이템인지
(4) 아이템 선정에 필요한 정보를 얻은 경로가 어디인지
(5) 투자규모에 맞춰 아이템을 선정하는 것은 아닌지
(6) 외형적으로 번듯하게 차릴 수 있는 아이템만을 생각하고 있는 것은 아닌지
(7) 대중적인 수요를 창출하기 어렵거나 특수한 상권이 요구되는 것은 아닌지
(8) 각종 법·제도의 규제 영역에 속하는 아이템은 아닌지 등을 점검해보도록 한다.

아이템 선정에 있어 가장 중요한 것은 일시적인 유행에 불과한 支流의 흐름과 本流. 즉 트렌드를 정확히 판단하는 것이다. 이미 성숙기에 접어든 아이템은 지양하도록 하며, 초기 시장진입을 꾀하는 브랜드와 업종을 선정한 후 아이템과 투자방법을 찾는 순서를 취하는 것이 바람직하다. 또한 가맹점 창업을 하는 데 있어서 소자본으로

창업할 수 있고, 유망 프랜차이즈 사업이라고 생각하여 사업의 질이나 브랜드에 대한 정확한 검증을 통하지 않아 큰 낭패를 보는 경우가 많기 때문에 아이템 선정에 특히 주의해야 한다.

성공 아이템의 공통점은 전통적으로 아이템 자체에서 느껴지는 상품의 기본 속성 이외에 기능성을 강조한 미적, 미각적 이미지를 판매했다는 점과 포장과 마케팅 비용으로 부풀려져 있는 원가를 줄이는 대신 해당 아이템을 매스티지 상품으로 전환시키고 새로운 틈새를 공략하는 브랜드로 우회했다는 점을 인식하도록 한다.

아르바이트생으로만 운영이 가능하여 고정급 지출이 거의 없거나 관리상 어려움이 없어 누구나가 선호하는 아이템은 경쟁이 더욱 치열하다. 편의점이나 아이스크림 가맹점이 바로 그 예인데, 이러한 아이템의 경우는 시장 자체가 동네슈퍼(빙과류)와 전문 매장(프리미엄 아이스크림)으로 크게 양분화되어 있다는 점과 각기의 형태가 이미 포화상태라는 점을 감안하여 브랜드 인지도는 물론가시성과 접근성의 용이함이 성공유무를 판가름하는 요인으로 작용된다는 것을 잊지 않도록 한다. 또한 계절에 따라 매출 기폭이 큰 아이템의 경우나 제빵 및 도넛류와 같이 재고관리가 힘든 아이템을 선택하는 경우에는 부가상품을 통한 구색 맞춤과 보완재 등을 구비하는 복합매장 형태가 위험부담을 줄이는 데 도움을 준다는 점도 감안하는 것이 좋다.

보통 다음과 같은 트렌드를 파악하면, 각종 변화에 대응하는 창업 아이템을 발견할 수 있게 된다.

(1) 정부의 정책 변화 및 규제완화에 관심을 갖도록 한다. 정부가 현재까지 제도권하에 두고 있던 분야에 대한 규제를 하나씩 풀 때마다 새로운 비즈니스 기회가 탄생하기 때문이다. 역으로 정부가 규제를 만들 때마다 관련 사업은 적지 않은 영향을 받게 된다는 것도 간과해서는 안 된다. 8.31부동산 대책, 찜질방의 영업시간 조정, 온라인 쇼핑몰의 에스크로서비스(escrow service) 시행 등이 바로 그 예이다.

(2) 실업자의 대량발생, 소득감소와 양극화 현상에 따른 사회 계층의 변화, 저출산과 노년층의 증가 등의 사회현상에 관심을 갖는다.

(3) 텔레매틱스, DMB, RFID, PDA, PMP, 무가지 탄생 등 새로운 기술변화와 매체의 변화에 관심을 갖는다.

(4) 자신이 접촉하는 모든 점포에서 고객 불만의 요인이 어디서부터 기인되고 있는가를 정리하고, 목표고객의 욕구가 무엇인지 입장을 바꿔놓고 생각하는 버릇을 갖도록 한다.

(5) 유행과 경기변동에 따라 사회적, 계층적으로 선호하는 아이템의 이동경로와 선호도를 주기적으로 체크한다.

각종 매체에서는 창업에 성공한 점포를 자주 소개하고 있지만, 특별한 이해관계가 얽혀 있거나 점포 상황이 특이한 경우가 많다. 또한 창업준비 과정이나 개인의 주변환경에 대한 소개 없이 사업 결과에만 치중하여 보도하는 경향이 많다. 매체의 특성상 실패사례는 거의 보도되지 않으며, 특히 불경기 때에는 고용창출과 소비진작을 위해 이러한 경향이 더 강도 높게 진행되는 경우가 허다하다.

주위의 눈을 의식하지 말고 귀를 얇게 할 필요도 없다. 프랜차이즈 가맹점 창업으로 성공하려면, 반드시 자신이 이제까지 해 왔던 일, 혹은 꾸준히 관심을 갖고 있었으며, 좋아하는 일을 바탕으로 창업전선에 뛰어드는 것이 바람직하다. 무엇보다도 개인적인 특성을 잘 살려야 한다는 점과 무턱대고 시작하기보다는 자신의 여건을 냉정히 검증해야 한다는 점을 기억해 두자. 결국 가맹점 사업의 존속기간은 가맹점 사업을 준비하는 데 투자한 시간과 비용, 노력에 절대적으로 영향을 받게 된다.

◆ 창업계획서 작성

가맹점 창업을 하기 위한 창업계획서는 보통 회사에서 작성되는 사업계획서와는 그 목적과 내용면에서 많은 차이가 있다. 왜냐하면 회사에서 작성되는 사업계획서는 내·외부 이해관계자들을 객관성과 타당성을 바탕으로 단순한 아이디어 측면이 아닌 현실 가능성이 있는 세부적인 내용을 담고 있어야 하는 반면 가맹점 창업계획서는 주관적인 판단에 의한 내용과 다분히 자기중심적인 현금흐름을 감안하여 작성되어도 무방하기 때문이다.

즉 창업개시 전에 자기가 달성해야 할 목표와 업무를 미리 파악하고 수익에 영향을 미치는 요소들은 가급적 수치화하여 시뮬레이션하는 방법을 취하되, 소자본 창업인 경우는 무리하게 완벽성과 무결성을 지향할 필요는 없다. 다만 대규모 사업이어서 외부자금을 조달하는 규모가 크거나 각종 신용을 확보하여 창업을 해야 하는 경우에는 더더욱 사업에 대한 충분한 타당성을 검증되어야 하므로 사업의 목적과 제품의 개요, 시장 현황, 수요예측과 마케팅 계획, 생산과 판매 계획, 인적자원 구성, 위험요소 및 대책, 추정재무제표 등을 작성해보는 것이 좋다.

다음은 프랜차이즈 가맹점 창업계획서에 일반적으로 포함되어야 하는 항목을 나열한 것이다.

(1) 창업개요
　　① 창업주 성명, 나이, 성별, 경력사항
　　② 희망업종, 종목, 아이템
　　③ 창업목적, 동기, 업종 선택이유
　　④ 창업예정일자, 예상 운영기간
　　⑤ 인력구성

(2) 자금계획
　　① 투자가능액 (자기자본 vs 타인자본 비율)
　　② 초기 예상 소요자금 내역

구 분	세부항목
초기 투자자금	점포임대보증금, 권리금, 부동산 수수료, 가맹비, 인테리어, 시설비 등
운전자금(약3개월)	월세, 원부재료비, 인건비, 수도광열비, 광고비, 통신비, 제세공과금, 예비비, 생활비 등
기타 개업준비자금	가맹점 개점비, 광고 및 판촉비, 홍보물 제작비, 인쇄비 등

　　③ 예상 경비집행내역
　　　- 원재료비, 급료, 임대료, 수도광열비, 감가상각비, 지급이자 등

〈표 2-8〉 창업 자금계획의 예 (50평 규모)

(단위: 천원)

구성	항 목	기준 내역	예상금액	비 고
임대관리	보증금(권리금)	실평 50평 기준(부도심권, 신규상권 중 선택)	200,000	환급 금액
	월비용	(위치/층/평형에 따라 금액 변동 예상)	7,000	관리 제비용 포함
초기투입비	매장 시설	매장 인테리어(냉난방, 음향, 가스, 수도 등 포함)	100,000	200/평 기준
	주방/기물 외	조리 설비 및 식기기물, 도구	45,000	커피머신
	마케팅 투입비	프로모션, 이벤트, 판촉물, 인쇄홍보물 제작	20,000	6개월
	운영 인프라	POS, 천산인프라, 사무실, 초기 인건비 외	20,000	
	초기 예비비	초도물량 원재료비, 사업초기 예비비	20,000	
	소 계		412,000	
유지관리(월)	일반관리비	임대료 및 가스, 수도광열비 외	7,000	
	원재료비	월 매출의 26%수준의 원재료 고정비	-	
	운영 인건비	매장인력(7), 본사직원(3), 파트타임(4)인건비	23,000	
	유지 관리비	매장 유지관리비 및 복리후생비, 사무실 운영비	5,000	
	영업비 외	영업비, 예비비 등	3,000	
	소 계		38,000	

* 투입 비용은 임대관리비 및 협의에 따라 변동이 가능함.
* 운영인건비는 조기 본점의 사업역량 강화를 위한 맨파워 고려.
　[임영진-Food/Beverage 매장사업기획자료 재구성, 2005.9]

(3) 수요예측

① 희망입지, 발전가능성, 주요 타깃층, 영업시간

② 예상매출액, 기대수익

③ 위험성과 대처방안

<표 2-9> 일반관리비의 계정별 내용

구 분	내 용
복리후생비	종업원을 위하여 타인에게 지급한 금액
여비교통비	업무상 지출한 여비 및 교통비
통신비	전화요금, 이동전화요금, 배달증명, 송달료 등
수도광열비	전기, 상하수도, 가스, 유류비용 등
세금과공과	업무와 관련 있는 세금(자동차세, 재산세, 균등할주민세) 및 각종 공과금
지급임차료	사무실, 점포, 기타 사업에 관련된 기계장비 등의 임차료
수선비	건물, 집기, 전기기구 등의 수선비 및 수선인건비
보험료	자동차보험료, 화재보험료, 고용보험료, 산재보험료 등 사업과 관련 있는 보험료
접대비	거래처나 이해관계자 교제에 있어서 지출한 금액 (청첩장이나 부고장도 인정됨)
광고선전비	매출증대를 목적으로 광고선전에 지출한 금액
차량유지비	사업을 위하여 사용한 차량의 각종 유지비 (유류대, 차량수리비 등)
소모품비	청소용 도구, 차류 및 음료대 등 소모자재에 지출된 금액
지급수수료	송금수수료, 기장수수료 등 일정 용역 등을 제공받고 지출한 금액
운반비	인수 및 배달운임, 발송운임, 화물 취급수수료 등
도서인쇄비	신문구독료, 각종 서식인쇄비, 복사타자 영수증 등
사무용품비	각종 문구대금으로 지출한 금액
잡 비	방범비, 건물관리비, 오물수거료 등 각종 영수증

※ <u>2004년부터 위의 비용 지출시 5만원 초과금액</u>은 반드시 세금계산서, 계산서, 신용카드 등의 증빙을 갖추어야 한다.
[김정봉세무사회계사무소- 프랜차이즈 관련 세무 법률 발표자료 중에서, 2006.6]

(4) 추정손익계산서

가맹점이 매출액을 예측할 수 있는 방법은 주변 점포를 통해 알아내는 방법과 상권 내 세대수와 제공 상품에 대한 1인당 평균지출액을 곱하여 잠재구매력을 산출하여 사용하는 방법이 있다. 다음은 업종별로 사용하는 기본적인 매출액 산출식이다.

* 외식업

예상 매출액 = 예상 고객수(좌석 수 × 회전율) × 예상 객단
가 (상품당 평균단가 × 1인당 평균 주문품목 수 또는 횟수)

* 도·소매업

예상 매출액 = 예상 재고금액 × 업계 평균 상품회전율 또는
= 매장평수 × 업계 평균 평당 매출액
(* 상품회전율: 매출액 ÷ 재고금액)

* 서비스업

예상 매출액 = 종업원 수 × 업계 평균 1인당 매출액

〈표 2-10〉 추정손익계산서 작성(예)

과 목		금 액	비 고
Ⅰ. 매출액		1,330,000	ⓐ+ⓑ
	ⓐ오전매출총액	250,000	
	객수	50	
	객단가	5,000	
	ⓑ오후매출총액	1,080,000	
	객수	120	
	객단가	9,000	
Ⅱ. 매출원가		425,600	
Ⅲ. 매출총이익		904,400	Ⅰ-Ⅱ
Ⅳ. 판매관리비		162,650	
	급 료	25,000	
	지급임차료	15,000	
	수도광열비	3,000	
	복리후생비	5,000	
	여비교통비	12,000	
	통신비	1,500	
	판매촉진비	30,000	
	세금과공과	1,250	
	지급수수료	4,400	
	차량유지비	5,500	
	소모품비	10,000	
	감가상각비	20,000	
	광고선전비	30,000	

과 목	금 액		비 고
V. 영업이익		741,750	Ⅲ-Ⅳ
Ⅵ. 영업외비용		315,000	
지급이자 　　차입금상환	15,000 300,000		
Ⅶ. 영업외수익	-		
Ⅷ. 경상이익		426,750	V-Ⅵ+Ⅶ
Ⅸ. 특별손실	-		
X. 특별이익	-		
Ⅺ. 세전 순이익		426,750	Ⅷ-Ⅸ+X
Ⅻ. 소득세	10,000		
ⅩⅢ. 당기순이익		416,750	Ⅺ+Ⅻ

특히 손익계산서 작성 시 가맹점에서 누락되기 쉬운 부분은 신용카드 수수료나 감가상각비, 점주인건비, 원부재료의 loss율 등이 있는데, 이들 항목들이 생각하지 않았던 비용 요인으로 작용할 수 있음에 유의해야 한다.

(5) 타당성 분석

　① 사업매력도, 아이템의 적정성

　② 창업자금의 적정성

　③ 인력구성의 적정성

　④ 손익분기점 (BEP; Break-Even Point) 예측

　　손익분기점의 매출액은 일정기간의 매출액과 그 매출액을 실현하기 위해서 지출된 총비용이 일치하는 시점의 매출액을 지칭하는 것으로서 '일정기간의 고정비 / (1-동기간의 변동비/동기간의 매출액)'의 공식으로 계산한다.

창업계획서 작성을 통해 사업의 정확성과 안전성을 검증하고 무리한 계획이거나 지나치게 낙관적이었던 과거 내용을 수정, 보완해야 한다. 즉 판매를 통해 유지할 수 있는 현금흐름을 예측하여 투자 대비 경제성을 분석해야 하며, 또한 초보창업자일수록 현실성이 없는 계획을 세우는 것보다는 기대수익을 낮추는 대신, 투자비용을 적게 편성하는 쪽으로 사업방향을 정하는 것이 현명하다.

<table>
<tr><td align="center">Reference Site</td></tr>
</table>

통계청 (www.nts.go.kr) － 업종별 색인

비즈니스유엔 (www.businessun.com) － 업종별/투자규모분석

창업DB닷컴 (www.changupdb.com) － 창업지수분석

외식창업신지식서비스 (www.mybizmake.com)

김정봉 세무회계사무소 (1410002.semusa.in)

한국창업전략연구소 (www.changupok.com)

FC창업코리아 (www.changupkorea.com)

창업경영연구소 (www.icanbiz.co.kr)

창업e닷컴 (www.changupe.com)

창업과 사업 아이템 (www.saupitem.com)

비즈 3040 (www.biz3040.com)

C. 상담 단계

▶ 활동과제 ④: 가맹점 상담의뢰

> **POINT**
>
> 가맹상담은 가맹본부에 가맹개설절차, 브랜드의 종류와 장단점, 투자비용, 계약 시와 해지 시 유의사항, 진행일정 등 가맹점 창업에 대한 전반적인 사항에 대해 유선, 서면, 인터넷, 방문 등을 통해 상담하는 단계이다. 아울러 기존 가맹점을 방문하여 현장확인을 하는 방식을 병행해야 한다.

이 단계는 독립점포 창업 과정에서는 볼 수 없는 것으로서 자기진단과 계획수립 과정을 거치면서 정리된 정보들을 바탕으로 상담을 의뢰하게 된다. 이 단계는 기 수집된 자신만의 정보를 처음으로 실전에 사용하게 되는 단계로서, 다음 단계인 가맹본부의 선정에 결정적인 영향을 미치게 된다. 따라서 적극성을 갖고 치밀한 질문을 준비하여 상담에 임하도록 한다.

가맹상담 시에는 가맹본부는 가맹점을 희망하는 사람과 상반된 견해를 보이게 되는 경우가 많은데, 창업에 대한 확고한 자신의 의지나 상담에 자신이 없는 경우에는 프랜차이즈 관련 기관이나 프랜차이즈 창업전문가 및 가맹사업거래상담사를 통하는 것도 좋은 방법 중 하나이다. 이 중 2002년 '가맹사업거래의공정화에관한법률'의 제정을 통해 도입된 국가자격제도를 통해 선발된 가맹사업거래상담사는 가맹사업거래와 관련해서 사업성 검토 및 법률관계 등에 관하여 전문적으로 조력하는 업무를 전문적으로 수행하고 있다.

다음은 한 가맹본부 홈페이지 게시판 내용에서 발췌된 내용을 정리한 것으로 프랜차이즈 가맹점 창업 준비가 얼마나 허술하게 이루어지고 있는가를 단편적으로 보여주는 좋은 예라고 할 수 있다.

- 만약 창업을 한다면 창업비용이 정확히 얼마나 드는지요?
- 본사에서 점포위치 선정까지 도와주나요?
- 본사에서 도와주는 범위가 어느 정도인지요?
- 계약 후 처음 돈을 지급한 후 본사에 몇 %를 더 주는 방식인가요?
- 창업 후 성공할 확률이 얼마나 되는지요?

위의 질문사항은 이미 질문자가 답을 알고 있는 상태에서 상담에 임해야 할 내용임에 분명하다. 상담 시에는 얼마를 버느냐, 얼마가 남느냐는 식의 질문보다는 본사와 해당 가맹점의 자금유동성은 어떠냐, 주메뉴 원가율은 얼마며, 가공률은 얼마나 되느냐 등의 질문으로 가맹본부 담당자를 긴장시켜 보다 정확한 가맹정보를 얻을 수 있도록 해야 한다.

◆ 가맹 상담 시 주의사항

(1) 가맹상담 전 문의할 내용에 대해 미리 정리, 메모하여 상담 시 상담원 의도에 끌려다니지 않도록 한다.

(2) 선택한 업종을 상담하면서 나름대로 정해진 방침을 번복하지

말아야 하는데, 그 이유는 상담원이 상담자가 아직 창업 준비가 덜된 것으로 생각하여 가맹본부가 유리한 쪽으로 대화 내용을 몰고 갈 수 있기 때문이다.

(3) 같은 가맹본부라도 차후 다른 상담원과의 대화를 시도하여 상호 비교 분석하도록 하며, 상담내용이 차이가 심할 경우 합당한 근거제시를 요구하도록 한다.

(4) 반복되는 상담을 통해 얻어진 상식이나 정보에 대해 검증이 된 상태가 아니라면 다른 가맹상담 시 간접적으로 그 정보를 활용하되, 많은 것을 아는 척하지 않도록 한다.

(5) 가맹상담과 동시에 계약을 종용하거나 좋은 점포를 소개하는 경우나 너무 과장되거나 핑크빛 전망만을 늘어놓는 경우는 경계하도록 한다.

(6) 유선이나 인터넷상의 상담보다는 가맹본부를 방문하여 본사의 실태를 눈으로 확인하는 상담 방법을 채택하도록 한다. 특히 가맹유치를 대행하는 부동산업자나 가맹유치만을 담당하는 브로커 또는 오더맨이 아닌지 확인하도록 한다.

◈ 필수 질문사항

(1) 개점 가능 지역, 최소 매장평수 및 상권과 입지의 제한 사항

(2) 전체 가맹점의 평균 매출과 점포 규모단위별, 상권별 수익률(액)

(3) 기계설비 및 인테리어 조건 (인테리어비용의 평당 단가, A/S 확인)

(4) 가맹본부가 설정한 기준 평수 이하의 점포인 경우에도 기준 평수 견적금액을 적용하는지의 여부

(예: 해당 점포면적이 16평인데 기준평수인 20평의 견적을 적용하는 경우)

(5) 가맹본부의 지원 사항 및 교육 체계

(6) 가맹본부의 사업계획서 및 광고 집행현황

(7) 상권 및 입지 분석의 과학적인 방법론 구비 여부

(8) 최저 매출보장제 등의 가맹점 보호사항과 방법 및 적용사례

(9) 물류체계 및 물류대금 지급 조건, 원부자재의 원가적용 기한제 등

(10) 고정판매가 또는 유동판매가 적용 사항

(11) 마케팅 방법 (TV, 신문, 잡지 등)과 판촉비 부담 여부

(12) 가맹본부의 공정거래위반 사항

(가맹점사업자의 권익보호, 가맹본부의 법령준수 체크)

(13) 제공되는 상품에 대한 지적재산권

(14) 본사 정직원 수, 브랜드별 가맹점 수 및 지역분포

(15) 수퍼바이저 1인당 관리하는 가맹점 수 및 관할 지역 범위

(16) 기타 시장조사를 통해 수집된 가맹본부, 브랜드에 대한 궁금증

◈ 가맹비의 적정성 판단

일시적인 비용의 과다투입을 염려하여 가맹비의 적정성을 판단하는 데 시간을 허비하기보다는 해당 가맹본부와 브랜드의 안정성과 성장성을 분석하도록 한다.

국내 프랜차이즈 가맹본부의 가맹비는 업종과 규모(매장 평수, 투자규모), 브랜드 가치에 따라 적게는 100만원에서 많게는 수천만 원까지 책정되어 있으며, 아예 없는 경우도 많다. 가맹비는 보통 일회성으로 가맹본부의 각종 노하우에 대한 전수 대가로 지급되며 회수될 수 없는 특징을 갖고 있다. 또한 업체간 편차가 크고 설정 기준이 애매하기 때문에 예비 가맹점주 입장에서 가맹비의 적정성을 판단하기란 쉬운 일이 아니다.

　가맹비의 적정성을 판단하기 위해서는 브랜드의 인지도 및 메뉴 또는 제공 재화의 경쟁력을 주관적으로 분석하여 가치를 평가해 보는 수밖에 없다. 판단 기준으로 사용될 수 있는 모든 수단을 동원하되, 정보공개서 요청 후 객관적으로 검증할 수 있는 부분들은 직접 확인해 나가면서 평가해 보도록 한다.

　가맹비를 지불하는 경우보다 가맹비가 없는 경우에는 특히 주의가 요망되는데 이러한 방식을 취하는 이유는, 가맹본부의 인지도가 낮거나 무점포 사업 또는 투자비를 상대적으로 적게 보이게 하거나 또는 사업개시 연수(年數)가 짧고 가맹점 수가 많지 않다는 약점을 숨기기 위한 방편으로 이용할 수도 있기 때문이다. 더욱이 가맹점을 오픈한 후 본부의 지원이 전무한 경우도 많으며, 가맹계약서의 내용에 따라 차이는 있겠지만, 가맹점주가 가맹비를 지불하지 않았기 때문에 가맹본부에 대해 추가적인 지원을 요청하지 못하도록 하는 장치로 악용되는 경우도 적지 않다. 결과적으로 가맹본부는 가맹점의 양적 팽창의 미끼로 무가맹비를 내세우지만, 가맹비 미징수로 인해 발생하는 이익 감소분을 물류대금이나 기타 인테리어, 시설비 등에 부과함으로써 가맹점에 대한 책임은 회피하고 가맹본부의 이익을 보전하려는 방식을 취하게 된다는 점을 감안해야 한다.

Reference Site

한국프랜차이즈협회 (www.ikfa.or.kr)
삼가FC컨설팅 (www.3fcall.com)
맥세스실행컨설팅 (www.maxcess.co.kr)
TACO 외식컨설팅 (www.taconsult.co.kr)
영남외식컨설팅 (www.food09.co.kr)

D. 가계약단계

▶ 활동과제 ⑤: 가맹본부의 선정

POINT

프랜차이즈 특성상 가맹점 수가 많을수록 가맹점주 입장에서는 안정성이 간접적으로 입증되어 사업을 전개하는 데 상대적으로 유리하다고 할 수 있다. 왜냐하면 가맹본부는 브랜드의 인지도 상승과 가맹점 요구사항에 맞추기 위해 지속적인 표준화 운영체계를 갖추기 위해 노력하지 않으면 안 되기 때문이다. 하지만 가맹본부의 규모에 비해 가맹점이 너무 많은 경우 본부의 관리 소홀로 인한 가맹점 피해가 발생할 가능성도 배제할 수 없다.

◆ 프랜차이즈 가맹본부의 사업전개 형태

프랜차이즈 시스템은 원부자재를 공급하는 가맹본부와 이를 공급받아 판매하는 가맹점이 계약하여 공동의 사업체 자격으로 운영하는 형태이며, 제조와 물류, 유통라인을 겸비하여 통합 운영하거나 일부 관리는 아웃소싱하여 운영하기도 한다. 브랜드에 초점을 맞춘 가맹본부 선택보다는 가맹본부의 법인체 성격을 먼저 파악하기 위해서 〈표 2-11〉와 같이 해당 가맹본부가 사업을 전개하는 방식을 분석해 보는 것도 좋은 가맹본부 선별에 큰 도움을 주게 된다.

〈표 2-11〉 가맹본부의 사업전개 방식

구분	수평적 전개 타입 (Horizontal Developer Type)	수직적 전개 타입 (Vertical Developer Type)
형태	·폭 넓은 계층과 고객을 대상으로 다양한 제품과 서비스를 제공 ·온라인상의 포털(Portal) 서비스와 유사	·특정 계층과 고객을 대상으로 특정 분야에 국한된 단품 형태의 차별화된 전문적인 제품과 서비스를 제공 ·온라인상의 보털(Vortal) 서비스와 유사
특징	·동종 또는 이종 분야에서 多브랜드 보유 ·합병과 제휴를 통해 가맹본부 규모를 확대	·동종 분야에서 小브랜드 보유 ·제조와 유통을 통합하는 형태
경쟁력	·다양한 제품과 판매망을 확보하는 것으로 시장점유율을 높임 ·대부분 해당 분야에서의 전방위 판매역할을 수행함 ·사업다각화로 위험 분산시킴	·원부자재에 대한 경쟁력 확보로 경쟁자의 진입을 차단함 ·원부자재의 확보와 판매에 이르기까지 품질의 일관성을 유지함

◈ 가맹본부의 성장단계별 평가

(1) Start-Up 가맹본부

- 신규로 사업을 시작하는 초기 가맹본부로서 과거 매출자료가 없기 때문에 향후 매출계획과 아이템의 경쟁력, 현재 구성된 인력의 맨파워 등으로 평가

(2) Mezzanine 가맹본부

- 현재 영업 중인 가맹사업이 안정적인 기반을 제공하고, 그 기반을 토대로 새로운 가맹사업을 계획하고 있는 가맹본부로서 과거매출, 향후 매출계획, 과거 및 신규로 런칭된 브랜드의 가치, 인력구성 등을 종합적으로 고려하여 평가

(3) Turnaround 가맹본부

- 현재 가맹사업에 대한 구조조정이 필요하여 조만간 현 사업 또는 브랜드를 정리하거나 축소하고 새로운 브랜드로 가맹사업을 계획하고 있는 가맹본부로서, 퇴각의 원인과 가맹본부 자체의 사회적 인식, 불공정거래 행위나 가맹분쟁의 정도, 과거매출 등을 종합적으로 고려하여 평가

◆ 가맹본부의 핵심가치에 대한 평가

가맹본부를 선정하는 데 1순위로 판단해야 할 것은 가맹본부의 브랜드 및 노하우(know-how)가 가맹희망자의 투자자본을 잠식시키지 않고 올바르게 운용될 수 있는 역할을 수행하고 있느냐를 판단하는 것이다. 이러한 판단을 하기 위해서는 〈표 2-12〉에서 나타낸 각종 핵심가치를 보유하고 있느냐로 분석하는 것이 좋다. 특히 가맹본부의 대표자는 프랜차이즈 기업가치를 상승시키는 중요한 지표이다. 그 이유는 평판이 좋은 가맹본부는 예비창업주들에게 안정, 신뢰라는 기대감을 쉽게 줄 수 있고 나아가 가맹본부가 제공하는 제품과 서비스를 신뢰하게 되기 때문이다.

〈표 2-12〉 가맹본부가 보유해야 할 핵심가치

핵심가치	내 용
브랜드 가치	- 가맹본부의 무형자산 중 가장 부가가치가 높은 브랜드는 무엇이고 다른 업체에서 모방하기 힘든 요소가 무엇인가에 대한 평가 - 브랜드 컨셉의 적합성, 브랜드의 다각화 전략에 대한 평가 - 고객 니즈에 부응하는 정도에 대한 평가/- 아이템의 적정성
고객 가치	- 해당 가맹본부의 상품과 서비스가 잠재고객의 욕구에서 필요로 이끌어 내어 현재 시점에서 매출로 이어지고 이것이 고객에게 경제적, 심리적으로 얼마만큼 만족을 주고 있는가에 대한 평가 - 가맹점 만족도와 매출 향상을 위한 제도 등에 대한 평가
서비스 가치	- 해당 가맹본부가 프랜차이즈 사업은 궁극적으로 서비스 기업이라는 사명을 갖고 있는가에 대한 평가
사회적 가치	- 기존의 유통 관행과 형태와는 근본적으로 다른 차별화된 채널을 갖기 위해 노력하고 있는가에 대한 평가
가격 가치	- 유통장악력, 브랜드 인지도 상승에 따른 거래업체 증가에 대해 적절히 대응하고 있는가에 대한 평가
조직 가치	- 기업의 핵심 경쟁력 평가/- 경영자의 능력과 종업원의 전문성에 대한 평가 - 신속, 정확한 정보의 공유와 전산 인프라에 대한 평가/- 지원시스템 평가
지적재산권 가치	- 단순한 상표등록만이 아닌 비즈니스 모델과 기술, R&D관련 특허의 소유여부에 대한 평가 - 지적재산권의 해외수출 성과와 license fee의 획득에 대한 평가

　최근에는 프랜차이즈 가맹본부가 아직까지 대기업만큼 근무환경이 좋지 않다는 점에 감안하여 직원들에게 우리 사주를 분배하고, 6개월만 근무해도 스톡옵션을 획득할 자격을 주며, 일용직이라도 4대 보험에 가입하게 하는 등의 혜택을 부여함으로써 발생한 직원들의 소속감과 자신감이 결국 가맹점 관리 충실도로 이어지는 좋은 모델

이 탄생하기도 했다.

가맹본부를 선정하는 것은 프랜차이즈 가맹점 창업의 성패를 가름하는 중요한 일이다. 프랜차이즈 시스템은 본사의 역량에 대해 로열티나 가맹비를 내고 운영하는 체계인 만큼 갑과 을의 관계가 아닌 정당하고 동등한 사업자로서 접근하는 자세를 갖도록 한다.

◆ 가맹본부의 조직도 및 역할

〈그림 2-3〉은 프랜차이즈 가맹본부의 역할을 수행하기 위해 기본적으로 필요한 부서와 팀을 가상하여 도식화한 것으로, 전형적인 국내 프랜차이즈 가맹본부의 조직 모습이다. 아직도 국내 프랜차이즈 가맹본부의 50% 이상이 기본조직도 구성하지 못한 채 영업을 전개하는 경우가 많은데 이 그림을 기준으로 하여 가맹본부의 사업체 모습을 가늠해 보기 바란다.

〈그림 2-3〉 가맹본부의 일반적인 조직도

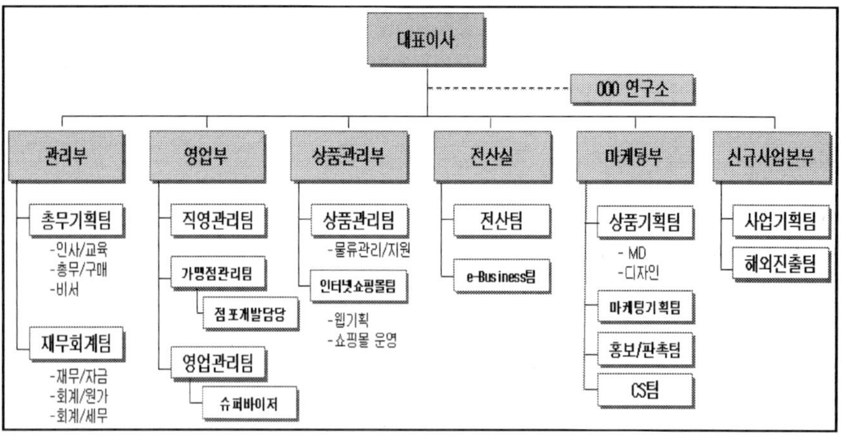

가맹점과 커뮤니케이션 창구로 활용되는 부서는 보통 영업팀과 마케팅이다. 이 부서들은 직영관리와 가맹관리, 마케팅 기획업무 등을 주로 담당하고 있으며, 각종 상담, 점포개발, 상권분석, 가계약, 본계약 진행, 오픈 준비 등 가맹점 매출과 직결되는 사항을 진행하고 있다. 최근에는 가맹사업거래법의 개정과 잦은 분쟁의 발생으로 법무팀이나 조사, 감사팀을 별도로 배치하는 가맹본부가 점차 늘어나고 있다. 아웃소싱에 의해 인테리어 공사를 위탁하더라도 조직 자체에 인테리어팀을 구성하여 점포의 기본설계를 직접 담당하고 현장시공만 하청을 주는 형태 또는 조직 내에 있던 인테리어팀을 별도 법인으로 독립시키는 형태 등으로 조직을 변경시키는 경우도 있다.

◆ 가맹본부의 최소 구비사항 체크

(1) 본사의 회사소개서 (본사의 인지도, 신뢰도)
  - 영업 연수(年數), 직영점 운영여부, 가맹점개설현황, 생명주기, 홍보, 마진율 등
(2) 해당 브랜드의 컨셉 등을 포함한 사업계획서
(3) 상품력, 제품구성, 단가, 질, 신제품개발능력, 지적재산권, 서비스 수준 등
(4) 운영매뉴얼 (상품공급, 물류, 조리, 인테리어, 접객 등의 각종 표준매뉴얼)
(5) 수퍼바이저의 존재 여부 및 업무매뉴얼
(6) 가맹계약을 위한 표준계약서 구비여부
(7) 정보공개서 제공 여부
(8) 상권·입지 분석모델 및 전담요원 배치 유무

(9) 본사직원의 평균 근속연수

(10) 점포개설담당자의 가맹본부 소속 여부

(11) 가맹본부 재무제표, 외부감사자료 보유 여부 (회사의 건전성
    판단)

위와 같은 사항을 기본으로 하여 가급적 여러 곳의 가맹점, 특히
본인이 희망하는 지역과 유사한 상권 및 점포 규모를 가진 가맹점을
직접 방문하여 가맹점주의 의견을 청취하도록 하며, 요일별, 계절별,
월별, 날씨별 매출 동향과 수익의 정도를 파악함은 물론 모든 가맹
점의 평균 매출액을 확인하도록 한다.

◆ 가맹점 매출과 직결된 체크 사항
(1) 원부자재의 원가율과 물류시스템 구비와 지역영업소(sub-Franchser)
    현황
(2) 경쟁력 있는 신제품 출시 주기와 적정성, 품질관리 수준
(3) 매체를 통한 광고 및 홍보 시행 및 시행주기
(4) 가맹본부의 체계적 경영관리 지원 사항
(5) 원부자재의 기본 발주수량 및 제품의 크기 등의 비교를 통한
    점포 면적 대비 적재장소의 적합성
(6) 가맹본부와 가맹점주의 의견수렴, 전달창구 마련 여부와 의사소
    통 방법

프랜차이즈 가맹계약(본계약)을 하기 전에 가맹본부 측에서 점포
의 물색과 상권입지를 조사한다는 명목하에 일종의 보증금 형태로
가계약금을 요구하는 경우가 많다. 예비 가맹점주가 점포를 확정한

경우는 바로 본계약에 들어가지는 것이 관례이지만 점포를 구하지 못한 상태에서는 가맹본부 영업담당자들과 함께 점포를 물색하는 절차가 따르기 때문이다. 물론 예비 가맹점주 임의로 정한 물권에 대해서도 영업담당자가 출점 가능여부를 검증하여야 하기 때문에 가계약금을 요구하게 되는 것이다. 가계약의 내용은 가맹본부 임의대로 적용하고 있기 때문에 업체별로 조건을 파악하고 가계약서를 문서로 작성해 두는 것이 좋다.

왜냐하면 향후 본계약 전에 가계약을 철회할 경우 환불에 대한 부분을 명확하게 문서화하지 않으면 낭패를 볼 수도 있고 가계약서를 정식계약서와 혼용하는 경우가 있기 때문이다. 가계약서는 가맹사업거래법에서 지칭하고 있는 정식 가맹계약서가 아님에 유의하여야 한다. 또한 한 개의 가맹본부가 여러 개의 브랜드를 보유하고 가맹사업을 전개하는 경우 가맹본부가 기존 브랜드와는 다른 브랜드를 가맹점에게 강제할 수 없다는 사실을 명심하여 가맹계약서 작성 시 유의하여야 한다.

◆ 정보공개서의 신청과 그 내용

가맹점 희망자가 서면으로 〈그림 2-4〉과 같은 양식으로 정보공개서를 신청할 수 있는데, 이 정보공개서는 예비 가맹점주가 가맹본부를 결정하는 데 필요한 기본적인 정보들을 검토할 수 있는 사항들로 구성되어 있다.

138

〈그림 2-4〉 정보공개서 신청서 양식

정보공개서 신청서

신청인은 귀사와의 가맹계약 체결여부를 검토하고자 귀사에 가맹사업거래의공정화에관한법률 제7조에 의한 정보공개서의 제공을 신청합니다.

1. 신청인의 인적사항
  가. 성명: ○ ○ ○ (한자 또는 영문이름:)
  나. 연령: 만___세(19___년___월 생), 성별: 남, 여
  다. 주소: ________________________________
  라. 전화번호: 집________, 사무실_________, 휴대폰________

2. 신청인의 직업:

3. 신청인의 경력:

4. 신청인이 가맹점사업자로서 투자 가능한 금액:________원

5. 신청인이 가맹점의 개설을 희망하는 지역:

6. 비밀유지 서약

   위 신청인은 귀사의 정보공개서를 수령하는 경우에 귀사의 영업비밀 또는 사업에 관한 중요정보를 무단으로 유출 또는 제3자에게 누설하지 않을 것이며, 이를 위반할 경우에는 관련법령에 따라 민ㆍ형사상의 어떠한 처벌도 감수할 것임을 서약합니다.

   이상의 기재내용은 모두 사실이며 그 의미를 숙지하고 이 신청서를 작성하였습니다.

  신청인: 인 (또는 서명)
  (신청대리인:)인 (또는 서명)[1]

  주식회사 (가맹본부의 완전한 상호) 귀중

1) 신청인과 실제로 가맹계약을 체결하고 가맹점을 운명할 사람이 일치하도록
   하며 타인을 대리하여 신청하는 경우에는 위임장을 첨부하도록 한다.

정보공개서를 신청하여 얻을 수 있는 정보들을 정리하면 다음과 같다.

○ 가맹본부의 일반사업현황
  - 가맹본부 및 특수관계인의 상호, 명칭, 주된 사무소의 소재지
  - 국내 주된 영업소의 주소
  - 가맹희망자가 당사와 가맹계약을 체결할 경우 사용하게 될 명칭, 상호 등
  - 직전 사업연도 대차대조표 및 손익계산서
  - 가맹사업 담당 임원의 최근 5년 동안의 개인별 사업경력
  - 가맹본부 및 그 계열회사의 가맹사업 또는 유사사업 경영 사실
  - 사용을 허가하는 지적재산권

○ 가맹본부 및 그 임원의 법위반사실
  - 공정거래위원회 시정명령 여부
  - 민사소송에서 패소의 확정판결을 받았거나 민사상 화해를 한 사실
  - 형의 선고를 받은 사실

○ 가맹점사업자의 부담
  - 개시지급금 등 지급내역 및 반환조건 등
  - 상표사용료 등 계속 지급해야 하는 금전 내역 및 반환 조건 등

○ 영업활동에 대한 조건 및 제한
  - 물품 구입 및 임차

- 물품 알선 등 부담 내역
- 신용 제공 등 내역
- 상품, 용역, 거래상대방, 영업지역 등에 대한 제한 또는 보호
- 계약기간 등에 관한 내용

○ 가맹본부의 가맹사업 현황
- 직전 사업연도 말 현재 영업 중인 가맹점의 총수
- 직전 사업연도 말 현재 영업 중인 직영점의 총수
- 인접 가맹점사업자 현황

○ 가맹사업 영업개시에 관한 상세한 절차와 소요기간
○ 교육, 훈련 프로그램
- 교육, 훈련의 주요 내용
- 가맹점사업자에게 제공되는 교육, 훈련의 최소시간
- 가맹점사업자가 부담하는 교육, 훈련비용

◈ 가맹점 모집방법과 광고의 올바른 선별

○ 가맹점 모집과 운영의 형태
(1) 가맹점주에 대한 노하우 전수나 교육을 시행하지 않음은 물론, 장기적인 사업 계획 없이 단순히 가맹모집만을 주 수입원으로 하며, 고의적으로 사업체를 부실 운영하거나 폐업하는 타입
(2) 가맹점 모집의 양적 팽창과 외형 확장에만 몰두하여 일정 수준의 가맹점 모집이 완료되면, 가맹점의 내실화에 조력하지 않고, 일정기간 경과 후 새로운 브랜드로의 전향 또는 renewal을 강조하는 타입

(3) 사업 초기부터 비즈니스 모델 자체가 가맹점의 양적 팽창에 있지 않으며, 점진적인 가맹점 팽창과 더불어 가맹본부 경영의 내실화를 병행하여 사업의 안정화를 통해 가맹본부와 가맹점의 수익성에 전력하는 타입

(1)의 경우는 가맹본부가 가맹점 모집을 빠르게 전개하기 위해서 일명 오더맨이나 점포개발자라는 가맹점 위탁 고용인을 이용하는 경우가 많은데, 이들은 가맹점 모집에 대한 사후책임 없이 계약성사에 따라 인센티브를 받는 가맹본부 직원이 아닌 외부영업인인 경우가 대부분이고, 가맹사업거래법에서 정의하고 있는 가맹중개인은 현실적으로 존재하기 힘들기 때문에, 이들을 통한 가맹계약은 주의가 요망된다.

(2)의 경우는 양적 위주의 성장가도를 달려온 가맹본부들로서 외형적인 성장에 비해 인력, 코스트, 가맹점 등의 내부 위기관리 능력의 결핍 또는 관리능력의 부재 등의 현상으로 이전과 같은 가맹본부의 고성장을 보장받기 힘든 경우이다

결국 (3)의 경우가 가장 바람직한 가맹본부의 모습으로 이러한 사업체의 경우 신규 브랜드를 런칭하여 새로운 가맹사업을 진행하더라고 체계화된 시스템을 바탕으로 가맹점주의 신뢰는 물론 소비자 만족도와 브랜드 인지도도 높게 평가받게 된다.

○ 가맹점 모집광고의 실태

한국소비자보호원에서 2005년 9월 한 달 동안 주요 일간지에 게재된 88개사 92개의 창업관련 광고를 대상으로 조사한 '가맹사업관련 광고 실태조사' 보고서에 따르면, 가맹본부의 광고 중 80.4%가 부당광고의 여지가 있다고 밝히고 있다. 특히 현행 '가맹사업거래공정화에관한법률'에서 명시하고 있는 본부의 상호와 소재지, 가맹점 사업자의 부담내역 및 반환조건 등을 광고에 표시하도록 규정하고 있는데, 조사 대상이 된 상당수(90.2%)의 광고가 이를 전혀 표시하지 않거나 일부만 표시하고 있다는 분석결과를 발표하였다.

가맹본부의 광고 중 가장 흔하게 접할 수 있는 것들을 다음과 같이 정리할 수 있는데, 프랜차이즈 가맹사업의 수익과 매출은 가맹본부의 브랜드 파워를 기반으로 상권과 규모, 가맹점주의 운영능력에 따라 좌우되기 때문에 객관적인 근거 없이 제시되는 광고문구에 대해 직접 검증하는 절차를 밟아야 할 것이다.

 - 성공창업
 - 저렴한 총 투자비, 가격파괴
 - 매장 수, 지역별 매장 점주 사진
 - 초보자도 손쉽게 성공 또는 운영할 수 있는 시스템 완비
 - 차별화된 맛과 서비스
 - 가맹점주 성공스토리
 - 창업설명회 안내
 - 가맹점주 교육훈련 프로그램, 창업자금 지원, 가맹본부의 무한책임경영
 - 고수익 보장 등

가맹본부 선택의 기준은 자기 스스로의 판단에 달려 있다. 따라서 프랜차이즈 가맹사업을 희망자들은 가맹본부의 광고내용을 맹목적으로 신뢰하기보다는 〈표 2-13〉과 같이 오인 우려가 있는 표현 예시를 참조하여 중요한 사항에 대해서는 반드시 가맹본부를 방문, 상담과 현지답사 등을 통해 필요한 정보를 선별적으로 검증하여야 할 것이다.

〈표 2-13〉 소비자 오인 우려가 있는 광고 표현 예시

유 형	비율	광 고 내 용
수익, 매출, 마진 등을 과장	38.0% (35개)	▶ 2층 40평 B급 매장에서 1일 200~300만원 매출 ▶ 가맹점주 마진 최대 평균 75% ▶ 1일 매출 10만원이 업종전환 후 일일매출 40만 원 이상
근거 없이 최고, 최저 등 배타적 표현 사용	23.9% (22개)	▶ 대한민국 최저 창업비용 ▶ 최고 육질의 고기를 최저의 가격에
객관적 근거 없이 성공(수익)을 보장	19.6% (18개)	▶ 100명만 관리해도 1,000만 원의 수익을 보장해드리겠습니다. ▶ 영업이나 사업을 해보지 않으신 사장님들도 월수입 500만 원 이상 가능
근거 없이 초보자를 유인하는 표현사용	16.3% (15개)	▶ 초보자도 성공창업이 가능 ▶ 누구나 안심하고 창업할 수 있는 검증된 브랜드입니다.
사실과 다르게 수상·인증을 표시	13.0% (12개)	▶ 특허출원(제2004-0025038로)발명특허원(제8886호)실용신안원(제16443호) → 특허출원 아님/발명특허번호 다름/발명, 신안특허 소유자불명 ▶ 한국 프랜차이즈 대상, 각종 신문사 히트(1위)상품지정

[한국소비자보호원 정책연구실 거래개선연구팀, 가맹사업관련 광고 실태조사, 2005.11]

◆ 외국 프랜차이즈는 안전지대인가?

우리나라는 전통적으로 외국인에 대한 예우와 외국브랜드에 대한 호감도가 상당히 후한 편이다. 과거 불행한 역사의 산물이기도 하지만, 국익을 보호하기 위해 범국민 차원적으로 진행하는 로열티 지급

업체 불매운동 등 배타적인 캠페인에는 동참하는 반면, 개인의 측면에서는 이국적인 향내에 빠져들어 보고자 하는 욕망이 항상 내재되어 외국문화를 수용하는 데는 다분히 양면성을 지닌 것이 우리국민의 특성이다. 또한 해외여행의 자율화와 각종 개방정책에 맞물려 자의든 타의든 자연스럽게 국내에 진입한 각종 외국문화의 산물이 독자적인 형태이든 국내 문화와의 융화를 통해 변형된 형태이든 국내 소비문화를 빠르게 변화시켜가고 있는 실정이다.

국내 프랜차이즈 산업 자체가 순수 토종자본으로 탄생되었다기보다는 선진국과의 자본 합작 또는 국외 순수 자본이 도입되면서부터 시작되었기 때문에 '프랜차이즈 산업은 서구화의 문명이다'라는 인식이 우리나라 소비자들에게 잠재되어있다. 80년대의 각종 대규모 국제행사를 치르면서 나타난 국제화 분위기는 이러한 외국업체들이 확고히 자리잡게 되는 기회를 제공하였으며, 실제 당시에 외국 브랜드의 국내 진출은 건국 이래 최고조이었다.

〈표 2-14〉에서 보는 바와 같이 90년대 초에는 이러한 패스트푸드 프랜차이즈 뿐만 아니라 패밀리레스토랑 프랜차이즈들이 이러한 분위기에 재빨리 편승하면서 외국 브랜드의 입성이 말 그대로 붐을 이루었고, 이것이 현재 국내 프랜차이즈 산업의 양적, 질적 팽창의 시금석이 되었음은 물론 프랜차이즈 산업에서 외식업의 비중이 가장 크게 자리잡게 된 것도 이러한 맥락에서 비롯되었다.

〈표 2-14〉 해외 프랜차이즈의 국내 진출현황

구 분	계	1980년대	1990년대	2000	2001	2002	2003	2004	2005	2006
뉴질랜드	1					1				
독 일	3					2				1
호 주	1		1							
미 국	88	9	31	9	14	6	9	7	1	2
스위스	2		1				1			
스코틀랜드	1							1		
영 국	5	1	1				2	1		
이탈리아	4		1			1			2	
일 본	21	2	3		4	1	5	2	1	3
중 국	1							1		
캐나다	2						2			
포르투칼	1					1				
프랑스	5	1	1	3						
계	135	13	39	9	21	12	19	12	4	6

하지만 IMF를 거치면서 해외 프랜차이즈의 국내 진입은 소강 국면을 맞이하였으며, 국내 업계 또한 이국적인 브랜드 도입에 대해서 전략적인 접근 없이는 도입을 자중하는 분위기로 돌아서게 되었다. 또한 이미 메이저급의 브랜드 입성이 일단락되었다는 평가와 함께 시장점유율에서도 20:80의 법칙이 통한다는 정서가 팽배해지면서, 새로운 해외브랜드의 무조건적인 도입은 성공을 낙관하기는 어렵다는 것이 정설로 통하게 되었다. 따라서 현재에는 80, 90년대와는 다르게 외국 가맹본부들이 자국 내에서는 프랜차이즈 사업방식을 취하지 않고 직영점 형태로 운영하고 있으면서도, 국내에 진출해서는 Master Franchise system을 기반으로 개인 가맹점 모집을 통해 브랜드 인지도를 높이는 방식을 많이 취하고 있다.

146

○ 해외 프랜차이즈의 입성과 그 결과

80년 초·중반 국내에 선보인 '버거킹, KFC, 피자헛' 등 패스트푸드 중심의 프랜차이즈 업체와 90년대 초 최고의 유망업종으로 손꼽을 정도로 히트 친 'TGIF, 베니건스, 토니로마스' 등 패밀리레스토랑을 제외하고 아직까지 사업을 영위하는 브랜드는 그리 많지 않다. 물론 모든 브랜드에 해당되는 것은 아니지만, 아직도 건재한 브랜드들의 공통적인 특징은 개인 가맹점 개설에 통한 소규모 다점포 형태의 사업확장전략을 구사하기보다는 대규모 다점포 형태의 본사 직영화 경영방식을 채택했다는 점이다. 당시 타깃 마케팅을 위한 대대적인 마케팅 행사 및 적극적인 영업과 직원교육을 통한 브랜드 이미지 심기에 주력했다는 공통점도 갖고 있다. 반면 그렇지 못한 브랜드의 경우는 대부분 이국적 분위기만을 강조하거나 가맹점 모집에 급급한 나머지 소비자에게 외면당한 경우가 많다. 특히 기본적인 국민 정서, 생활환경과 문화, 기후와 소비자 행태의 변화, 소득수준의 차이 등에 신속한 대응책을 마련하지 않고, 본토의 특징을 강조하는 방식을 고집하였다는 점이다.

당시 패스트푸드 중심의 메뉴가 우리나라 식생활 문화에 근본적으로 침투하기에는 국내 시장이 성숙되어 있지 않았고, 음식에서 만큼은 푸짐한 인심을 중요시하는 한국인의 외식 문화에 부응하지 못해 대부분의 소비가 호기심에 의한 또는 국가 전체적인 분위기에 의한 충동구매 형태를 크게 벗어나지 않아 결국 소비의 영속성이 결여되었던 것이다. 〈표 2-14〉 해외 프랜차이즈의 국내 진출현황에서 보면, 80년대~90년대까지 양적으로 팽창하였던 진출 브랜드 수가 2000년대에 들어 소비자의 평가를 받아 점차 줄어들었으며, 현재까지도 무작정의 수입보다는 국내수입업자들도 신중히 검토하고 있다는 결과를 보여주고 있다.

그리고 국내 문화와 융합된 퓨전메뉴가 개발되지 않았을 뿐만 아니라 프랜차이즈 본사조차 체계적인 매뉴얼을 국내 사업권자에게 제공하지 못한 탓도 있었을 것이라는 추측을 조심스럽게 해본다. 부가적으로 국내 사업권을 갖고 있던 회사 자체의 부실, 부도로 인한 폐점도 적지 않았음을 간과할 수는 없다.

그리고 〈그림 2-5〉에서 보는 바와 같이 '국외 우수 브랜드=국내 히트 브랜드'라는 공식이 성립되기 어렵다는 것은 자명한 일이기 때문에 해외에서 히트 친 브랜드라고 해서 무작정 국내에 적용하는 것은 바람직하지 않다. 물론 데이터 수집 및 평가, 측정방법에 대해 두 사이트에서 모두 공개하고 있지 않기 때문에 제공되고 있는 순위가 자료가 절대적일 수는 없지만, 국내외 브랜드 동향을 파악하는 데 더 없이 좋은 자료로 활용될 수 있다.

〈그림 2-5〉 국내외 베스트 브랜드 비교

[Entrepreneur.com 對 BusinessUN.com 순위정보 비교, 2006.8시점]

최근에는 외국 아이템을 들여와 새로운 조리법 등 레시피(recipe), 상품 및 기자재의 추가개발, 서비스 매뉴얼 정립 등을 통해 본고장으로 역수출하는 새로운 비즈니스 모델도 탄생하고 있고, 브랜드를 도입하지 않고 기술만을 수입하거나 벤치마킹하는 사례도 눈에 띄게 많아지고 있다는 점도 눈여겨보아야 할 것이다.

◈ 해외 프랜차이즈 가맹본부 및 브랜드의 올바른 선택

해외 프랜차이즈가 국내에 도입되면서 우수한 프랜차이즈 운영기법을 전수하였고 소비자 수준과 소비의 선택 폭을 넓혔다는 점에서 긍정적인 평가를 내릴 수 있는 반면, 과다한 로열티의 해외 유출과 핵심기술은 이전하지 않았다는 점, 그리고 일부 브랜드의 시장 독식으로 인한 국내의 유관기업들의 영업 활동을 위축시켰다는 부정적인 평가도 만만치 않다. 실제로 국내에 진입한 해외 브랜드의 경우 모방을 어렵게 만든다든지, 경쟁기업의 진입에 필수적인 판로 또는 원재료 구입을 원천 봉쇄한다든지, 국내 기업이 따라올 수 없는 제품 질에 대한 평판과 입소문을 구축한다든지, 대규모 광고를 통해 브랜드 로열티를 각인시킨다든지 등의 전략적 진입 봉쇄행위를 한 것도 사실이다.

이처럼 외국계 가맹본부가 국내 업체에 비해 자본력이나 수준 높은 브랜드 파워를 바탕으로 엄청난 양의 물량공세와 공격적인 마케팅을 시장 진입 초기에 구사하는 것은 사실이지만, 그것이 성공 창업의 확률을 높여주었던 것은 아니다. 전술한 바와 같이 해외의 우수브랜드도 우리나라 시장논리에 부합되지 않으면 여지없이 무너지고 만다. 그리고 국외에 존재하는 가맹본부의 이력을 잘 알 수 없는 이유로 라이선스를 획득한 국내 사업대행사에 너무 의존하는 경우가 많은 것도 실패의 확률을 높이게 된 이유 중에 하나이다.

　해외 브랜드를 선택하는 것과 국내 가맹본부를 선별하는 방법은 결코 다르지 않지만, 투자대비 수익률을 따져보면, 국내 가맹점보다 못한 경우가 많기 때문에, 해당 해외 브랜드의 국적(태생)과 국내 동종 업종의 문화와 소비가 어떠한지 비교하여야 하며, 무리한 투자규모, license fee 등의 과다한 royalty를 부담하는 경우에는 특히 투자대비수익률(ROI; Return Of Investment)을 정확히 계산하여 사업에 임하도록 해야 한다. 해외 프랜차이즈의 가맹점 개설을 판단할 때는 가맹본부의 철저한 현지화 전략과 마케팅 방법 그리고 기술전수 등이 뒷받침되고 있는지 체크해야 한다. 아울러 프랜차이즈 시스템이 국내에 도입된 지도 20여 년에 가까운 시간이 흘렀기 때문에 이제는 한국형 프랜차이즈는 한국 경영인이 더 잘할 수 있고, 외국 브랜드 파워를 능가하는 국산 토종의 브랜드도 점차 늘어가고 있다는 점을 기억해 두도록 하자.

Reference Site

Entrepreneur (www.entrepreneur.com)
Franchisetimes (www.franchisetimes.com)
Franchise Update (www.franchise-update.com)
Franchise Hit (www.franchise-hit.com)
비즈니스유엔 (www.businessun.com)
랭키닷컴 (www.rankey.com)
한국소비자보호원 (www.cpb.or.kr)

▶ 활동과제 ⑥: 점포 상권 및 입지조사와 선택

> **POINT**
>
> 상권과 입지의 선정은 가맹본부를 선택하는 것만큼이나 성공적인 가맹점 창업에 절대적인 영향을 미치게 된다. 상권분석을 통해 미래 고객의 양과 질 그리고 유입, 유출의 매력도를 판단하고, 주변환경을 조사하여 최적지의 점포 출점에 최선을 기울이도록 한다.

가계약 단계의 가맹본부 선정은 브랜드에 대한 수요시장을, 상권 및 입지의 선택은 소비자에 대한 수요시장을 조사하는 단계이다. 따라서 후자는 결국 해당 입지와 상권에서 장사가 잘될 것인지 아닌지를 판단하는 것이다. 수요시장을 조사할 때는 나무를 보지 말고 숲을 먼저 보라는 말과 같이 보통 상권(숲)을 먼저 파악하고 입지(나무)를 선정하는 순서로 조사하는 것이 바람직하다.

○ 상권과 입지의 일반적인 개념

상권은 상가가 형성되거나 되어있는 범위 측면의 공간적인 개념과 도달하는 데 걸리는 시간 그리고 고객 유동성 측면의 계량적인 의미를 포괄하는 것이며, 입지는 상권에 비해 정적인 개념으로서 고객의 유동성보다는 고객창출 요인으로 작용될 수 있는 요소들이 기대되는 출점 예정지역의 개념이라고 할 수 있다. 결국 상권분석은 상가 전체의 시장규모를 분석하는 것이고, 입지분석은 자기 점포의 아이템과 예상 고객의 수요가 맞는 지역을 분석하는 것이다.

상권 기준은 보통 예상되는 고객의 숫자나 점포를 기준으로 반경 몇 미터 또는 킬로미터 등을 기준으로 하여 1차, 2차, 3차 상권이라는 표현을 많이 쓰며, 입지 조건은 중산층 이상의 거주자가 입주한 대형 아파트 밀집지역, 유사업종이 밀집되어 시너지 효과를 발휘할 수 있는 지역중심 점포지역, 유통인구에 의해서 장사가 되는 입지, 지역주민에 의해 장사가 되는 입지, 근린시설 및 대형 편의시설에 의해 유인되는 목적형 입지 등으로 구분한다.

보편적으로 구분하는 상권의 범위를 알아보면 다음과 같이 정리될 수 있다.

1차 상권은 입점고객의 55~70%(또는 60~70%)정도가 거주하는 점포반경 약 500m 이내의 상권범위로서 점포위치와 고객의 근접성이 높아 인당 매출이 가장 좋은 지역이다. 보통 생활용품 중심의 도·소매업이나 외식 관련 가맹점의 경우는 도보로 5분 이내, 내구재나 고가 제품을 판매하는 가맹점의 경우는 15~30분 이내의 거리에 있는 지역이 이에 해당된다. 2차 상권은 입점고객의 15~25% 정도가 거주하는 점포반경 약 1Km 이내의 상권 범위로서 1차 상권의 외곽에 위치하며, 고객이 다양하게 분산되는 특성을 가지고 있다. 그리고 3차 상권은 1, 2차 상권 이외의 나머지 입점고객이 거주하는 점포반경 약 2Km 이상의 상권범위를 말한다.

이러한 기준이나 조건들은 다분히 경험적이거나 주관적인 판단에 의해 만들어지는데 이론적이지만 업종별로 정해진 기준과 이론은 반드시 참조하도록 한다. 현실적으로 가장 오래되거나 잘되는 점포의 매출을 능가하기 힘들기 때문에 자신의 점포가 취할 수 있는 매출의 범위는 한계가 있다는 점 등 대부분 상권과 입지선택에 적용되는 기준의 공통분모를 찾아 〈표 2-15〉와 같이 나열한 후 후보지를 선택하는 것이 바람직하다. 또한 적정한 상권을 선정하는 데 있어 이론적으로 제시되는 수치보다는 좀 더 범위를 넓게 설정하고 판단하는 것이 더 현실적이다. 예를 들어 배후 세대가 1,000세대이면 적정하다고 했다면, 향후 경쟁점의 입점이나 환경 변화를 고려하여 1,500세대 이상의 상권이어야 안정적인 매출을 보장받을 수 있다고 판단해야 한다. 그 이유는 가맹본부의 점포개발 담당자조차 체계적인 분석을 통해 예비가맹점주에게 레포팅하는 경우가 많지 않기 때문이다.

〈표 2-15〉 상권과 입지분석 내용

구 분		조사대상	분석요소
상권분석	상권규모	· 점포 숫자 · 사무실 밀집지역 · 상가 밀집지역 · 주택가 밀집지역 · 학원가, 아파트 밀집지역 등	· 밀집형태와 발전가능성 · 통행량 및 대중교통상황 · 도로의 유형(산업도로, 통근도로, 일반도로 등) · 주변 부대시설, 편의시설 · 지역발전계획 유무, 성장가능성 · 지형의 형태, 시장수요조사, 경합성
	인구	· 유동인구 수준과 계층 · 거주인구, 인구밀도	· 유입, 유출인구, 흡입력 (시간, 요일, 계절별) · 출퇴근 방법(도보, 자전거, 버스, 자가용).유동인구의 특징 · 주거형태, 연령별 인구수, 직업 및 교육 수준, 소구력, 평균 구매액, 소비수준
	부대시설	· 대형건물, 편의시설	· 건물 입주업체 분석, 집객 거점 확인
	지형지물	· 지형과 지세	· 지형, 지세(언덕, 경사, 구릉 ,하천, 장애물)와 적합한 지물 현황분석 · 가로수, 육교, 전봇대, 고압선, 안테나 · 도로면, 도로구조, 횡단보도, 정류장 주차장 등 교통의 편의성
입지분석	점포위치	· 거주환경 · 아이템과의 연계성	· 자신의 거주지 위치, 가시성(시계성), 접근성, 차별화 · 전면 넓이. 간판의 위치, 크기 · peak time과 idle time · 정체인구의 특징, 거주인구 세대수 · 생활(소득)수준, 연령, 남녀비율
	점포가격	· 임대료, 보증금, 권리금 수준 · 예상 매출액	· 건물의 규모 · 점포구조와 특징 (계단, 인도접근성) · 부속시설 확인(주차, 전기, 수도, 하수, 조명 등 시설 및 각종인허가 사항),ROI, 경제성 분석
	경쟁점포	· 업종별 경쟁점포	· 경쟁점포 수, 가격대 · 매장규모, 테이블 수, 좌석 수, 고객 수, 회전율, 예상매출 · 상우회 운영여부, 상호보완 업종 · 해당 상권에 영향력을 미치는 인물

일반적으로 희망하는 점포위치를 기준으로 반경 500m 이내 생활권을 기준으로 전체 상권을 분석하고, 그 중 높은 점유율을 형성하고 있는 부분이 어느 쪽인가를 판단해야 한다. 오피스 상권의 경우는 4~6차선 도로와 횡단보도를 기준으로, 역세권인 경우는 출구를 기준으로, 대학가인 경우는 활동지역의 중심을 기준으로, 주택가는 인구집약도와 소득, 연령을 기준으로 하나의 블록 단위를 설정하여 분석하는 것이 가장 기본적인 방법이다. 특히 가시성 확보에 관한 한 전 업종에 해당하는 사항이 점포 전면의 너비인데, 전면(가로)이 점포 내부 깊이(세로)보다 넓은 것이 유리하다. 또한 건물 외벽에 에어컨 실외기나 전기선들로 정리가 안 되어 있는 경우는 가시성의 장애요인이 될 수 있으므로, 향후 임대차계약 시 임대인에게 정리정돈을 요구하는 것이 좋다.

그리고 상권과 입지를 선택하는 데 급급하여 정작 가맹점을 운영하는 자기 자신이 거주할 위치는 관심을 두지 않는 경우가 많은데, 자신의 거주지는 최대한 가까운 곳에 위치시키는 것이 좋으며, 특히 노동력이 많이 요구되는 외식업의 경우는 가족 노동력을 활용하기 위해서라도 인접지역에 거주하는 것이 바람직하다. 사실 상권과 입지를 분석하는 데 필요한 정보를 얻는 것은 자기 노력 여하에 달려 있다. 주변 상점, 부동산, 거주 세대, 지역정보지 등 최대한 정보를 수집할 수 있는 채널을 확보하고 다소 원시적이지만 유동인구, 입점 고객 수, 주문량과 구매액 등을 해당 현장에서 직접 카운팅하는 등 성공사업을 위해 몸소 실천함으로써 비로소 철저한 시장조사가 완결될 수 있는 것이다.

상권은 제품의 성격과 매장 평수에 따라 보통 〈그림 2-6〉과 같이 표시할 수 있는데, 상권에 대한 최종적인 평가는 성장잠재력, 접근성과 고객유인잠재력, 입지에 대한 경제성, 해당 상권에 진입하는 목적, 일반상식 등의 객관적인 분석자료와 예비 가맹점주의 판단력을 가미하여 정리하는 것이 좋다. 물론 쇼핑가의 경우는 레저와 여가 등 소비를 목적으로 진입하는 것이 대부분으로 상권의 질이 우수하다거나, 주택가의 경우는 주간 통행인이 대부분 학생과 주부들이고 하루종일 통행량에 큰 변화가 없다거나, 오피스가의 경우에는 주말 매출을 기대하기 힘들다거나 하는 등의 기본적인 상권 유형별 특징에 대해서는 기본지식을 갖추고 있어야 함은 물론이다.

〈그림 2-6〉 상권의 종류

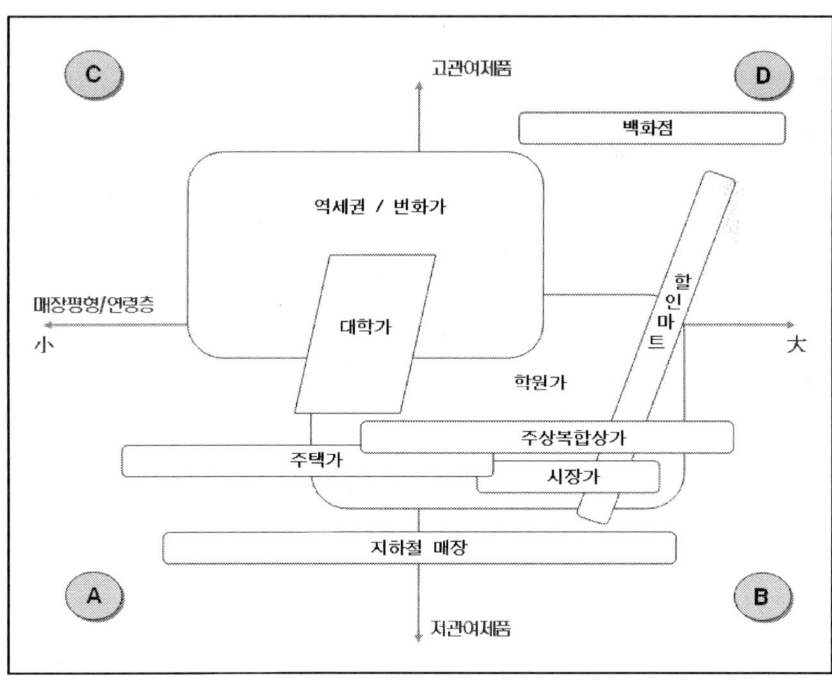

A상권의 경우는 저가의 가격대를 바탕으로 한 생계형 창업이 가장 활발한 곳으로 독립점포의 한계가 발생하기 때문에 프랜차이즈 가맹본부들이 가맹점의 양적 팽창을 위해 가장 중심을 두는 표적 시장이다. 독립점포의 한계가 발생하는 이유는 이 영역에서 제공되는 제품의 중요도는 낮고 상표 간의 차별화를 느끼지 못하며, 자칫 잘못 구매해도 위험이 없다고 판단하는 경우가 대부분이고, 구매 전보다는 구매 후의 평가를 통해 제품에 대한 인식이 형성된다고 생각하기 때문이다. 국가 차원에서 자영업자를 프랜차이즈 사업으로 전환시키려는 움직임이나 자발적으로 이러한 움직임에 참여하려는 사람이 많아지고 있는 것도 이러한 이유 때문이지만 경쟁이 치열한 만큼 얻을 수 있는 소득은 그리 많지 않다는 점을 잊어서는 안 될 것이다.

특별히 주의할 점은, 이러한 점을 악용해 가맹본부가 가맹점의 양적 팽창에만 관심을 두고 점포가 작더라도 출점을 권유하는 경우가 있는데, 해당 브랜드와 아이템의 투자 대비 수익률을 감안하여, 적정 규모가 아니라고 판단된 경우 과감히 가맹본부의 권유를 뿌리칠 수 있는 지혜가 요구된다고 하겠다.

B상권의 경우는 중대형 매장이지만 저가격 제품을 판매하기 때문에 사업의 성패는 회전율이 관건이다. 장기적인 발전을 기대하기 힘들기 때문에 투자 시 세밀한 원가분석과 영업수완이 필요하다.

C상권의 경우는 패션주얼리나 고급 아이스크림, 피자(배달형) 등 단품 단가가 높은 제품을 선택하는 것이 바람직하며, 외식의 경우는 웰빙과 건강이 가미된 메뉴를 정하는 것이 바람직하다.

D상권의 경우는 개인가맹 형태로 접근하기 힘든 상권이기 때문에, 가맹본부가 전략적 요충지로 삼고 브랜드의 표적시장에 맞는 특정 지역에 테스트숍 형태로 입점하는 것이 대부분이다. 설령 고가격대의 제품이 아니더라도 상권의 특성상 특정 계층에 대한 브랜드 가치와 신뢰도를 확보함으로써 대체 상품개발이나 경쟁사의 브랜드보다 우위를 점하기 위한 전략이 마련되어야 하는 상권이다.

이러한 매트릭스를 통해 X축과 Y축을 분석하고자 하는 내용으로 바꾸어 상권을 그려나가면 생각지 않은 분석결과를 도출해낼 수도 있다. 예를 들어 학군이 좋은 학원가 상권을 예상해 본다면, 아파트가 대단지로 형성되어 거주자는 비교적 학력수준이 높은 화이트칼라나 전문직 종사자들이 많다. 따라서 주변에 대형 유통시설이 포진되어 있지만, 중상위층의 라이프스타일 형태를 Y축에 놓고 분석해 보면, 고급형 생활밀착형 창업이 적합할 것이라는 결과를 이끌어낼 수 있다. 또한 주변의 대형 유통상가와 경쟁해야 하는 경우도 있고 시험기간, 방학매출이 저하되는 곳, 낮과 밤의 고객이 바뀌는 곳 등 다양한 영업변수를 찾아낼 수도 있게 된다.

○ 상권과 입지정보의 취득

상권과 입지를 선정하기 위해서는 직접 발로 뛰어 현장을 답사해야 하기 때문에 많은 시간과 노동력이 투입된다. 따라서 가맹점 출점을 원하는 지역을 가급적 시, 도 단위와 구와 동 단위로 선호 순위를 정해놓고, 각종 상권분석을 제공하는 사이트나 부동산 홈페이지, 해당 시도 홈페이지를 참조하여 분석대상 상권의 거주인구나 인구밀도, 유동인구의 현황 등 기본적인 정보를 취합, 선별한 후 현장답사를 결정하는 것이 좋다. 특히 거주세대 등을 분석할 때는 부동산 사이트를 활용하여 총 세대수, 거주 조건 등의 정보를 수집하도록 하며, 학교, 병원 등이 있는 경우는 해당 홈페이지를 참조하여 상권과 입지 형성에 영향을 미치는 정도를 파악하도록 한다.

위성사진을 이용한 입체지도를 서비스하는 외국 사이트나, satellite map을 사용한 블루버드 서비스나, map browser 서비스를 이용하여 상권분석을 제공하는 사이트를 살펴보거나 시청과 구청을 방문하여 시·도·구·동별 장래 계획인구조사표 등과 병행하여 사용한다면, 많은 지역의 상권과 입지 정보를 충분히 취득할 수 있다. 또한 시중에 점포가격이 높고 유동인구가 많은 곳을 중심으로 1층 점포를 상권현장 그대로 평면으로 도식화하여 출간한 전국상권지도를 사용하여 1차적으로 상권을 분석하는 것도 좋은 방법이다.

또한 해당 상권의 유동인구 조사는 본인이 직접 수행해야 하지만, 역세권인 경우 서울메트로(구 서울시 지하철공사)를 참조하여 역별, 월별, 시간별 승하차 순위나 유입인원 통계 등을 기초자료로 활용하면, 더욱 신뢰도가 높은 분석자료가 만들어질 것이다.

다시 한 번 강조하지만, 무작정 현장을 답사하는 방식을 취하게 되면, 소기의 방문 목적은 달성하지 못하고 심신만 피로해져 분별력이 떨어지는 현상만 반복되어 의사결정에 치명적인 오류를 범할 수 있다는 점을 유의하여야 한다. 또한 예비 가맹점주가 간과하기 쉬운 것 중 하나는, 정작 자기 자신이 거주할 입지는 생각치도 않는다는 것이다. 점포가 자신의 거주지에 출점되는 경우를 제외하면, 대부분 객지에서 창업을 하게 되기 때문에 이 경우 자신 또는 가족의 거취 장소가 영업활동에 큰 지장을 미치는 핵심요인으로 작용될 수도 있다는 점을 기억하도록 한다.

창업희망자는 자금, 평수(계약평수, 실평수), 선호상권, 지역특이사항, 자신의 가족분포와 활동범위 등을 고려하여 점포를 확보할 수 있도록 가맹본부에 요청하거나 또는 자신이 그 조건에 맞게 물색하도록 한다. 특히 베이커리, 핫도그, 도넛 등 외식업 가맹점 중에서 내점형보다는 판매 형태에 가까운 경우에 입지 선정 시 외식업 기준이 아닌 판매업 기준에서 분석이 이루어져야 한다.

최근에는 점포가 들어설 상권의 특성을 가맹본부가 종합적으로 분석하여 상품과 메뉴를 취사선택하게 하거나, 업종전환의 경우는 기존 인테리어나 시설을 그대로 사용하도록 하는 맞춤형 프랜차이즈 모델도 등장하고 있다. 하지만 초기 투자비용을 절감하고 상권에 맞는 고객층에 맞춤식 제품을 공급한다는 강점이 있는 반면, 표준화를 기반으로 운영되는 프랜차이즈 시스템의 변형된 형태를 소비자가 어떻게 받아들일지는 미지수이다.

상권과 입지상태가 경제상황이나 시대 흐름에 따라 변화되는 경우도 있는데 그 예가 바로 지하철 매장이다. 과거와는 달리 지하철 공간은 유동인구가 많다는 장점 외에 최근에는 시민들의 문화공간과 만남의 장소로 이용되면서 체류시간이 길어지고 있다. 이러한 변화에 따라 편의점 업계의 경우는 독점적인 상권보장과 안정적인 매출을 올릴 수 있다는 판단하에 2006년 중반기부터 지하철 및 철도역의 출점을 가속화하고 있으며, 기존 상품판매와 ATM, 택배 등의 생활편의 서비스 제공은 물론 역무 기능까지 추가한 운영방식을 병행함으로써 변화에 대응하고 있다.

○ 가맹본부와의 입장차이

가맹본부의 선정 의향이 결정되면, 사업추진 계약금을 내게 되고 가맹본부에서는 출점을 하기 위한 상권과 입지분석에 들어간다. 물론 기존에 점포를 보유하고 있는 경우나 건물주의 경우는 그 해당 물권에 관한 출점 여부만을 결정하게 된다. 이 때 가맹본부가 상권에 대해 까다로울수록 본인에게는 유리하다는 것을 알아야 하는데, 이는 부진 출점에 따라 상호 피해를 사전에 예방하는 측면이 강함으로 본사의 의견을 충분히 수렴하여 결정하는 것이 현명하다. 또한 개점 후 가맹점주의 claim을 미연에 방지하기 위함이며, 차후 양도양수나 폐점에 따른 위험을 줄이거나 염두에 두는 절차인 만큼, 창업 개시에 대한 성급한 마음만 앞세우는 것은 바람직하지 않다.

보통 가맹본부는 상권과 입지의 분석 → 매출예측 → 사업타당성 판단 → 출점의 가부결정 등의 순서로 가맹계약을 추진하게 되는데, 이때 대부분의 가맹본부들이 육감에 의한 또는 경험에 의한 추상적인 표현으로 분석결과와 조사내용을 알려주는 경우가 많다. 이에 대해 예비창업자는 과학적이고 수치화된 문서로 완성된 결과보고를 요구하여 향후 점포의 선정에 대한 분쟁의 소지를 미연에 방지하도록 한다.

일단 가맹계약의 계약금이 접수되면, 가맹본부는 빠른 출점을 위해 많은 물권을 예비가맹점주에게 보여주기 시작하게 되는데 가맹본부의 입지상권조사 방법이 의외로 취약한 경우가 많다. 또한 브랜드 출시 기간이 어느 정도 경과한 가맹본부의 경우에는 해당 브랜드에 대해 이미 가맹이 이루어진 지역에 대한 상권분석은 이미 배제된 상태이므로 출점 지역에 제한을 두기도 한다. 특히 신도시나 개발지구, 신규 아파트 입주 예정지와 같은 경우는 가맹본부 영업담당과 부동산이 결탁된 경우가 많으므로 해당 지역 부동산을 방문하여 반드시 교차 체크하도록 한다.

프랜차이즈 창업에 있어 예비 가맹점주 측면에서 가맹본부의 선정과 상권, 입지 선정이 사업성패를 좌지우지할 수 있는 중요한 요소이고, 가맹본부의 입장에서도 가맹점의 안정된 매출과 이익을 보장할 수 있는 가장 기반이 되는 것이 점포개발과 상권분석의 결과이기 때문에, 상호 협업하에 현명한 판단과 검증된 데이터를 바탕으로 산출된 정보의 교환과 설득이 이루어져야 할 것이다. 결국 가맹본부나 가맹점 모두에게 성공 창업으로의 중요한 관문이 되는 이 단계에서는 가맹본부와 예비 가맹점주의 모든 역량이 총동원되어야 한다.

'어떤 건물에 권리금이 없는 자리가 나왔는데 한번 보실까요?', '내가 투자할 돈은 얼마인데 거기에 맞춰주실 수 없나요?', '내가 이 지역은 잘 아니까 내 말을 믿으세요', '내(예비 가맹점주)가 장사하는 거니까 당신(가맹본부 점포개발자)은 가만히 보고 계세요' 등의 접근방식은 지양하는 것이 좋다. 향후 분쟁의 대부분이 예상매출액의 차이에 있게 되는데 그 근간이 상권과 입지의 잘못된 선택에서 비롯되는 경우가 많기 때문에 가맹본부 입장에서는 예비 가맹점주의 판단이 설령 잘못되었다 하더라도 해당 점포에 대한 선택의지가 강하면 강할수록 그 책임을 예비가맹점주에게 전가하는 경우가 많다는 점을 간과해서는 안 된다.

○ 상권별 가맹점 입점 시 유의 사항

상권과 입지분석 단계에서는 시간과 돈에 쫓기게 되는 경향이 있고 짧은 시간 내에 체력이 소진되어 현명한 의사결정을 하지 못하는 경우가 많은데 다음과 같은 사항을 고려하여야 브랜드와 아이템에 적합한 상권과 입지에 점포를 출점시킬 수 있도록 해야 한다.

〈그림 2-6〉 상권의 종류에서 개인 가맹점 출점 지역으로 적합지 않은 백화점가와 할인마트 지역을 제외하고, 주요 상권에 입지를 선정할 때 유의할 점은 〈표 2-16〉에서 보는 바와 같다. 창업 초기에는 가맹점이 고객을 모으는 것이 아니라, 고객이 모이는 장소에 가맹점을 입점시켜 그 주변을 통과하는 고객들의 구매행동에 적절히 대응해야 한다는 사실을 명심하도록 한다.

<표 2-16> 가맹점 입지 선정 시 유의사항

상 권	입지 선정 시 유의사항
역세권/번화가	- 오피스가의 경우는 근무시간 외 공동화 현상 발생 지역은 부적합 - 역사의 출입구와 유동인구 흐름의 방향 파악
대학가	- 가격저항이 심한 아이템은 부적합 - 매장 인테리어 및 시설의 빠른 변화를 수용할 수 있는 건물 - 구매단위는 크지 않지만, 빠른 회전율을 유지할 수 있는 위치
주택가	- 일반 주택의 경우 다세대주택과 같이 밀집도가 높은 지역 선정 - 은행 등 관공서 주변의 길목 - 아파트의 경우 1,500세대 이상, 아파트 입지가 독립상권인 경우와 대규모 아파트 상가가 입점한 경우를 제외하고 단지 내에 있는 경우는 바람직하지 않음 (아파트 입구와 도로변이 적합) - 상가의 지하나 3층 이상은 배달업종을 제외하고 부적합
학원가	- 유행흐름이 상권 전체적으로 일관성 있게 적용될 수 있는 곳 - 가격경쟁력보다는 브랜드 파워가 높은 업종이 유리
시장가	- 시장 초입구나 노점상이 위치한 곳 - 각종 정류장과 연계되어 시장과 주택가의 동선을 이어주는 곳
주상복합상가	- 거주 세대의 소득수준 확인과 친생활필수제품이 바람직 - 거주세대의 공실률 및 상주 시간 확인
지하철 매장	- 통행인의 유입과 통로기능을 할 수 있는 위치 - 보증금, 권리금이 비싸기 때문에 초보자는 부적합 - 각별한 위생관리가 필요한 업종은 부적합

○ 가맹본부의 상권 선정에 대한 체크 사항

(1) 해당 상권조사서와 유사한 형태로 영업을 하고 있는 가맹점의 손익계산서를 요구하여 육감에 의한 상권분석보다는 검증된 자료로 분석하도록 한다.

(2) 주변에 영업을 하고 있는 동일 업종 점포에 방문하여 매출과 수익성을 나름대로 계산하여 가맹본부가 제시한 수익계산서와

비교, 분석한다. 이를 위해서는 손님으로 가장하여 주변 상권에 대한 계절별, 주기별, 주요고객층, 유동인구 등 점포매출에 직접적인 영향을 미치는 요인에 대해 정보를 습득하도록 한다.

(3) 생활정보지를 탐색하여 주변에 점포 매물이 어떤 지역에 집중되어 있고, 어떤 업종, 어떤 평수가 많은가를 분석하여 그 상권의 강점과 약점을 가려낸다.

(4) 부동산 방문은 가맹본부 직원과 동행하여 여러 곳, 여러 번하여 상권에 대한 정보를 상세히 습득하도록 하며, 조사된 상권 및 점포계약 관련된 사항은 반드시 문서화하여 기억하도록 한다. 가맹본부 직원을 대동하는 이유는 향후 가맹계약서 작성 시 영업지역설정에 관해 사전적으로 승인한 점포임을 밝히기 위함이다.

(5) 가맹본부 직원의 권유로 상권과 입지를 변경할 경우, 재조정되는 영업지역의 범위를 정확히 서면으로 확인받도록 하며, 기존의 상권에 타 가맹점의 입점이나 가맹점의 매출 감소가 초래되지 않는다는 자료를 요구하여 보관하도록 한다.

상권과 입지분석에 자신이 없다면, 전국 60여 개의 소상공인지원센터를 방문하여 상담하는 것도 좋은 방법이며, 180여 개 업종에 대한 유사 또는 동종업종 점포 수, 지리정보시스템(GIS; Geographic Information System)을 토대로 상권을 기초 분석해보는 것도 상당히 의미 있는 일일 것이다.

○ 상권과 입지분석의 예

이해를 돕기 위해 〈그림 2-7〉과 같이 경기도 ○○시에 위치한 ○○대학교 상권을 예비가맹점주가 분석한 예를 들어보겠다.

〈그림 2-7〉 ○○대 앞의 상권과 입지 분석(예)

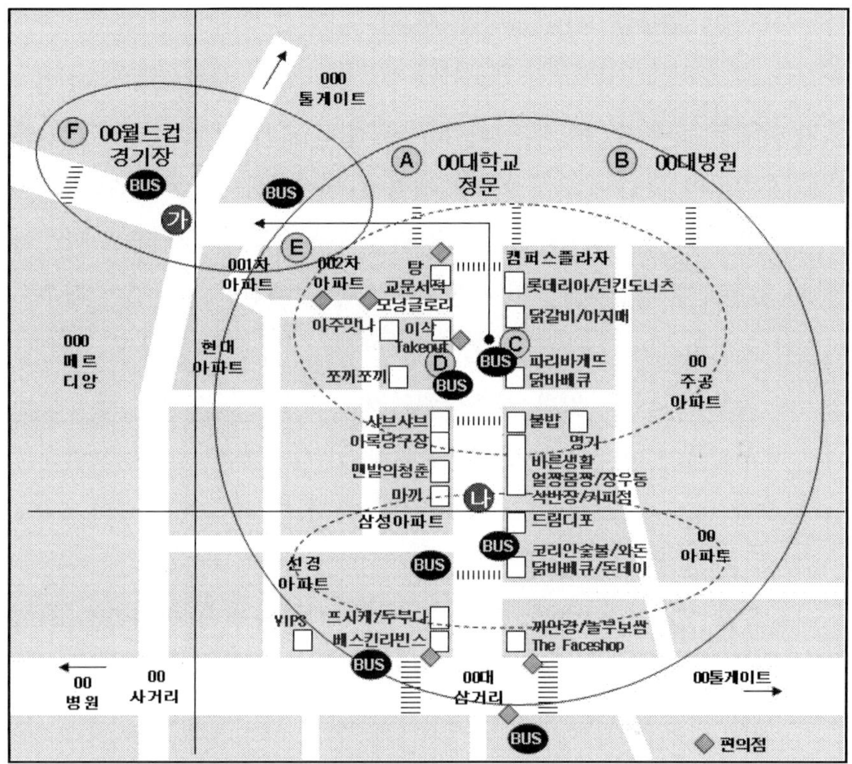

　위와 같이 자기가 직접 해당 상권을 그림으로 표현하여 상권의 접근 가능성을 분석하고자 하는 경우에는 해당 지역의 최신 지도를 구입하여 생활편의시설과 교통시설, 밀집도가 높은 주거구역을 중심으로 블록과 경계선을 나눈 다음, 집객력이 있는 편의점, 은행, 버스정류장 등을 표시하고, 그 다음 경쟁점포의 위치를 확인하는 순서로 작성하는 것이 좋다. 다시 말하면, 스포츠센터, 대형 할인점, 백화점, 공원 등 독자적으로 고객을 흡입하는 고객창출형 구역과 편의점, 은행 등과 같이 흡인된 고객이 주변의 점포로 이동될 수 있는 근린접

근형 구역 그리고 구매를 목적으로 하지는 않지만 인구유통을 많게 하는 요소인 통행량 의존 구역을 세분화시켜 분석해야 한다.

　이 상권의 경우는 아파트 상권, 단독주택가 상권, 학생 상권이 복합적으로 혼합되어 있는 곳으로 150여 개의 점포가 있는 A급 상권이다. 이 상권은 크게 ○○월드컵경기장 상권과 ○○대 정문 앞 상권으로 나누어 볼 수 있는데 F와 E 사이 '가'지점의 도로를 경계점으로 상권이 좌우로 이원화되어 있으며, '나'지점을 기준으로 상하로 ○○대 정문 상권이 단절되는 현상을 보이고 있다. 복합상권이기는 하지만 도로의 폭과 도로변의 주요시설물에 따라 상권이 이원화되고 있다는 점은 간접 정보만으로는 분석이 불가능하므로 반드시 현장방문을 통해 파악해야 한다.

　이원화된 이유를 알아본 결과, ○○대 정문 상권의 아래쪽은 과거부터 차량통행이 불가능했던 도로였기 때문에 전통적으로 정문 쪽으로의 상가 번성이 원활히 이루어졌다는 것을 알 수 있었다. 또한 보통은 상권 단절지점을 이어주는 점포나 지형지물이 있는데 '나'지점의 좌측에 입주한 두 동짜리 삼성아파트의 입주 영향과 언덕이 있는 지세영향 그리고 횡단보도의 간격이 넓어 상권단절을 회복하지 못하고 있는 것으로 분석되었다.

　다음 〈표 2-17〉은 조사 대상이 된 상권을 분석한 결과이다. 상권분석의 결과 ○○월드컵경기장 상권이 ○○대 정문 상권에 비해 학생고객의 유입에는 다소 미흡하였지만, 두 상권 모두 상권의 수요기반은 가족 단위 나들이객, 거주지역의 주부, 외국인 관광객, 인근에 위치한 회사원 및 간호사, 대학원생 등으로 파악되었다.

<표 2-17> ○○대 상권 분석결과

구 분	○○월드컵경기장 상권	○○대 정문 상권
상권규모	40평 이상의 점포가 대부분이며, 주로 외식업종에 치중되어 있거나 경기장 관람수요와 관공서 소속의 직장인 대상의 성인위주 아이템이 많음	10평에서 50평 이상의 다양한 평수의 점포가 입점해 있으며, 서울행의 광역버스 통과지점과 시내버스 정류장이 횡단보도 근처에 포진해 있어 정체인구가 많고, 병원과 학교 내의 상주인구가 ○만 명에 달함. 아이템은 외식, 도소매가 강세이며, 서비스업종이 비교적 적음
지형지세	도로 폭이 8차선도로로 넓은 관계로 신호등이 별로 없으며, 횡단보도보다는 육교통행자가 많다	4개의 횡단보도와 4차선의 비교적 좁은 도폭으로 인해 무단횡단자가 많음 삼거리에서 정문 쪽으로 지세가 평탄하나 이면 골목은 가파르지는 않으나 언덕과 비탈길이 존재하여 가시성이 떨어짐
점포숫자	30개의 대형점포와 20평 이하의 10여개 소형점포	120여 개의 점포가 존재, 건물입주형이 70%, 주상복합형이 20%, 주택개조형이 10%를 차지함
거주인구	월드메르디앙과 ○○ 1차, 2차 아파트 인구 총 ○○○세대, ○○○ ○○명	아파트는 물론 학교 기숙사 인구 000명, 병원 입원자가 000명 있으며, 병원은 3교대로 항시 영업 중임
편의시설	경기장 내 체육시설 및 공원	학교 운동장, 대형 헬스클럽, 체육관

　　분석된 또 다른 정보로는 거주지역 주민은 오랜 거주 연수를 기록하고 있었고 연령층이 높다는 점이었다. 따라서 거주지 인접 지역일수록 새로운 업종과 업태가 형성되기는 힘든 상권이고, 학교 정문 쪽으로 근접될수록 대학생들에 의한 신흥세력이 존재하여 보수적인 상권과 개방적인 상권이 공존할 수 있음을 발견하였다. 따라서 우리 가맹점 입점에 알맞은 곳은 ○○월드컵경기장 상권보다는 ○○대 정문 상권이 적합하다고 판단하여 〈표 2-18〉과 같이 '나'지점을 중심으로 입지를 분석하였다.

<표 2-18> OO대 입지 분석결과

구 분	OO대 정문 지역	OO대 삼거리 지역
점포위치	접근성과 가시성 확보가 가능하고 회전율과 입점률, 객단가가 높고 차량통행이 가능한 전면도로 입점이 적합	상권단절로 인해 아주대 정문방향보다는 삼거리 쪽에 근접하는 점포를 선택하는 것이 타당하다고 보임
점포가격	20평 기준 권리금 OOO만원, 보증금 OOO만원으로 양호하나 월세가 비싼 편	20평 기준으로 정문 지역보다는 권리금이 월등히 싸나, 보증금과 월세는 차이가 없음
점포형태	건물입주형으로 이곳의 유지가 운영하는 OO빌딩이 적합. 24시간 영업가능으로 투자수익성이 높은 편임	전면길이가 4m를 넘는 건물이 많으나 출입구 방향이나 2층 이상으로 올라갈 경우 계단의 경사가 있는 편임
경쟁점포	동일업종은 없으나 횡단보도 사이로 3개의 유사업종 점포가 영업 중	경쟁점포가 없어 고립상권이나 외길상권이 될 가능성도 있음
유동인구	학생수 O만명, 10개의 상하행선 버스노선 등 교통시설 양호로 약속장소로 매일 000명 유동인구 존재	서울지역으로 통학하는 학생보다는 수원지역 학생과 정문 쪽으로 유입되지 않는 일반인이 많은 편임
기 타	겨울방학에 공백기가 예상되나 근처 병원이나 배후지 세대를 목표고객으로 삼는다면 상관없을 듯함	여름, 겨울방학 모두 공백기가 예상되며, 배후 아파트 세대 수가 적은 편이나 독립상권 형태이므로 단골고객 확보가 관건임

　가맹본부와 가맹점주의 상권과 입지분석이 모두 정확하다고 할 수는 없다. 그러나 가맹점 경영에 있어서 입지선정은 사업성공의 중요한 관건이 되므로 정형화된 자료는 물론 교통시설의 변화, 경기 동향 등 취득하기 어려운 다양한 변수를 최대한 고려하여 최적의 아이템을 최적지에 입점시키도록 하는 자세가 중요하다.

Reference Site

상권닷컴 (www.sangkwon.com) -전국상권지도

소상공인지원센터 (www.sbdc.or.kr) -상권분석

중소기업맞춤형정책정보시스템 (www.spi.go.kr) -상권정보

상가뉴스레이다 (www.dangganews.com) -100대 상권

비즈니스유엔 (www.businessun.com) 착착상권분석

구글어스 (earth.google.com)

콩나물 (www.congnamul.com)

서울메트로 (www.seoulmetro.co.kr)

통계청 (gis.nso.go.kr) -지도로보는 통계지도

부동산뱅크 (www.neonet.co.kr)

점포라인 (www.jumpoline.com)

창업피아 (www.changupia.com)

체인정보 (www.franchise.co.kr)

E. 본계약 단계

▶ 활동과제 ⑦: 점포 임대차계약

POINT

민법상의 채권계약인 임대차계약을 통해 영업장을 확보하게 됨은 물론 영업권도 동시에 확보하게 된다. 가맹점 창업을 준비하는 과정에서 처음으로 유형재를 취득하는 것임으로 각종 인허가 사항이나 시설물에 대한 미비점을 체크하지 못해 낭패를 보는 경우가 없도록 해야 한다.

출점 예정인 점포가 본인 소유인 경우를 제외하고는 대다수 예비 창업자는 임대차계약이라는 커다란 산을 넘게 되는데 점포 임대차계약에 의해 얻어진 점포는 초기 투자비용 중 가장 큰 부분을 차지하게 되는 반면 부동성을 지닌 물권이므로 한번 결정된 이상 위치를 변경하거나 임대기간을 임의로 조정할 수 없기 때문에 선택의 중요성은 무엇보다 크다고 하겠다.

임대차계약이란 당사자의 일방(건물주 또는 임대인)이 상대방에게 목적물(임대물, 점포)을 사용하게 할 것을 약정하고, 상대방(임차인)이 이에 대하여 차임(월세 또는 보증금)을 지급할 것을 약정함으로써 성립되는 민법상의 채권계약으로 영업권(프리미엄, 권리금, 바닥세 등) 계약도 동시에 해결하게 된다.

이때 가맹본부는 예비 가맹점주와 함께 분석한 상권조사 결과에 의해 점포의 입지가 결정되면, 가맹본부는 점포 출점에 대한 과정을 마감 짓기 위해 예비 가맹점주의 임대차계약 행위에 조력하게 된다. 계약 시에는 계약당사자가 본인인 경우는 주민등록증, 대리인일 경우는 주민등록증, 위임장, 인감증명서, 미성년자일 경우는 법정대리인의 동의서가 있어야 한다.

◆ 상가임대차보호법

상가임대차보호법이란 상가 건물 임대차의 공정한 거래질서를 확립하고 영세상인들이 안정적으로 생업에 종사할 수 있도록 과도한 임대료 인상 방지와 세입자의 권리를 보호하기 위해 2002년 11월 1

일부터 시행되고 있는 법률이다. 이 법률의 핵심은 일정조건을 갖춘 임차인에게 다음과 같은 권리를 부여하고 있는데 이것은 영세상인 보호를 위한 것이므로 반드시 숙지하여야 할 사항이다.

(1) 대항력을 갖는다

임차인은 임대차 기간 중 건물주가 바뀌더라도 임차지위를 유지할 수 있을 뿐만 아니라 임대차기간이 끝나더라도 보증금을 반환받을 때까지 거주할 수 있다. 대항력은 임대인으로부터 임차물권을 인도받고 사업자등록을 신청한 다음 날부터 발생한다.

(2) 우선 변제권이 보장된다.

사업자등록 후 확정일자를 받은 경우 전세등기권 같은 효력을 인정하여 민사집행법에 의해 건물이 경매 또는 공매되더라도 후순위 채권자보다 우선 변제받을 수 있다. 단 〈표 2-19〉와 같이 지역별로 보증금 상한선이 있다는 사실은 염두에 두어야 한다. 보호대상 보증금액은 지역별 환산보증금으로 하고 있고 있는데 환산보증금은 보증금과 월세환산액(월세를 연 12%의 금리를 적용하여 보증금으로 환산 : 월세×100)을 합한 금액을 말한다.

〈표 2-19〉 보호대상 보증금액

○ 서울특별시 : 2억 4천만 원 이하
○ 수도권정비계획법에 의한 과밀억제권역(서울시 제외): 1억 9천만 원 이하
○ 광역시 (군지역과 인천광역시 제외): 1억 5천만 원 이하
○ 기타 지역: 1억 4천만 원 이하

또한 임대차 기간이 종료된 후에 보증금을 되돌려 받지 못한 경우, 관할 지방법원에 임차권 등기명령을 신청하여 제3자에 대한 대항력과 보증금의 우선 변제권을 갖도록 하고 있다.

참고로 확정일자신청은 임대차계약서원본, 사업자등록신청서, 영업허가(신고)증 사본, 건물 공부상 구분등기 표시된 부분의 일부만을 임차한 경우는 사업장 도면 을 구비하여 관할세무서에 신청하면 되며, 가급적 사업자등록 신청 시 함께 병행하는 것이 좋다.

(3) 임대차 존속기간이 보장된다.

별도의 규정이 없는 한 임대차 기간은 1년이며, 임차인은 최초 임대차 기간을 포함하여 건물주에게 최대 5년간의 계약갱신 요구권이 보장된다. 건물주는 상가임대차보호법에 명기된 거절 사유에 해당하지 않는 한, 임차인의 계약 연장 요구에 응해야 하므로 창업하는 업종에 인테리어, 시설비 등 투자 규모가 크다면 단기계약보다는 장기계약이 유리하다.

(4) 차임에 대한 인상 상한선이 설정되어있다.

보증금 및 임대료는 증액한 후 1년 이내 변액시키거나 다시 올릴 수 없다. 또한 인상액은 대통령령이 정하는 기준에 따라 청구 당시 보증금의 100분의 12 금액을 넘지 못한다. 그러므로 임대료 인상한도가 연12%로 제한되며, 보증금의 월세전환 시 산정률도 15% 이내로 제한된다.

◈ 임대차계약 시 점검해야 할 사항

(1) 등기부등본

부동산은 외면상으로 소유주에 대한 정보를 얻기 힘들다. 따라서 등기부라는 공적공부에 해당 부동산의 표시와 그 부동산에 관한 권리관계를 기재해 일반인에게 공시하고 있는 제도로서 신청은 등기소에서 할 수 있고 전화, 인터넷, 방문신청 등을 통해 누구든지 등기부를 열람하거나 등본을 발급받을 수 있다. 해당 부동산의 지번·지목·구조·면적 등 표시사항과 소유권·지상권·저당권·전세권·가압류 등의 권리관계를 알 수 있다.

등기부등본은 계약 전, 계약금 지급 후, 중도금 지급 후, 잔금 지급 후 매번 확인하는 것이 바람직하며, 계약자가 등기부 상의 실제 소유주인지 꼭 확인하도록 한다.

등기부등본은 표제부, 갑구, 을구로 구분되는데 그 사항은 다음과 같다.

○ 표제부: 건물 혹은 토지의 물건표시사항 -번지, 가옥번호, 면적, 층수, 목조나 콘크리트 등 건물에 대한 표시 사항이 기재
○ 갑　구: 소유권에 관련된 사항-소유자, 주소, 소유권 이전 연월일, 이전 원인 등의 내용 기재
○ 을　구: 소유권 이외의 권리-저당, 근저당, 지상권, 지역권, 전세권 등이 기재되며 을구 사항에 기록 사항이 없는 경우는 생략된다.

(2) 건축물관리대장

건축물관리대장은 건축물에 대한 주민등록증으로 이를 통해 위법건축행위 등을 알 수 있기 때문에 임대차계약 시 층별 용도와 정화조 용량 체크 등을 반드시 확인해야 낭패를 면할 수 있다. 건축물관리대장은 구청민원실에서 발급하며, 최근 건설교통부에 의해 전자적으로 소유권 변동사항이 정리되어 건축물대장 등본 초본도 평면도(소유자의 동의 필요)를 제외하고 온라인상에서 자유롭게 발급받을 수 있게 되었다.

○ 건축물의 용도별 오수발생량 및 단독정화조 처리대상인원 산정

 -오수정화처리시설인지 단독정화조인지는 건축물관리대장에서 알 수 있으며, 단독정화조 용량은 상호와 관계없이 일반음식점, 사무실, 제과점 등 건축물용도로 분류하며, 단독정화조 처리대상인원 산정기준에 의해 계산된다.

 -일반음식점의 경우는 $n=0.3A$ (n: 인원, A: 연면적)으로 계산되는데 예를 들어 음식점 면적이 $80㎡$ 라면 $0.3 \times 80 = 24$ 인의 정화조 용량이 필요하다는 것이다. 따라서 해당 점포별로 계산하여 건축물관리대장 상의 정화조 용량과 비교하도록 한다. 일반사무실은 $n=0.08$로 계산되기 때문에 사무실을 일반음식점으로 바꿀 경우 정화조 용량이 초과될 가능성이 높음으로 이런 경우 영업신고가 되지 않음에 주의하도록 한다.

참고로 단독정화조가 아니고 오수정화처리시설이 되어 있는 건물의 경우는 인원산정과 무관하게 모두 영업신고 및 허가가 가능하다.

(3) 국토이용계획확인원 (도시계획확인원)

부동산의 용도와 지역, 지구 등 각종 이용규제 사항을 공시한 토지의 공적장부로서 서울과 광역시, 시급지역에서는 도시계획확인원이라고 한다. 발급은 구청민원실에서 담당하며, 임대차계약 대상물권이 지역개발계획이나 공공용지에 포함되어 이용규제에 저촉 사유가 발생하여 영업을 중단하는 일이 없도록 등기부등본과 더불어 반드시 확인해야 할 서류이다.

(4) 각종 인허가

가맹점 창업에 필요한 인허가 사항은 업종에 따라 다르기 때문에 보통 가맹본부의 점포개설 담당자가 가이드라인을 제시해 준다. 대표적으로 준비되어야 서류들은 업종에 맞는 영업신고서와 위생교육필증(요식업협회), 수질검사성적부, 건축물관리대장(정화조용량), 소방검사필증(관할 소방서), LPG 사용검사필증(액화석유가스공사), 위생정화위원회 심의필증(유흥업) 등이다.

인허가 업무는 관계법령에 따라 중앙행정부처에서 주관한다. 그러나 대부분의 경우에는 시(도)·군·구에 위임되어 있는 경우가 많으므로 가맹점 창업을 하려는 업종이 인허가 대상사업인지 여부에 대해서는 관할시청·도청·구청에 알아보는 것이 가장 좋다.

(5) 임대차계약 시 특약 사항

계약 시 '특약 사항'에 권리금 인정에 대한 임대인의 협력 조항, 잔금 일에 전세권 또는 임차권등기 가능 조건, 차임의 지급(선, 후불), 인테리어 기간 동안의 차임금액 할인 또는 면제, 차임 증가분 및 재계약 관련 약속, 부속물(간판, 창고, 주차장, 화장실 등) 이용에 관한 사항 등을 특약 사항에 삽입하는 것이 바람직하다.

또한 등기부상 면적과 실제면적 간의 차이가 발생할 때와 잔금지불과 동시에 등기 이전에 관련된 일체의 서류를 교부한다는 약정 그리고 잔금일 기준으로 공과금과 세금 정산, 기존 임대인의 행정처분 등 각종 권리제한에 대한 말소 또는 인수에 대한 내용을 기록하도록 한다.

(6) 권리금과 임대차계약의 구분

불경기 때에는 상권에 따라 권리금이 없을 수 있으나 보통 상권이 좋은 곳은 권리금이 존재하는 것이 일반적이다. 하지만 권리금이라는 것이 법적인 보호장치를 받는 것이 아니기 때문에 향후 퇴점 시 회수할 가능성이 있을지의 여부에 대한 현명한 판단이 요구된다.

권리금 자체는 일종의 영업권으로서 위치권리, 영업권리, 시설권리, 허가권리 등 유형의 영업시설, 비품 등과 무형의 영업상의 노하우나 상권의 위치에 따른 이점에 대한 것으로 양도하거나 일정기간 이용하는 대가일 뿐임으로 다음 사항에 유의하도록 한다.

- 점포 양도인과 권리시설에 대한 계약(권리금 계약)을 한 후 건물주와 임대차계약을 하는 것이 관례이므로 권리금에 대

한 계약금(보통 10%)을 지급할 때 차후 건물주와 임대차계약 체결 시 임대료를 올린다든지, 구조물의 개보수에 대한 제한을 한다든지 등의 이유로 계약이 파기될 것을 염두에 두어 점포 양도인이 제시한 사항에 변경이 생기면 계약금을 환수받는다는 단서를 붙여야 한다.

- 임차권을 양도 또는 전대하는 경우에 권리금 수수는 필수요소가 아니다.
- 향후 임대인에게 정당하게 청구할 수 있는 권리가 없다.
- 권리금을 임대차보증금의 일부임을 주장하여 임대인에게 대항할 권리가 없다.
- 임대차계약 시 임대인이 계약서 문구에 권리금 수수를 금지시킨다거나 권리금을 인정하지 않는다는 등의 삽입하는 경우 후일 권리금에 대한 대항력은 일체 존재하지 않게 된다. 법 규정이 존재하지 않으므로 계약서의 문구가 권리금의 적정여부를 판단하는 유일한 근거가 됨에 주의하도록 한다.

(7) 기 타

-주차장을 용도 변경하여 상업시설로 사용하는 것은 불법이다.
-전기용량을 확인한다.

여름철 대비 전기사용이 최대로 많이 쓰이는 시점을 대비하라. 특히 외식업소의 경우 매장이 더울 경우 고객에게 불쾌감은 물론 이탈현상도 일어날 뿐 아니라 음식물 보관에도 문제가 생겨 결국 전기세 아끼다 이래저래 손해만 본다. 특히 건물의 총인입전력량과 층별, 매장별로 배분된 전기용량을 파악하도록 하며, 전기안전검사필증을 득하도록 한다.

-게임방, 청소년 게임장 등의 가맹점 경우는 개설지역의 위치가 초, 중, 고등학교와의 직선거리가 200m 이상(200m미만은 교육정화구역)인지를 확인해야 하며, 해당 교육청에서 학교정화구역, 정화조의 심의를 거쳐 심의 허가서를 교부 받아야 한다.

-점포의 규모가 창업하고자 하는 브랜드의 컨셉을 수용할 만한 공간인가를 다시 한번 확인하고, 판매 가격 대비 계약할 점포 규모로 가맹본부가 제시하는 투자수익률을 달성할 수 있을지를 계산해 보도록 한다.

◆ 기존 가맹점 인수 시 유의사항

- 기존 가맹점의 경영 상태를 파악한다.

  특히 프랜차이즈 가맹점의 양도양수의 경우 가맹점의 경영상태는 가맹본부의 물류대금 결제 기준으로 매출을 판단하는 것이 현실적으로 타당하다. 또한 가맹본부의 경영상태와 계약기간, 조건을 체크하여야 하며, 본사 자체의 건실성 여부도 판단하여야 한다.

- 점포 인근지역의 건물 증축이나 리모델링 혹은 쇼핑센터 등의 대형 서비스 업체가 생길 계획이 있는지도 체크하도록 한다.

- 과태료 징계 여부를 서면으로 확인받도록 한다.(예: 미성년자 주류 판매 등)

- 건축물 준공연월, 건물에 대한 소비자 인지도, 불법건축물 여부, 간판부착 가능 여부, 건물주와의 인테리어 공사 범위 합의 등 놓치기 쉬운 사항에 대해서도 다시 한 번 확인하도록 한다.

Reference Site

로앤비 법률 포탈사이트 (www.lawnb.com) -법령 찾기
법제처 (www.moleg.go.kr)
환경부 (www.me.go.kr) -건축물의 용도별 오수발생량 및 단독정화조
처리대상인원 산정방법
국세청 (www.nts.go.kr) -상가건물임대차보호법 (보호대상 보증금액,
확정일자 등)
대법원 인터넷등기소 (www.iros.go.kr) -부동산등기 열람 및 제출
건설교통부 (www.moct.go.kr) -건축물대장의 기재 및 관리 등에 관한 규칙
대한민국전자정부 통합전자민원창구 (www.egov.go.kr)

▶ 활동과제 ⑧: 가맹계약

> **POINT**
>
> 가맹계약서는 가맹사업거래법을 준수하는 내용으로 표준약관 등에
> 적합한 형태로 작성되는지 확인토록 하며, 사업자등록은 향후 세
> 무나 운영상에 발생될 문제를 고려하여 신청하도록 한다.

예비 가맹점주가 점포를 확보한 상태에서 가맹의사를 최종적으로 결정하게 되면 정식으로 가맹본부와 가맹계약서를 작성하게 된다. 물론 경우에 따라서 점포확정 이전에 계약을 체결하는 경우도 있다.

가맹계약을 체결하기 전에 반드시 정보공개서를 수령하였는지 재확인하도록 한다. 습득된 정보공개서를 통해 가맹본부의 재무, 조직,

투자비용 등 제반 요건에 대해 재분석하도록 하며, 여의치 않을 경우 전문가를 통해 자문을 받아 최종의사결정에 도움을 받도록 한다. 만일 계약 후라도 계약 전의 상담내용과 실제 계약내용이 상이하거나 허위매출 등 가맹본부의 중대한 과실로 인하여 예비 가맹점주가 오판하게 된 경우, 가맹사업거래법에 의거하여 가맹비 등의 반환 요청이나 계약 해지를 요청할 수 있다는 점도 기억해 두도록 한다.

가맹계약서를 작성한 후 보통 한 달에서 한 달 보름 정도면 점포를 오픈할 수 있게 되므로 중도금과 잔금을 미리 확보해 두어야 하는데 중도금의 경우에는 인테리어 마감 시점에서 보통 지불하며, 잔금은 초도 상품이 납품 완료, 검수된 후 오픈일 전에 지급하게 된다.

◆ 가맹계약서 작성

가맹계약을 행함에 있어 가장 좋은 비교대상으로 삼을 수 있는 것이 동종 업종의 선두업계 표준계약서와 상호 비교하는 것이다. 상위 가맹본부들은 나름대로 정해진 룰과 법조인의 감수를 통해 작성된 표준가맹계약서를 보유하고 있기 때문이다. 이러한 문서는 외식업의 경우, 공정거래위원회에서 제공하는 외식업 표준약관이나 기타 가맹본부의 사업설명회 등을 통해 얻을 수 있다. 예비 가맹점주들은 일반적으로 가맹본부의 상담원들의 개략적인 설명만을 듣거나, 정독하지 않은 상태에서 계약서에 날인하는 경우가 많은데, 계약조항에 대해 궁금한 사항의 해석을 원하거나 불리한 조항이 있는 경우 수정 또는 보완을 요구할 수 있기 때문에 자신의 의사를 정확히 표현하여 계약서에 반영하도록 하여야 한다. 또한 계약서 조정에 있어 필요한 사항은 구두보다는 서면상으로 정식 제출하여 요구하도록 한다.

다음의 〈표 2-20〉은 가맹본부들이 일반적으로 사용하고 있는 가맹계약서상의 조항들로서 공통적으로 쓰이고 있는 기본조항과 업종 또는 브랜드의 특성과 성격에 따라 강조되어 기술되는 부가조항을 나누어 정리한 것이다.

〈표 2-20〉 가맹계약서의 조항과 내용

기본조항	내 용
목적과 가입승인	계약의 목적과 가입승인 내용
용어의정의	계약당사자 및 재화, 시설, 비품에 대한 정의
계약일반사항	가맹점명, 대표자, 소재지, 평수, 영업거점지역
계약기간	계약존속기간과 갱신
가맹본부의 의무	가맹본부 준수사항
가맹점의 의무	가맹점 준수사항
교육훈련	교육의 내용과 이수의무
경영지도	수퍼바이저의 경영지도 사항과 이행
관리와 감독	가맹점 평가sheet 등 관리 및 감독, 이행사항
점포시설과 인테리어	설치할 장소, 종류 등 시설규정 및 책임과 하자보수
광고와 판촉	광고 및 판촉의 종류와 집행비에 대한 부담
지적재산권	지적재산권의 종류와 범위, 변용금지
제품의 공급	제품의 공급방식과 반품, 중단 요건
가맹금	계약이행보증금, 가맹비의 금액과 지급, 반환요건
대금납입과 정산	대금납입과 정산의 결제방법
영업권의 양도양수	영업양도양수, 가맹비의 처리방법 등
보고의무	보고사항과 시기
보험가입	보험가입의 권유
계약의 해지와 종료	계약해지 및 종료의 요건과 방법 및 절차
영업비밀 준수	영업비밀의 종류와 누설 금지
손해배상	손해의 내용과 배상청구 및 정산방법
계약의 효력과 양해	관계법령 저촉 범위와 효력 상실
조문해석 및 재판의 관할	제반법규와 조리 및 관례의 적용, 관할법원

부가조항	내 용
로열티 또는 정기지급금 지불	로열티 및 정기지급금의 정의 및 지급방법
영업지역과 장소	상권보호를 위한 영업거점지역의 설정과 변경 및 도면
위생관리	식품위생법 준수사항 및 책임
대표번호 사용	대표번호 표기방법 및 서비스 이용료 처리
담보제공	담보물의 설정과 용도
영업권의 상속	상속요건 및 가맹비의 처리방법 등
겸업금지	동일 또는 유사영업행위의 금지
근무규정과 복장	영업시간과 복장착용의 규정
가맹점 입지의 선정	입지선정의 주체 및 판단근거
공사기간의 설정	공사기간가 제한사항
상품권과 할인권의 이용	상품권 및 할인권의 종류와 정산방법
계약종료 후의 의무	철거, 원상복구, 유사업종의 영업금지 등
과태료의 지급	체납에 대한 지연이자계산과 연체대금 채권상환 순서
제조물 책임	제품하자로 인한 책임순위 및 범위
시설견적서	시설견적에 대한 세부내용과 금액
통 지	발송 및 통지의 소재지 규정

예비가맹점주는 자신이 선택한 업종을 감안하여 가맹계약서의 조항 외에 항목과 내용을 면밀히 검토하여 다음과 같은 사항을 체크하도록 한다.

○ **가맹계약서 내용의 체크 사항**
- 가맹본부의 의무이행사항 명기 유무
- 가맹본부의 권리와 가맹점의 의무만을 강조하는 문구
- 계약기간의 한정이나 양도양수에 대한 부담조건
- 가맹본부, 가맹점의 과실로 인한 손해배상내용과 범위
- 점포의 비품과 시설에 대한 구입창구를 본사로 한정시키는 문구
- 불합리한 물류대금의 정산방식 및 결제조건
- 납품가 변동에 따른 원부자재의 원가 적용방식
- 영업활동을 극도로 제한하는 문구, 애매모호한 교육 및 지원 사항의 표현
- 가맹본부의 지배적 우위를 이용한 계약사항의 변경이나 수정 권한
- 가맹본부의 책임보다는 가맹점 책임으로 전가시키려는 문구
- 기타 정보공개서 내용의 가맹계약서 내용 일치 유무

이러한 내용을 확인하는 이유는, 비록 표준가맹계약서라 하더라도 계약 당사자가 상호대등한 권한과 의무를 지닌 사업주체임을 고려치 않고, 당사자 일방의 강압적인 계약문구로 계약을 체결되는 경우가 있기 때문이다.

◈ 사업자등록의 신청

신규로 사업을 개시하는 자는 사업 시작일로부터 20일 이내 사업장 관할 세무서납세서비스센터나 민원봉사실에 관련서류를 제출하고 사업자등록증을 교부받아야 한다. 프랜차이즈 가맹점 창업의 경우 형태가 SOHO인 경우는 사업장소재지를 가정집으로 해도 무방하다. 주의할 사항은 사업자등록을 하지 않고 사업을 할 경우, 구입한 상품에 대한 세금계산서를 교부받을 수 없어 물품 구매 시 부담한 부가가치세를 공제받지 못한다는 점이다. 임대차 계약을 체결하고 20일 이내 사업자등록을 하지 않으면 임대료에 대한 세액공제도 불가능하게 된다. 또한 사업자등록 후 불가피한 사항으로 영업을 개시하지 못할 경우에 반드시 관할 세무서에 폐업신고서를 제출해야 한다.

사업자등록신청일은 부가가치세법상 매입세액공제가 가능하고, 사업자등록번호가 나오기 전 20일까지의 거래는 대표자의 주민등록번호로 세금계산서를 교부받아 매입세액공제를 받을 수 있다는 기준이 된다. 미등록 시 사업개시일로부터 등록일까지의 공급가액에 대해 1%(간이과세자는 0.5%)의 가산세를 내야 하며, 등록 전(20일 이전 해당분) 매입세액불공제, 세금계산서 교부 불가능, 조세범처벌법에 의한 벌금 또는 과태료처분을 받을 수 있다.

○ 구비 서류
  - 사업자등록신청서 1부(세무서 비치)
  - 주민등록등본 1부 (개인사업자), 법인등기부등본 1부 (법인사업자)

- 부동산임대차계약서 사본1부 (사업장을 임차한 경우),
- 법령에 의한 허가 또는 등록사업인 경우는 사업허가증 사본 1부 (등록증, 해당 구청에서 발부한 신고필증사본)

※ 기 타
- 2인 이상 사업자인 경우 동업공증계약서나 인감증명서가 첨부된 동업계약서, 법인인 경우 법인등기부등본 및 정관, 주주명부, 도장 등이 필요하다.
- 2인 이상의 공동사업자인 경우 그 중 한 명을 대표자로 하고 공동사업자 전원의 주민등록등본을 붙여 대표자 명의로 신청하면 된다.
- 사업장이 여러 곳에 있는 경우 각 사업장마다 사업자등록을 신청해야 한다.

○ **사업자 유형**
(1) 법인사업자: 반드시 일반과세자로 등록
(2) 개인사업자: 매출액 기준 (연간 4,800만원)에 따라 일반과세 또는 간이과세로 나누어진다. 단 도매업 등 업종인 경우 무조건 일반과세만 적용되며, 간이과세자는 매입세액공제가 적용되지 않아 부가세 환급이 불가능하다.

* 매출액과 무관하게 간이과세를 적용받을 수 없는 경우
  - 광업, 제조업(과자점, 떡방앗간, 도정, 제분업, 양복, 양장, 양화점은 가능)

- 도매업(겸업 시 도·소매업 포함), 부동산 매매업
- 특별시, 광역시 및 시지역의 과세유흥장소 등
- 기타 사업장소재지, 사업의 종류, 규모 등을 감안하여 국세청장이 정한 사업자

○ **사업자등록사항의 변경**

다음의 사유가 발생한 경우 즉시 관할 세무서에 사업자등록 정정신고를 해야 한다.
- 업체의 상호 또는 대표자가 바뀌는 경우
- 사업의 종류를 변경하는 경우
- 사업자의 주소, 거주지 또는 사업장을 옮기는 경우
  (사업장 이전 시에는 이전 후의 관할 세무서에 이전 사실을 신고해야 한다)
- 상속, 증여 등으로 사업자 명의가 변경되는 경우
- 업종이나 업태가 바뀌거나 종목을 추가할 때

○ **휴폐업**

사업자가 휴업하거나 폐업하게 되는 경우에도 즉시 휴업(폐업)신고를 해야 한다.
- 휴업(폐업)신고서 작성 후 사업자등록증과 함께 사업장 관할 세무서장에게 제출하도록 한다. 단, 부가가치세확정신고서에 폐업연월일 및 사유를 기재하고 사업자등록증을 첨부하여 제출하는 경우에는 폐업신고서를 제출한 것으로 본다.
- 폐업일로부터 25일 이내에 폐업 시까지의 거래분과 잔존 재화 등에 대하여 부가가치세 확정신고를 해야 한다. 그렇지

않으면 폐업 시까지의 거래분에 대하여 매입세액으로 공제받지 못하는 것은 물론 가산세 등의 추가부담 발생한다.
- 폐업과 관련 다음 해의 5월 31일까지 소득세의 확정신고를 하지 않으면 적자폐업이라 하더라도 그 사실을 인정받지 못함은 물론 각종 소득공제나 세액공제를 받지 못해 세부담이 늘어나게 된다. 소득세는 자진신고 납부하도록 되어있으나 폐업의 경우는 이와 별도로 폐업 시까지의 실적을 기준으로 부가가치세 폐업확정신고 납부와 같이 소득세도 자진납부 해야 한다.
- 휴업 시에도 사업자등록증을 첨부하여 휴업신고를 해야 하며, 휴업기간 중 임차료의 지급 등과 관련, 세금계산서를 교부받은 경우 매입세액은 부가가치세 신고 시 공제 또는 환급받을 수 있다.

Reference Site

공정거래위원회 (www.ftc.go.kr) - 외식업표준약관
세무법인 정상 (www.toptax.co.kr)
비즈앤택스 (www.bizntax.com)

F. 오픈준비 단계

▶ 활동과제 ⑨: 인테리어와 시설집기 계약 및 입고

> **POINT**
>
> 이 단계는 영업장 내외부를 치장하고, 영업활동에 필요한 각종 시설물과 기자재를 구매하고 배치하는 단계로서 가맹본부의 매뉴얼에 따라 시행하는 것이 바람직하다. 단 구입가격이나 시공비 등은 복수 거래선을 확보하여 합리적인 초기 지출이 이루어지도록 한다.

이 단계는 점포의 내외부를 단장하는 단계로 창업초보자일수록 가급적 가맹본부의 제안을 받아들이는 것이 좋다. 그 이유는 인테리어가 소비자의 시각적인 측면을 비롯하여 오감을 자극하여 구매로 이어지게 하는 중요한 역할을 담당하기 때문이다. 또한 전 가맹점의 표준화라는 프랜차이즈 기본 특성에 맞추기 위한 필수 사항이기에 가맹점주와 의견충돌도 심심치 않게 발생되기도 한다.

따라서 가맹본부의 인테리어 매뉴얼에 맞게 시공하는 것을 협업하에 진행하되 건자재의 규격과 견적부분에 대해서는 가맹본부가 지정한 인테리어 업체와는 별도로 비교 검토하여야 한다. 독립창업에 비해 가맹본부의 표준화된 설비 매뉴얼에 의해 일관성 있게 진행되는 장점이 있는 반면, 시중 가격보다 평당 시설비가 많이 책정되는 경향이 있기 때문이다.

인테리어와 시설집기 구입금액은 권리금 및 임차보증금과 맞먹을 수 있을 정도로 큰 비용이므로 향후 폐점 시 양도양수, 권리금 산정, 철거 및 원상복구 등도 염두에 두어야 하며, 특히 시공 중이라도 진행이 수월치 않거나 자재의 표준규격미달 등이 발견될 때에는 꼭 체크하여 시정을 요구하도록 한다. 특히 전기소모량이 많은 간판, 전기제품 등에 사용할 전력규격과 전선용량 등은 필히 점검하도록 한다.

초도물량 발주도 역시 전적으로 가맹본부에 위임하지 말고, 다소 생소하더라도 가맹점주가 발주품목이나 수량 및 단가를 확인하여 직접 오더 지시를 하도록 한다. 초도상품의 경우 개점 직후 판매저조로 인해 악성재고로 발전될 가능성이 높기 때문이다.

참고적으로 공정거래위원회의 '가맹사업에있어서의불공정거래행위의기준지정고시' 제7조 '취급상품 및 영업활동 제한' 및 제8조 '상품 등의 구입처 제한' 조항에 의거 거래상의 지위를 부당하게 이용하여 거래 상대방의 사업활동을 부당하게 구속하거나 판매상품 또는 용역에 대해 지정한 자로부터 공급받도록 하여 그 구입처 변경을 제한하는 행위 등을 규제하고 있다.

○ 인테리어 공사진행 순서

철거/실측 → 도면설계 → layout 확정 → 견적 (인테리어 및 기계설비) → 가맹점주의 서면 동의 → 착공 (가설 칸막이) → 백체공사 (경량-목공-배수-배관, 각종 라인 실외기 등) → 바닥공사 (설비, 전기콘센트, 급배수 파이프 -타일-미장) → 천정공사 (전기, 조명, 보안, 각종 라인, 후드, 닥트(Duct)) → 완성 → 검수 및 시정 → 시설 입고 모든 각종 기기, 기물, 소품, 쇼케이스 등의 시설집기 발주와 입고 과정에서도 인테리어 시공과 마찬가지로 비교견적을 기본으로 하고, A/S 기간이나 기기의 오작동 점검 및 신구형의 검증 등의 사항을 체크하여 큰 차이가 발견되는 경우에는 가맹본부가 지정한 거래처에서 구입할 필요 없이 가맹점주 자신이 구입하도록 한다.

공정거래위원회의 '가맹사업에있어서의불공정거래행위의기준지정고시' 제6조 '가맹점포의 설비 구입강제' 조항에 의거 점포의 통일적 이미지 확보에 지장이 없음에도 점포설비의 구입 및 설치를 가맹본부 또는 가맹본부가 지정한 자로부터 하도록 강요하는 행위를 금지시키고 있다.

외식업의 경우, 냉장고, 밥보온기, 정수기, 밥솥, 튀김기 등은 특별한 경우가 아니면 새것으로 구입하는 것이 바람직하며, 냉방기의 경우는 점포 평수보다 2~3배 이상의 면적을 커버할 수 있는 기기로 선택하도록 한다. 비용부담이 생길 경우, 정품 가전매장의 쇼윈도우 진열상품을 구입하는 것도 한 가지 방법이다.

○ 인테리어 공사 진행 시 유의사항

구 분	내 용
구조적 측면	목공/ 도색/ 도장/ 영업동선/ 면적/ 천고(천장높이)/ 채광/ 방음, 방습/ 누수/ 골조마감
위생적 측면	냉난방/ 환기/ 소방설비/ 정화조 위치/ 배관 등
전기적 측면	전기용량(전기계량기, 승압)/ 대체 전력유무/ 전선규격/ 전원, 스위치 위치/ 전기요금 등
기타 측면	건물주의 허락범위/ 관리 범위와 비용/ 간판허가 등 관공서 인허가 사항/ 각 업종의 시설기준 체크 (예)PC방: 별도의 전용 외부출입문설치, 책상칸막이 높이, 실내조명기준 등

- 완전철거 후 시공할 경우 수도배관, 상하수도 상태, 누수, 바닥 수평상태를 점검한다.
- 순간온수기, 식기세척기의 작동 등으로 상수도의 수압상태가 변화되는지 파악한다.
- 출입구는 소비자의 유동 흐름에 맞는 방향으로 통로를 넓게 하도록 한다.
- 점포 면적보다 넓게 보이도록 시설물의 배치와 색감 선택에 유의한다.
- 조명과 소품은 단순하게 준비한다.
- 주방과 홀, 작업장과 카운터 등의 사이에는 가급적 턱이 없도록 설계한다.
  (배수 관계로 주방과 홀의 턱을 무리하게 높이는 경우 동선에 지장을 받을 뿐더러 영업행위에 대한 피로를 쉽게 느끼게 된다.)
- 휴식공간을 마련하거나 불가능하면 대용할 장소를 확보한다.
- 벽의자 밑 등에 수납공간을 최대한 확보한다.
- 상품의 반입과 반출 그리고 검품이 쉬운 장소에 창고를 배치한다.
- 최종마감 전에 전기선, 닥트 후드, 천정목공 등의 표준규격을 확인한다.
- 공사진행 기간 중 우천 시에는 외부에서 목공작업을 중지하도록 한다.
- 전기스위치, 콘덴서의 위치는 동선과 비품배치를 고려하여 지정하도록 한다.
- 모든 검수사항은 서면으로 날인하여 보관한다.
- 하자보수에 대한 범위를 보증받도록 한다.

특히 주방이 필요한 외식업의 경우 메뉴 군을 정확하게 결정하여 냉장고, 싱크대, 간데기, 튀김기, 찬반냉장고 등 많은 면적을 차지하게 되는 시설물의 규격을 효율적으로 책정하도록 한다. 판매 메뉴를 정확하게 결정해야 하는 이유는 메뉴에 따라 결정된 원부자재의 외형적인 부피나 크기, 그리고 냉장·냉동고의 이용비중, 싱크대와 찬반냉장고 및 간데기 등의 가열기기와의 교차동선, 그리고 조리방법에 따른 각종 주방시설품의 배치가 결정되기 때문이다.

○ 인테리어 관련 점검사항

(1) 전기안전검사필증: 관할구역의 전기안전공사에 의뢰하여 전기안전검사필증을 교부받도록 한다.

(2) 소방검사필증: 임차건물이 지상인 경우 100㎡ (약30 평)이상이거나 지하는 66㎡ (20평)이상인 경우 소방검사 필증을 구비하여야 하므로 관할 소방서에 의뢰하여 교부받도록 한다. 〈표 2-21〉과 같이 소방법에 규정된 소방시설을 시공하고 소방방화시설 증명을 받도록 한다.

〈표 2-21〉 소방방화시설

소화시설	수동/자동소화기, 소화약제에 의한 간이 소화용구, 간이 스프링클러
피난시설	유도등 및 유도표시, 비상조명등, 피난기구
경보시설	비상벨 설비, 비상방송설비, 가스누설경보기
방화시설	방화문, 비상구
기타시설	영상음향 차단장치, 누전차단기, 피난유도선
방염시설	PC방은 커튼, 카펫, 실내장식물에 반드시 방염처리

보통 인테리어 공사에 들어가면 교육에 임하는 경우가 많은데 이 경우 중첩된 일정으로 교육에 참여하기보다는 마음에 여유를 갖고 공사가 끝난 후 참석하거나 교육에 먼저 임하거나 하는 방법이 좋다. 불가능한 경우 공사현장에는 친인척을 동원하여 관리, 감독하도록 한다.

Reference Site

한국전기안전공사 (www.kesco.or.kr) -전기안전검사필증
행정자치부 (www.mogaha.go.kr) -소방법, 소방검사필증
인테리어, 주방설비 가격비교(www.homeprice.co.kr)
다나와닷컴 (www.danawa.com) -가격비교사이트

G. 운영준비 단계

▶ 활동과제 ⑩: 가맹본부 교육 이수

POINT

업종을 불문하고 가맹본부가 시행하는 교육을 이수하는 것은 필수사항이다. 설령 알고 있는 사항이더라도 자만하지 말고 지식을 확장한다는 마음가짐으로 성실히 임해야 하며, 특히 개점 후 수시로 진행되는 교육에도 빠짐없이 참가하도록 한다.

프랜차이즈 가맹점 창업의 장점 중에 하나는 영업활동에 도움을 주는 교육프로그램이 있다는 것이다. 이 교육은 영업활성화에 반드시 필요한 유·무형의 재화와 서비스를 판매하기 위한 노하우를 습득하는

과정이므로 제품기능의 이해, 상품진열, 반제품의 완성방법, 조리 매뉴얼, 접객서비스 등 모든 과정을 거부감 없이 성실하게 이수해야 한다.

이 단계에서 병행할 사항은 종업원 채용인데, 외식업의 경우는 주방 인력을 신경 써야 하며, 서비스업과 도·소매업의 경우는 판매사원에 비중을 두어 종업원을 모집하도록 한다. 물론 미용업, 제빵 등 특정 기술을 요하거나 자격증이 구비된 인력이 필요한 경우에는 가맹본부에 의뢰하거나 전문 학원에 의뢰하여 채용하도록 한다. 종업원은 항상 주인의 입장과 상반되는 견해를 가지고 있는 것이 보통이므로 사회, 경제적 환경의 변화 (예: 주5일 근무)를 반영하여 오픈멤버를 구성하도록 하고, 오픈점이 힘들다는 것을 감안하여 인센티브제도를 제시하거나 주변 업소에 비해 더 좋은 근무혜택을 마련하는 것이 신속하고 능력 있는 인력을 채용할 수 있는 방법이라고 하겠다.

○ 카드 및 현금영수증 단말기 신청

카드단말기 신청은 사업자등록증 사본, 영업신고증 사본, 가맹점주 명의 통장사본, 통장도장, 가맹점주 신분증 앞뒤 사본을 구비해서 카드단말기 회사에 신청하면 되는데 카드가맹점 수수료율 책정과 영업일주기(정산일)를 고려하여 자금흐름에 지장이 없도록 해야 한다. 현금단말기는 카드단말기 회사에서 무상으로 부착해 준다.

현금영수증제도는 현금거래의 투명성과 과세표준의 현실화를 위해 2005년 1월 1일부터 시행한 제도로서 가맹점은 신용카드단말기를 통해 현금영수증을 발행해야 한다. 이 현금영수증에 대하여 소비자에게는 소득공제를 가맹점에게는 세액공제의 혜택을 주고 있다. 현금영수증 발행은 건당 5,000원 이상을 대상으로 하되, 신원을 확인할 수 있는 신용카드, 적립식카드(캐쉬백카드), 직불카드, 백화점카드 등 국세청장이 지정하는 카드나 주민등록증·휴대폰 번호 등을 제시해야 하며, 신용카드영수증과 구별하기 위하여 영수증 상단에 '현금(소득공제)' 또는 '현금(지출증빙)'이라는 내용이 기재된다.

가맹점은 상기의 해당 카드가 없다고 현금영수증 발행을 거부해서는 안 되며, 사업자등록번호, 주민등록번호 또는 휴대폰 번호 등을 직접 입력하여 현금영수증을 발급하도록 해야 한다.

<그림 2-8> 현금영수증 결제 흐름도

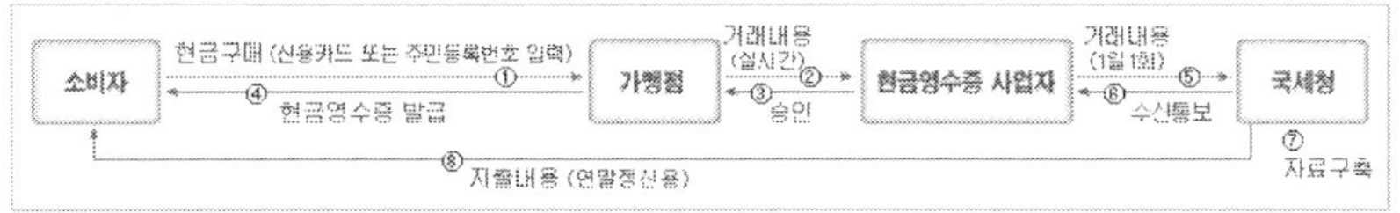

또한 카드사에 따라 가맹점에서 신용카드 조회용 단말기를 통해 거래승인 받은 후 매출표를 은행에 접수하지 않아도 가맹점에 입금해주는 EDC가맹특약이나 가맹점의 신용판매 거래내역을 매출표의 접수를 통하지 않고 가맹점에서 전자데이터로 작성, VAN망을 통하여 카드사로 접수, 가맹점에 신용판매대금을 입금하는 EDI가맹특약 등을 활용하여 효율적인 신용카드 매출전표 관리와 입금편의를 도모하도록 한다.

Reference Site

한국여신금융협회 (www.crefia.or.kr) -업종별 신용카드가맹점 수수료율
국세청 현금영수증서비스 (www.taxsave.go.kr)

▶ 활동과제 ⑪: 개점 준비와 개점

> **POINT**
>
> 프랜차이즈 가맹점 창업 과정의 마지막 단계이자 각 준비 활동에서 알게 된 사항과 영업에 필요한 모든 내용을 최종적으로 점검하는 단계이다. 가맹본부는 가맹점의 오픈 일자를 결정짓게 되며, 가맹점주는 실전과 똑같은 현상 실습을 반복 연습하게 된다.

프랜차이즈 가맹점을 개설하고 처음으로 고객을 맞이할 마지막 준비단계로서 독립점포와는 다르게 가맹본부의 인적·물적 지원하에 진행된다. 이제는 각종 계약조건에 신경쓰기보다는 집기시설 및 초도상품의 입고분에 대한 체크, 전기시설에 대한 점검 그리고 가장 중요한 판매상품에 대한 최종점검이 필요하다. 외식업의 경우는 전기제품을 모두 풀가동시켜 보고 판매 메뉴에 대한 조리실습을 통해 홀과 주방과의 호흡을 맞춰보는 등 익숙지 못한 분위기에 능숙해지도록 노력해야 한다. 또한 가맹본부 교육이수자 외의 인력이 있다면, 교육기간 동안 습득한 각종 조리, 서비스 매뉴얼 등을 전파시켜 손님맞이에 만전을 기하도록 한다.

오픈 전 점포 대청소는 물론 종업원도 한 가족처럼 대해주는 점포 분위기를 갖도록 노력하여 오픈 멤버의 이직을 최소화하여야 한다. 이 모든 일을 '가맹본부에서 알아서 해주겠지'라는 생각은 사업초기부터 사업종료 시까지 갖지 않도록 한다.

○ 마인드 재점검

- 개점 전의 분위기가 오픈 후에도 계속된다.
- 가맹본부에서 제시한 매뉴얼대로 점포를 운영한다.
- 매출에 대한 집착보다는 고객확보에 열중한다.
- 불특정다수의 인물들이 자신의 행동을 주시하고 있다
- 초심을 잃지 않도록 한다.

○ 최종 점검사항

구 분	점검내용
각종 인허가	- 위생교육(보건증), 영업신고, 사업자등록 등
근무 인원	- 홀, 주방(주방장, 찬모), 아르바이트, 전문기능직 직원 등
거래처 확보	- 주류, 음료, 농수산물, 가스, 공산품 등 거래선
잔금 정산	- 가맹본부 및 각종 거래업체 잔금 정산
예비비	- 점포 오픈 직후 단기간 운영에 필요한 예비 현금
단말기	- 신용카드, 현금영수증 단말기, POS, 현금출납기
인쇄물	- 전단지, 명함, 판촉물, 사은품
기 타	- 전기점검, 상수도 외 각종 시설물 오작동 점검 - 장부와 전표, 포장봉투 등 소모품 및 비품

Reference Site

보건복지부 (www.mohw.go.kr) - 식품위생법

식품의약품안전청 (www.kfda.go.kr)

한국음식업중앙회 (www.ekra.or.kr) - 위생교육

보건소대표홈페이지 (chc.mohw.go.kr) - 보건증

[제3장] 가맹점 운영의 기본방침 수립

A. 가맹점과 관계되는 개체

B. 기타 가맹점 운영에 필요한 지침

제3장 가맹점 운영의 기본방침 수립

A. 가맹점과 관계되는 객체

POINT

가맹점주는 가맹점 운영과 관계를 맺게 되는 객체들과 항상 상호 유기적인 관계가 형성될 수 있도록 노력해야 한다. 사업주체로서의 가맹본부, 수요자인 소비자 그리고 경쟁시장과 그 시장에서 거래되는 상품과 서비스가 이에 해당된다.

보통 일반인들은 어느 가맹점을 방문하더라도 동일한 분위기와 가격 그리고 서비스를 제공받을 수 있는 것이 프랜차이즈 시스템이라고 알고 있다. 따라서 각 가맹점 간의 표준화 문제가 주요한 이슈로 떠오를 수밖에 없기 때문에 가맹점주는 가맹본부의 표준화된 매뉴얼을 일관성 있게 준수할 의무가 있으며, 이러한 가맹점의 표준화 활동이 결집되어 소비자로 하여금 상품특성 외에서 느낄 수 있는 해당 브랜드만의 독특한 소비문화를 제공시킬 수 있는 것이다. 다시 말하면, 정보통신분야에서 말하는 '한 브랜드에 대한 수요는 다른 사람들이 같은 브랜드를 얼마나 수요하는가에 영향을 받는다'는 네트워크 효과(Network Effect)가 프랜차이즈 시스템에서도 적용되고 있는 것이다.

결국 프랜차이즈 가맹본부가 지니고 있는 차별화된 브랜드의 가치와 가맹점 수의 규모, 그리고 다른 사람들이 그 브랜드를 소비하고 소지하는 양이 소비자 개개인의 효용 크기에 영향을 미치게 되는 것이다. 이러한 네트워크 효과에 대한 이해를 바탕으로 가맹본부의 운영방침에 어긋나지 않는 범위 내에서 자신만의 기발한 아이디어와 운영방법을 개발하여 적용하는 것은 자기 점포의 영업활성화와 매출 증대를 극대화 제고를 위해서 반드시 필요하다.

이러한 목적을 달성하기 위해서는 아래의 〈그림 3-1〉과 같이 자기 점포를 중심으로 각각 관계를 이루는 객체에 대한 기본 운영방침을 세워야 한다. 각 객체 간의 관계는 자연인 또는 사업주체로서의 가맹본부, 가맹점, 소비자 그리고 경쟁시장과 그 곳에서 거래되는 재화와 용역으로 나누어지는데, 물론 다섯 가지 객체는 분리되어 있는 것이 아니라 상호 유기적인 작용을 하게 된다.

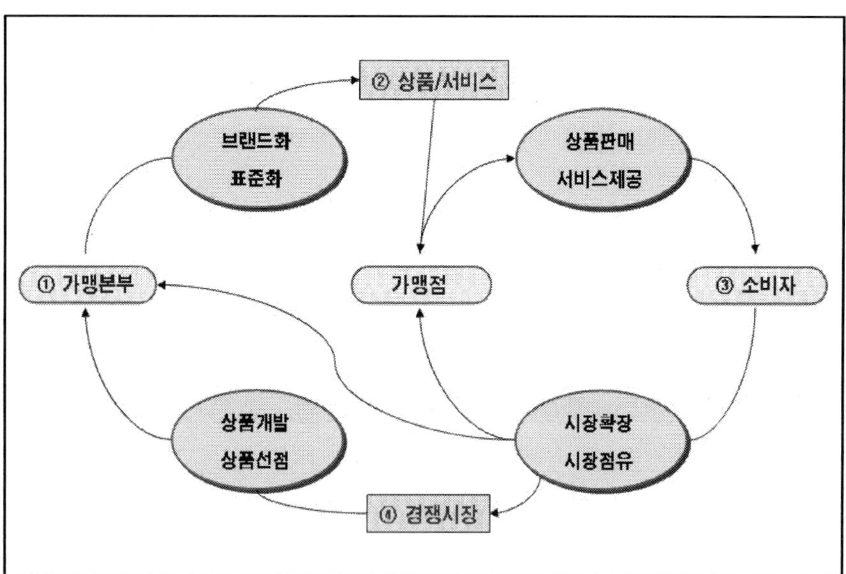

〈그림 3-1〉 가맹점과 관계되는 객체들

◆ 가맹본부와의 관계

가맹본부와 가맹점은 가맹계약에 의한 대등한 관계로서의 사업주체이기는 하지만, 영업에 필요한 운영 노하우나 기술력 등은 가맹본부가 월등하기 때문에 결국 가맹점주는 가맹본부와의 돈독한 관계를 유지하여 더 많은 노하우와 경영지도를 얻어낼 수 있도록 해야 한다. 자기 점포 특성에 맞는 메뉴를 구성할 수 있도록 요청한다든지, 가맹점에 방문했던 소비자들로부터 상품에 대한 평가를 취합하여 가맹본부에 피드백시켜 제품생산 또는 공급에 반영하도록 해 소비자 만족도를 높이는 데 일조한다든지 등의 활동을 통해 사업동반자로서 상호 의지하고 서로를 보완하는 관계를 유지해야 하는 것이다. 특히 수퍼바이저로부터 점포 운영에 대한 조언과 협업을 통해 많은 노하우를 실무에 반영할 수 있도록 하는 것이 중요하다.

아직 일반화되어 있지는 않지만, 일부 외식업관련 가맹본부를 중심으로 수퍼바이저가 아닌 고객을 가장하여 가맹점의 서비스와 접객, 음식 등의 상태를 체크하여 본부로 제안하는 미스터리 샤퍼(Mistery Shopper) 제도를 운영하는 경우나 주부 수퍼바이저를 고용하는 가맹본부도 있다. 특히 미스터리 샤퍼의 경우는 완전히 신분을 노출하지 않기 때문에 오픈된 개념의 모니터 요원제도와는 구분되어 좀 더 객관적이고 냉정한 평가를 내릴 수 있다는 이점을 지닌 제도로 그 활용 폭이 점차 넓어지고 있다. 주로 맛, 서비스, 청결상태, 가격, 고객반응, 클레임 처리상태 등을 집중적으로 체크하는 업무를 수행한다.

이러한 제도를 통해 해당 가맹점이 지적을 받거나, 제도 자체에 대한 항의로 말미암아 가맹본부와의 언쟁이 벌어지기도 하는데, 가맹점주는 가맹본부의 활동을 부정적인 시각에서 볼 것이 아니라 이 모든 것은 가맹본부와 모든 가맹점, 고객이 모두 만족할 수 있는 효율적인 시스템을 준비하기 위한 것이며, 결국 표준화된 매뉴얼을 준수하는 것이 자신의 매출과도 무관하지 않다는 점을 인식해야 한다. 따라서 예방차원에서 권고하는 것으로 받아들이고, 체크된 사항에 대해서는 개선하려고 노력하는 자세가 필요하다.

가맹본부와 가맹점의 관계는 일종의 직접판매 또는 수수료 지급방식이기 때문에 가맹본부 이외의 다른 유통업자와 연계되거나 유통비용을 지불하는 경우는 독립창업에 비해 확실히 적기 때문에, 모든 가맹점주는 공동구매 형태를 통해 적정한 이윤이 보장받을 수 있도록 가맹본부와의 개방된 커뮤니케이션 채널을 항시 유지해야 한다.

◈ 상품/서비스와의 관계

가맹본부로부터 공급되는 상품과 서비스가 근본적으로 동일하다고 할지라도 자기 가맹점의 고객을 위한 다각적인 판매방법을 강구해야 한다. 먼저 자기 점포의 시장을 분석하고 판매하고자 하는 상품에 대해 고객집단을 어떻게 세분화해야 하는지 검점하고 그 세분화된 집단에 속한 소비자들에 대해 어떻게 상품과 서비스를 적용하는지 분석하고 그 상품이 각 집단에게 충분히 차별화된 만족도를 부여할 수 있는지를 고려해야 한다.

이러한 작업이 없이는 상품과 서비스의 신속한 공급이 불가능하여 결국 동일한 브랜드를 운영하는 가맹점 중에서도 속도 면에서 떨어지는 가맹점은, 결국 상품을 공급받기 위한 더 많은 시간이 투입되어야 함은 물론 기회비용이 발생하게 된다. 또한 완제품을 판매함에 있어서도 고객이 단순히 현장에서 구매할 것인지, 포장해 갈 것인지 또는 예약할 것인지, 사용법이나 시식방법을 몰라 문제가 발생할 소지가 있다든지 등 예상되는 소비행태를 분간하여 상품을 소비하는 데 대한 불편함을 제거하는 자신만의 판매 기법과 영업의 융통성이 발휘되어야 한다.

○ 판매방식과 판매채널의 선택

(1) 묶음 판매 (bundling)

  - 외식업의 경우는 〈그림 3-2〉와 같은 세트메뉴, 도·소매업의 경우는 끼워 팔기, 서비스업의 경우는 원스톱서비스라고 지칭되는 것들로서 특정 상품을 단품으로 판매하는 것보다 여러 개의 상품을 묶거나 조합해서 판매하여 매출 상승효과를 얻을 수 있는 판매방식을 말한다.

〈그림 3-2〉 외식업 가맹점의 세트메뉴 (예)

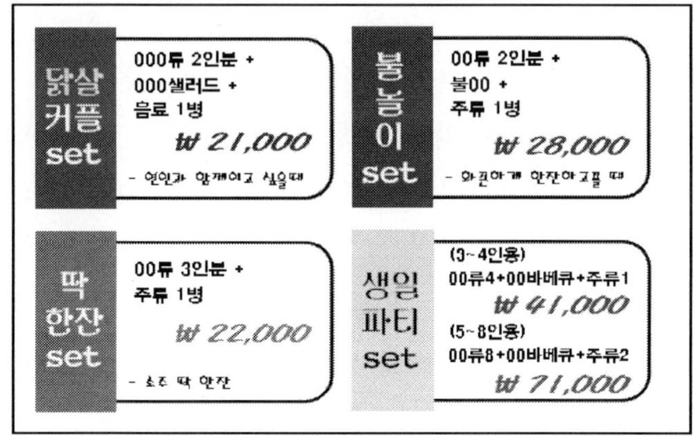

이 방식을 통해서 얻을 수 있는 이점은 첫째, 각 두 상품 이
상을 묶어서 판매하는 것이 각 상품을 개별적으로 판매하는
것보다 싼 가격에 판매할 수 있다는 가격차별화 전략을 적
용하여 객단가를 높이거나 추가주문을 유도할 수 있다는 점
이고 두 번째로는, 주력상품과 보조(미끼 또는 보완재)상품,
꼭 필요한 상품과 다소 필요성이 떨어지는 상품 등을 상호
조합으로써 재고관리비용을 절감할 수 있다는 점이다. 특히
가맹점 특성상 가격차별화가 어려운 경우에 소비자의 선호
를 근접시키는 방법으로 많이 사용되고 있다. 두 가지 이상
의 상품을 결합시키는 방법 중에는 독점적이거나 경쟁력 있
는 상품과 그렇지 못하거나 경쟁이 치열한 제품을 묶는 방
법이 일반적으로 사용된다.

(2) 온라인과 오프라인

- 정보화 인프라의 급속한 확산으로 소비자와 직접 대면하는
관계에서 상품을 직접 판매하는 방식이 이제는 온·오프라
인을 병행한 하이브리드형으로 전개되고 있다. 프랜차이즈
가맹점 창업이 대부분 로드숍(Road Shop) 개념의 오프라인
판매방식을 취하고 있지만, 가맹본부에 따라서는 가맹점을
통한 판매 채널뿐만 아니라 온라인을 통해 단품이나 선물세
트 또는 원자재나 부자재를 판매하는 경우도 나타나고 있다.

- 가맹본부 입장에서는 인터넷쇼핑몰, 홈쇼핑 등의 온라인 채
널을 확보하여 오프라인 판매에서의 한계를 극복하는 데 유
리할 수도 있지만, 그 제품이 가맹점에서 팔리고 있는 상품

과 유사하거나 연관성이 있는 경우 유통채널에 대한 가맹점과의 갈등이 발생할 수도 있다. 따라서 가맹점주는 가맹계약서 작성 시 이러한 판매 유통채널이 존재하는지 확인해야 한다. 더욱이 가맹본부가 전략적으로 오프라인 판매제품을 온라인 직판체제로 대체하려고 할 경우, 전환 과정에서 기존 가맹점의 영업방식에 타격을 줄 수 있는 요인이 있기 때문에 가맹본부의 영업방식 전환에도 특별한 관심을 두어야 한다. 실제 1997년 컴팩(Compaq)이 인터넷을 통한 직접판매를 선언해 일부 소매업체와 가맹점들로부터 항의를 받아 진행하지 못한 경우도 있으며, 국내 모 주얼리 업체도 제품 특성상 온라인 판매가 가능하다는 판단에 채널을 확대하려다 가맹점과의 갈등으로 시도하지 못했고, 모 외식업 업체도 홈쇼핑을 통해 완제품을 판매하다가 중단한 사례가 있다.

◆ 소비자와의 관계

가맹점은 고객으로부터 이익을 창출하기 위해 고객과의 원활한 관계형성 방법을 강구해야 한다. 그 이유는 소비자는 항상 선택의 기회와 폭이 넓기 때문이다. 가맹점주는 자신이 제공한 상품에 대한 소비자의 활용도가 일회적인지 지속적인지 그리고 각각의 소비자에 따라 자신이 수용할 수 있는 합리적인 가격을 제공하고 있는지 등에 따른 적절한 소비자와의 관계형성에 노력하도록 한다.

그러나 가맹점 입장에서는 가맹본부로부터 제공받은 상품에 의존하기 때문에, 제품 자체의 속성을 변경하는 전략을 세우는 것이 현실적으로 불가능하다. 그러므로 고객에 대한 차별적인 가격정책을 마련하거나 고객 각자가 상품에 대해 느끼는 가치만큼 비용을 지불하도록 하는 것이 좋다. 예를 들어 적립포인트 프로그램을 이용하여 소비자의 입장에서 탐색비용과 전환비용이 발생하도록 함으로써 잠금효과를 거둘 수 있는 차별적인 우대 프로그램을 만드는 것도 좋은 방법이다.

○ 탐색비용과 전환비용

탐색비용 또는 정보비용은 소비자가 거래의 상대방 또는 상품을 선택하거나 소비를 위해 투입되는 데 드는 시간과 비용을 말하며, 전환비용은 구매처를 변경하거나 이용하는 상품을 바꿈으로써 이전에 쌓아온 유·무형의 혜택이 손실되는 일종의 기회비용을 말한다. 결국 소비자는 탐색비용과 전환비용에 대해 부담을 느낄수록, 이전 상품과 서비스에 대한 소비를 지속적으로 유지시키게 된다.

○ 잠금효과

잠금(lock in)이란 한마디로 단골고객을 확보, 유지시키는 것이다. 최근 가맹점에서 많이 활성화되고 있는 고객관리카드(멤버십 카드), POS 등을 통한 고객관계관리(CRM; Customer Relationship Management)가 바로 그것이다. 고객을 장기적으로 자신의 충성도 높은 고객으로 유지하는 방법으로 주로 사용되는데, 신규고객을 지속적으로 확보하는 측면보다는 고객 유지에 초점을 맞추고 있다. 잠금효과는 자신의 선택으로 인해 탐색비용과 전환비용, 위험회피 등이 장래에 발생할 가능성이 크다고 느낄수록 크게 나타나게 된다.

○ 퍼주기 효과

외식업의 경우 독립창업이건 프랜차이즈 가맹점 창업이건 공통적으로 적용되는 퍼주기 전략이라는 것이 있다. 유독 우리나라 외식업계에서만 볼 수 있는 이 특이한 전략은 이미 음식점으로 성공한 많은 선발자들과 외식학계에 의해서 검증되어 외식업의 가장 기본적인 운영방법으로 자리매김하였다.

그러나 막상 프랜차이즈 외식 관련 가맹점을 운영해 보면, 개점 초기를 제외하고는 이 전략을 지속적으로 시행하는 집은 그리 많지 않다. 그 원인은 다양한 곳에서 찾을 수 있는데 가장 손꼽히는 원인은 프랜차이즈의 경우는 독립창업보다 원부자재 원가가 높다는 데 있다. 결국 퍼주는 것은 자기 가맹점의 발전을 위해서가 아니라 가맹본부만 돈을 버는 일종의 책략이라고 생각한다는 것이다. 하지만 이것은 분명히 잘못된 생각이다. 퍼주기 전략에 대한 결과는 고객 개개인의 구매액과 매출원가를 대비하는 다분히 계산적인 접근방식으로는 파악이 힘들다.

현실적으로 객단가, 테이블 단가, 내가 퍼준 음식의 원가, 그리고 간접비 등을 머리에 담고서는 실천할 수 없기 때문에 이미 검증된 퍼주기 전략을 통해 한 명의 고객이 몰고 올 수 있는 손님의 수를 늘리고 그 손님이 지불할 수 있는 지출능력을 최대치로 만들어 내는 것이 고객과의 관계개선을 위해서나 자기 가맹점의 장기적인 발전을 위해서 중요하다.

또한 소득의 증가와 소비자 수준의 향상으로 과거의 무작정 퍼주는 전략으로는 성공을 기대하기 힘들다. 성공적인 퍼주기 전략이 되기 위해서는 첫째, 음식 맛이 좋아야 하며, 음식의 질과 서비스가 일정해야 한다. 둘째, 무료시식권 등과 같은 마케팅을 병행하여야 하고, 셋째, 폐점하는 날까지 지속적으로 해야 한다. 자칫 잘못하면 '오죽 장사가 안 되면 저럴까'라는 인식이 생길 수도 있으므로 '무조건 많이 주더라'라는 접근보다는 이 점포는 '항상 사람이 많고 음식도 회전율이 높아 신선도가 떨어지지 않더라'라는 인식을 심어주는 접근이 필요하다.

실제 음식점을 운영해 보면 손님이 없는 것보다는 많은 것이 가맹점주나 종업원들의 신바람도 불러일으킬 수 있으며, 원부자재의 원활한 회전으로 음식의 질을 유지할 수 있을 뿐만 아니라 객단가를 높여주는 분위기도 조성하게 된다. 또한 퍼주기 전략에서 보편적으로 활용되고 있는 무료시식권은 할인 쿠폰에 비해 종이 질과 디자인이 월등히 좋게 제작하여 비용이 다소 많이 들더라도 소비자가 버리지 않고 항상 소지하거나 보관할 수 있도록 제작하는 것이 효과적이다.

◆ 경쟁시장과의 관계

가맹점은 점포 주변의 경쟁시장에서 이겨 나가고 더 많은 이익창출에 활용할 수 있는 전략을 지속적으로 개발해 내야 한다. 자기 가맹점이 경쟁시장의 선두인 경우에는 타 경쟁자의 시장진입을 막기 위해 어떠한 전략을 강구해야 하는지, 후발주자인 경우에는 어떠한 운영활동을 통해 기존 경쟁점포의 진입장벽을 넘어설 것인지, 시장 침투를 위해 낮은 가격을 형성할 것인지, 주변 점포와 협력관계를 맺을 것인지 그리고 마케팅 활동을 통해 더 많은 이익을 창출하고자 한다면 적용될 수 있는 방법은 무엇이 있는지 등에 대한 많은 고민을 해야 한다.

한 가맹본부가 성공적으로 브랜드를 런칭하게 되면, 반드시 다른 사업자도 그 사업에 뛰어들게 되어 시장을 경쟁적인 구도로 바꿔 놓는다. 마찬가지로 가맹점도 자기가 속한 지역에서 언제든지 경쟁 점포를 만나게 되기 때문에 진입을 막거나 경쟁에서 우위를 점할 수 있는 방법을 찾아야 하는데, 그 방어용으로 보통 가격과 관련된 전략을 많이 구사한다. 하지만 무조건적인 가격조정은 상권 전체에 심각한 영향을 미치는 것은 물론 부도덕한 상도를 유발시켜 결국 자신도 피해를 보게 되는 경우가 많음으로, 가격변경으로 인해 얻을 수 있는 경제적인 실익이 무엇인가를 판단해보고 시행해야 할 것이다.

○ 가격차별화

가맹점이 가격차별화를 실시하는 패턴은 보통 세 가지로 나눠 볼 수 있다. 첫 번째 패턴은 1차적인 판매는 고가격 책정을 통해 해당 상품의 가치를 높게 평가해서 비싼 가격에도 구입할 용의가 있는 고객에게 팔고, 2차적으로 저가격 정책을 통해 그 상품 가치를 비교적 낮게 평가해서 싼 가격에만 구입하려는 고객에게 판매하는 방법이다. 두 번째는 경쟁우위를 바탕으로 독점적인 판매가 가능했으나 새로운 경쟁자의 진입에 따라 경쟁 심화가 예측되어 부득이 가격을 낮추는 방법이다. 세 번째로는 경쟁자를 퇴출시키기 위해 약탈가격 전략으로 저가격 영업방침을 선택하는 방법이 있다.

가맹점이 어떠한 방법을 상황에 맞게 전개한다 할지라도 다음과 같은 점을 주의하여 가격을 고객유인의 주된 방편으로 삼지 말고, 다른 측면에서 경쟁력을 갖추도록 해야 한다. 가격할인 전략이 가장 주효하게 적용되는 곳은 대형 할인점, 슈퍼마켓 등 유통을 주 사업으로 하는 곳이므로 프랜차이즈 가맹점의 특성과는 다르다는 점을 깊이 고려해 보아야 할 것이다.

(1) 후발주자이든 선발주자이든 자신의 가맹점에 비해 영업이 활발히 전개되고 있는 경쟁점을 퇴출시키거나 우위를 점하기 위해 가격할인을 단행하는 경우, 할인 폭을 쫓는 고객들은 언제든지 할인 주체가 바뀌면, 브랜드를 버릴 수 있다는 점을 감안하여야 한다.

(2) 지속된 불황은 소비자를 영리하게 만들어 합리적인 소비주체로 탈바꿈시킨다는 점을 감안해야 한다. 따라서 계속된 가격할인은 구매로 유인할 수 있는 방법이 될 수 없으며, 소비자의 반복 소구력을 떨어뜨리는 요인으로 작용된다.

참고적으로 일부 영세 가맹본부에서 수입한 해당상품에 대해 독점적 권한을 갖고 있다고 흔히 얘기하는데, 이 경우 외국업체와 계약서상에 sole distributor 조항이 있는지 반드시 확인해야 한다. 또한 경쟁자를 배제하기 위한 부당한 거래행위(예: 약탈가격)는 공정거래법상 규제 대상이며, 과도한 경쟁으로 실제 적용되지도 않는 가격할인에 대한 홍보문구로 소비자 관심을 끄는 경우에는 '표시·광고의 공정화에 관한 법률'의 규제 대상임을 인지하도록 한다.

상기의 가격차별화 패턴에 대한 이해를 바탕으로 다음 〈그림 3-3〉
과 같이 '고객, 제품 또는 수량'에 따라 적용할 수 있는 가격차별화
형태를 자기 가맹점이 시행하기에 적합한 수준을 설정하여 실행 방
법을 찾아내는 것도 바람직하다.

A Type은 가맹점이 각각의 소비자별로 제품과 수량에 따라 서로
다른 가격을 매기는 타입으로 이 경우에는 가맹점주가 각 소비자의
최대지불의사를 알고 있어야 가능한 방법이기 때문에 B Type으로
접근하는 방법을 취하는 것이 바람직하다. 물론 가맹점 운영 연수가
길어서 개별 소비자의 기호와 구매습관에 대한 데이터가 축적되어
있는 경우나 자기 가맹점이 해당 상권에서 어느 정도 독점력을 갖추
고 있는 경우에는 가능하다.

〈그림 3-3〉 가맹점에서 사용할 수 있는 가격차별화 수준

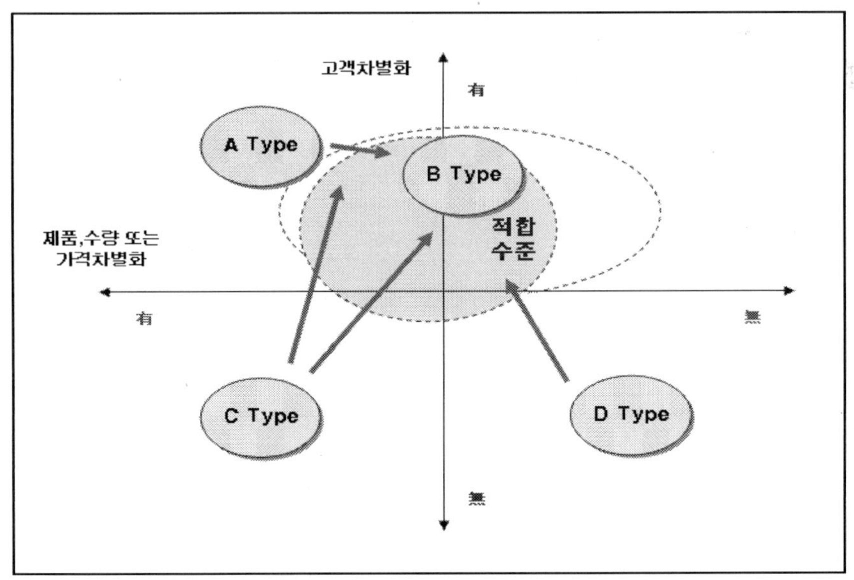

C Type은 소비자들을 단순한 기준으로 그룹화하여 서로 다른 가격을 책정하는 타입으로서 개별적인 소비자의 정보가 없는 경우 많이 사용하게 되는데 성별, 나이 또는 신분에 따른 우대 등이 바로 그 예이다. 이 경우는 그룹에 속하는 불특정 다수를 겨냥하기 때문에 A, B Type으로의 접근이 필요하다.

D Type은 모든 고객에게 동일한 가격을 적용하는 것으로 차별화된 가맹점 운영방법으로는 부적합하다.

B Type은 기본적으로 모든 소비자에게 동일한 가격을 제시하지만, 구매하는 제품이나 수량에 따라 다른 가격으로 개별 고객을 유인하는 경우로서 프랜차이즈 가맹점 운영에 적합한 가격차별화 전략이라고 할 수 있다. 예를 들어 방문횟수나 1회 구매수량 등 판매량에 결정적으로 영향을 미칠 수 있는 요인을 찾아내어 가격차등을 두는 방법과 내점고객, 포장고객, 배달고객 등의 구매패턴 또는 일정기간 동안만 구매에 대한 혜택이 돌아가게 하는 등으로 차별화시키는 방법이 있다.

올바른 가격차별화를 시행하기 위해서는 다음 〈표 3-1〉과 같은 가격을 결정짓는 요인과 그 내용을 숙지하여 목적에 맞게 사용해야 한다.

<표 3-1> 가격의 종류와 내용

요 인	지칭명	내 용
관 습	관습가격	장기간의 관습과 고유문화로 인식되는 가격 수준 (예: 점심 4,000~5,000원, 껌: 300~500원)
숫 자	단수가격	민감한 수준을 넘지 않게 하는 수준의 가격 (예: 10,000원 · 9,900원)
신 분	명성가격	고객의 사회적 지위와 소득 수준을 노린 비교적 높은 가격 수준
유 인	유인가격	인식하고 있는 상품에 대한 가격보다 낮은 수준의 가격 (예: 미끼상품 또는 저가상품을 구매 결정으로 유인)
묶 음	묶음가격	두 개 이상의 상품을 묶어 판매가를 인하하는 수준의 가격
보완재	보완재가격	보완관계의 두 제품을 판매하기 위한 가격 수준
이벤트	행사가격	이벤트를 통한 한정 시한에 적용하는 가격

결론적으로 경쟁시장에서 가격차별화를 시행할 경우 차별성을 충분히 확보하기 위해서는 <그림 3-3>에서 예로 표시한 '적합수준' 영역에 근접한 범위를 정하여 가맹점의 특성에 맞게 시행하는 방법을 찾아야 할 것이다. 또한 불황의 지속으로 무조건적인 저가 전략은 바람직하지 않으며, 저가전략의 핵심 역시 가격에 비해 상품과 서비스의 품질 수준을 상회하는 정도로 제공하는 것을 지향해야 한다.

Reference Site

삼성경제연구소 (www.seri.org)
LG경제연구원 (www.lgeri.co.kr)

B. 기타 가맹점 운영에 필요한 지침

POINT

가맹점주는 일상적으로 반복되는 업무를 표준화, 단순화시켜 불필요한 시간을 제거하도록 하며, 매일 발생하는 각종 데이터를 종합, 분석하는 습성을 갖도록 한다. 또한 자기를 중심으로 고객에게는 친절과 웃음을 제공하고, 종업원에게는 신뢰와 믿음을 얻을 수 있도록 노력해야 한다.

◆ 일일 점포운영 계획

아래 〈표 3-2〉는 약 50평 규모의 외식업 가맹점이 세운 일일 점포운영 계획표이다. 외식업의 점포운영 계획표를 예를 든 이유는, 음식물을 취급하는 업종일수록 도·소매업이나 서비스업에 비해 영업에 투입되는 시간과 노동 인력이 상대적으로 많고 준비할 사항이 다양하기 때문이다. 그리고 시간배분에 따라 하루의 매출 성과가 달라질 수 있다는 이유에서이다.

한편, 업종을 불문하고 하루 운영계획에 반드시 포함되어야 할 사항은 청결상태를 체크하는 점검표가 있어야 한다는 점이다. 이 점검표에는 점포 주변은 물론 출입구, 주방, 창고, 카운터, 화장실 등의 장소적인 측면뿐만 아니라, 쓰레기통, 각종 깔개, 유리, 바닥, 쇼케이스, 상품, 후드, 환풍기, 냉난방기의 흡입구, 브루스터, 로스터 등 청결을 요하는 곳은 모두 매일 점검해야 한다. 점포를 청결하게 유지하는 것은 매우 중요한 일이므로 오픈과 마감 시에만 또는 시간을 정해서 하는 것은 바람직하지 않다. 눈에 보이는 대로 수시로 관리하는 습관을 갖도록 해야 한다.

<표 3-2> 외식업 가맹점의 일일 점포운영 계획표

구 분		주요 업무 흐름도			비 고 (관리자 체크항목)
		홀	카운터	주 방	
개점전	10:00 10:20	출근 개점 준비작업 청소, 정리정돈 각 스위치 체크 예약체크, 준비	출근 개점 준비작업 각 부문 정리 준비금, 잔돈준비 냉온방 가동 오디오 준비	출근 오픈 준비작업 주방 스위치 ON 청소, 정리 정돈 주방 청소청결 기구류 작동 준비 식자재 준비 작업	사원의 출근상태 (결근자, 환자, 복장) Working Schedule (근무자별, 알바 외) 준비금 체크 조례 주관
	10:50	일일 조례 및 교육(전체 근무자), 복장 체크			
영업중	11:00 21:00	손님맞이 안내 주문 접수, 전달 테이블 세팅 식기 반납 매장 정리정돈 정산 및 배웅 정리 정돈	중간정산 시제 확인 계산 마감	식자재, 조리 대기 주문접수, 조리 주방 정리정돈 설거지, 식자재 소독 중간 청소 주방 청소 시작 폐점 준비	정리정돈 점검 화장실 청소(수시) 테이블 세팅 배경음악/조명상태 접객서비스 상태 잔반배출/위생처리 고객불만처리
			재고량 파악 및 익일 원재료 발주체크		
폐점후	21:30 22:00	폐점 및 점포청소 각종 스위치 OFF 가스 및 안전점검	일일 정산마감 판매일보 작성 주변 정리정돈	폐점 및 주방 청소 냉장/냉동고 체크 식기 세척/잔반 처리 전기기구 점검 OFF 가스 및 안전점검	주방 점검 위생/청결/안전관리 홀 점검 후방설비 점검 전기, 가스 안전점검 시건 장치 확인점검
		Closing			

○ 영업일지와 현금일지

<표 3-3>과 같은 영업일지를 작성하는 것은 일별, 요일별, 월별, 분기별, 계절별 등 과거에 축적된 data를 활용하여 점포의 기회와 위협을 발견할 수 있는 좋은 자료가 될 뿐만 아니라 현실적인 판매전략을 세우는 데 도움을 준다. 따라서 영업실적을 기록할 때에는 가급적 비중(%), 달성률(%)보다는 금액, 숫자, 구체적인 언어나 용어 등의 표기 방식을 선택하여 향후 차이를 쉽게 파악할 수 있도록 하는 것이 좋다.

<표 3-3> 영업일지(예)

<table>
<tr><td colspan="7" align="center">영 업 일 지</td></tr>
</table>

2006년 00월 00일 목요일

날씨		기온	

영업실적

구 분	매출액	평균고객 수	일평균 객단가	카드비중	비고
목 표					
실 적					
차 이					

내부가용인력

출근 및 직원특이사항	
정직원 아르바이트 기 타	
계	

금일 추진행사

이벤트	
고객서비스	
결과 및 향후 방향	

기타 정보

경쟁업소 동향	
주변상권의 변화	
지역 이슈	

　

<표 3-4>의 현금정산일지는 POS로도 처리가 가능한데, 만일 가맹점주가 원하는 데이터 분석이 지원되지 않는 경우에는 가맹본부나 POS업체에 요청하여 customizing을 요구하거나, 자신이 활용할 수 있는 PC 응용 프로그램(application program, 예: MS-EXCEL) 등에서 사용할 수 있는 방법을 강구하도록 한다. 만일 비용적인 측면에서 부담이 되거나 여러 가지 기능을 복합적으로 사용하는 솔루션을 희망하는 경우, 정보통신부와 한국전산원에서 개발하고 한국커머

스넷에서 운영 중에 있는 온라인에서 바로 빌려쓰는 ASP(Application Service Provider)방식의 IT(Information Technology, 정보통신기술) 솔루션을 이용하는 것도 좋은 방법이다.

〈표 3-4〉 현금정산일지(예)

현 금 정 산 일 지

2006년 00월 00일 목요일

수 입			지 출		
전일 이월		880,000	전일이월		–
1. 매출액		1,000,000	5. 지출액		465,000
	카 드	400,000		가. 본사물류대금	410,000
	현 금	600,000		나. 부자재 구매비	55,000
2. 할인액		1,500		(1)000구입	30,000
구 분	건 수	금 액		(2)000구입	25,000
가. 000	2건	1,000		(3)	
나. 000	1건	500		(4)	
다.				(5)	
라.				(6)	
마.				(7)	
3. 실매출액		998,500		(8)	
	카 드	400,000		(9)	
	현 금	598,500		(10)	

일일수입	(실매출액 – 지출액)	533,500

*미수금/미지급 제외

4. 현금과부족		1,013,500	6. 기타	할인쿠폰	120장
구 분	매 수	금 액		무료초대권	10장
100,000	10	1,000,000		초대권	36장
10,000	30	300,000			
5,000	9	45,000	7. 특이사항		
1,000	5	5,000	* 000제품 본사공급제품 claim처리할 것		
500	216	108,000	* 카드매출전표 공급받을 것		
100	150	15,000	* POS 용지 보충		
50	100	5,000	*		
10	50	500	*		

(현금과부족＝전일이월+현금실매출－지출액)

■ 미수금		130,000	■ 미지급		40,000
	외상매출	130,000		외상매입	10,000
				수도세	30,000

○ 월간 자금관리

다음 〈그림 3-4〉는 대학가에 위치한 25평 규모의 한 외식업 관련 가맹점의 2004년, 2005년 6월의 매출을 분석한 것이다. 6월을 선택한 이유는 비교적 연휴나 공휴일 그리고 5월처럼 가족행사나 나들이로 인한 지출 형태가 평이한 달이라고 판단했기 때문이다.

〈그림 3-4〉 월간 매출분포

일자	2004.6 매출
1(화)	320,000
2(수)	480,000
3(목)	510,000
4(금)	660,000
5(토)	623,000
6(일)	590,000
7(월)	400,100
8(화)	480,000
9(수)	398,000
10(목)	680,000
11(금)	713,000
12(토)	820,000
13(일)	853,000
14(월)	420,000
15(화)	480,000
16(수)	543,000
17(목)	550,000
18(금)	683,000
19(토)	450,000
20(일)	550,000
21(월)	255,000
22(화)	305,000
23(수)	410,000
24(목)	420,000
25(금)	578,000
26(토)	520,000
27(일)	480,000
28(월)	330,000
29(화)	325,000
30(수)	350,000

일자	2005.6 매출
1(수)	280,000
2(목)	320,000
3(금)	670,000
4(토)	440,000
5(일)	520,000
6(월)	550,000
7(화)	440,000
8(수)	450,000
9(목)	510,000
10(금)	550,000
11(토)	660,000
12(일)	428,000
13(월)	330,000
14(화)	400,300
15(수)	310,000
16(목)	495,000
17(금)	680,000
18(토)	880,000
19(일)	770,000
20(월)	480,000
21(화)	450,000
22(수)	420,000
23(목)	503,000
24(금)	410,500
25(토)	420,000
26(일)	300,000
27(월)	280,500
28(화)	320,000
29(수)	389,000
30(목)	423,000

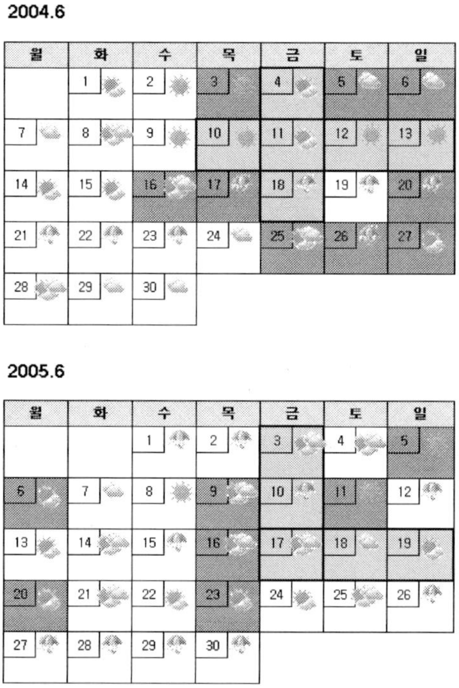

2004.6

월	화	수	목	금	토	일
	1	2	3	4	5	6
7	8	9	10	11	12	13
14	15	16	17	18	19	20
21	22	23	24	25	26	27
28	29	30				

2005.6

월	화	수	목	금	토	일
		1	2	3	4	5
6	7	8	9	10	11	12
13	14	15	16	17	18	19
20	21	22	23	24	25	26
27	28	29	30			

업종과 업태 그리고 점포의 상권과 입지에 따라 다를 수는 있겠지만, 〈그림 3-4〉에서도 알 수 있듯이 해당 가맹점의 손익분기점(평균 45~50만원 수준/일)을 넘어 일정한 수익이 보장되는 날짜 수가 그렇게 많지 않음을 알 수 있다. 노랑색 부분이 바로 그러한 날들로서

보통'+'자의 형태를 띠게 된다. 이러한 현상은 매월 비슷하게 나타나므로 가맹점주는 다음과 같은 사항을 처리할 때 유의하도록 한다.

- 가맹본부의 물류대금 및 정산시기 결정
- 가맹본부 외 거래처의 대금 정산시기 결정
- 카드매출의 입금주기와 현금보유 가능일수 및 가능액수
- 전기료, 수도광열비, 임차료 지급시기의 결정
- 종업원 급여와 아르바이트비 지급시기의 결정 등

◈ 종업원 관리

프랜차이즈 가맹점을 운영할 때 가장 어려움을 겪는 사항 중에 하나가 종업원 채용이다. 운영에 필요한 인력은 각 가맹점에 따라 아르바이트에서부터 정직원에 이르기까지 다양한 신분과 직군, 급여형태에 의해 채용되는 반면, 가맹본부에서 일괄적으로 인력을 수급해 주는 경우가 드물기 때문이다. 더욱이 초보창업자의 경우는 가맹본부 말만 믿고 인력수급을 등한시했다가 낭패를 보는 일도 많으며, 업종의 특수성에 따라 제빵, 피부관리, 주방장 등의 전문기능직이 필요한 가맹점의 경우는 설령 가맹본부에서 인력수급기능을 담당하더라도 인력의 잦은 교체와 기능미달 등으로 그 애로사항 증폭되는 경우도 적지 않다.

프랜차이즈 가맹점 창업을 원하는 예비 가맹점주들은 대부분 인력이 적게 투입되는 모델은 찾는 경향이 많은데, 그것은 인력수급과 유지의 어려움뿐만 아니라 과다한 인건비가 수익에 큰 영향을 미치는 것을 원하지 않기 때문이다. 인력 채용에 있어 주의할 사항은 다

음과 같다.

(1) 서류에 의한 근무조건 제시와 신분확인을 통한 근로계약 체결
(2) 단순 아르바이트생이더라도 구직동기가 명확한 사람을 채용
(3) 가맹점 영업활동에 도움을 줄 수 있는 OL(Opinion Leader)을 채용
(4) 퇴사한 직원과도 끈끈한 유대관계를 유지할 것
(5) 가맹점 운영에 필요한 교육을 수시로 실시할 것
(6) 경쟁점포보다 금전적, 심리적 보상을 높게 할 것
(7) 주부인 경우 가족사나 개인건강 등에 특별한 배려를 할 것

윗물이 맑아야 아랫물이 맑다. 결국 가맹점주는 인력의 채용과 운영에 있어서도 비록 가족이 아니더라도 종업원을 단순한 노동인력으로 생각하지 말고, 인적 자본으로 귀중하게 생각하는 마음가짐이 절대적으로 필요하다. 노동력은 적을수록 좋은 비용의 개념이지만, 인적 자본은 장기 수익의 원천으로서 많으면 많을수록 좋은 투자를 의미한다는 점을 간과해서는 안 될 것이다.

◈ 웃음 관리와 고객우대 행동

웃음꽃이 활짝 핀 상태에서의 대화와 접객은 고객에게 즐거움을 줄 뿐만 아니라, 매장에 대한 부정적인 평가나 견해, 적대적 행동 및 경계심리를 허물 수 있는 좋은 방법이다. 또한 점포 내 조직원에게는 활력을 불어넣어 자칫 점포운영의 각종 매너리즘 현상으로 인한 팀워크가 약화되는 현상을 없애 조직 효율을 극대화할 수 있다. 그리고 고객과 눈높이를 맞춰 무릎을 꿇고 주문받고 서빙하는 퍼피독

(Puppy Dog) 방법 등을 참조하여 고객을 우대하고 최고로 모신다는 모습을 항상 고객들이 느낄 수 있도록 해야 한다.

주문을 받으면 큰소리로 반복한다. 이 방법은 주문을 재확인함으로써 주문고객과 종업원 간의 짧은 교감이 일어날 뿐만 아니라, 주문접수 실수로 인한 재주문 확률을 낮추게 되고 결국 서비스 시간이 단축된다. 확신에 찬 목소리로 고객과의 교감을 이룸으로써 상호신뢰를 지키겠다는 다짐으로 고객은 받아들이는 고객심리를 잘 활용하는 것으로 고객이 나갈 때까지 그 가맹점에서의 행동에 영향을 미치게 된다. 결국 고객우대 행동은 고객의 연령, 성별, 소비수준 여부에 관계없이 가맹점 이미지 제고에 영향을 미치게 되는 것이다. 고객편의를 높이면 고객유지비용이 절감되는 것은 물론 항상 고객을 보고 웃을 수 있는 상황이 자연스럽게 만들어지게 된다.

Reference Site

공정거래위원회 (www.ftc.go.kr)
정보통신부 (www.mic.go.kr)
한국전산원 (www.nca.or.kr)
한국커머스넷 (www.cnk.or.kr) -정보통신부 산하 전자상거래 협회
RentIT (www.rentit.or.kr) -빌려쓰는 IT솔루션
외식창업 신지식 서비스 (www.mybizmake.com)
예스폼 (www.yesform.co.kr) -각종 문서 서식

[제4장] 프랜차이즈 비즈니스 마케팅

제4장 프랜차이즈 비즈니스 마케팅

A. 마케팅의 역할

A-1. 프랜차이즈 점포운영에 있어서의 마케팅 역할

POINT

프랜차이즈 가맹본부와 타 가맹점 간을 통해 얻어진 마케팅 방법을 자기 가맹점의 환경에 맞도록 변형하여 응용하도록 한다. 이때 가맹점주는 자기만의 직관과 주관적인 경험에 치우치지 않도록 해야 하며, 이를 바탕으로 가맹점과 관련된 모든 인적, 물적자원의 역량을 결집시킨 체계적이고 계획적인 마케팅 활동 계획을 수립해야 한다.

마케팅은 판매와는 전혀 다른 개념이다. 즉 판매는 당일의 매출을 위한 수단이지만 마케팅은 장기간의 매출과 이익을 위한 판매기반을 다지는 수단이기 때문에 프랜차이즈 점포운영에 있어서의 마케팅의 역할은 고객의 기대를 명확히 알고 그 기대에 충족시키기 위해 가맹본부의 마케팅을 활용하고 통일된 브랜드 인지도를 바탕으로 해당 가맹점의 모든 기능을 통합해 나가는 것이라고 할 수 있다.

마케팅이라는 분야는 프랜차이즈 사업뿐만 아니라 모든 업종, 업태의 사업을 기획하고 운영하는 모든 단계에서 중요한 역할을 한다.

예를 들면 브랜드와 제품 컨셉의 결정, 상가의 입지, 시장세분화를 통한 타기팅, 소득수준 등 대부분의 결정사항이 마케팅전략을 결정시키는 범주에 귀속되게 된다.

자신이 가맹본부 또는 가맹점을 운영하는 당사자이건 예비창업자이건 관계없이 마케팅에 관심을 두게 되는 이유는, 마케팅 계획수립이 사업의 존속기간과 성과를 결정지을 수 있는 중요한 요소이기 때문이다. 그러므로 꾸준한 성장과 안정을 희망하는 가맹점주는 점포를 둘러싸고 있는 요소들에 대한 분석을 통해 위협요소를 사전에 제거하고, 예방 차원의 대책을 미리 강구하며, 계획적인 마케팅 계획을 수립하여 차별화된 상품과 서비스의 제공을 통해 타 가맹점, 주변 경쟁점포와는 차별적인 자리매김을 해야 하는 것이다. 이제는 오늘 아이디어는 오늘 판단하여 시장변화에 대응한 유연한 전략으로 승화시키는 신속한 결정 능력이 요구되는 시대인 것이다.

◆ 가맹점 마케팅의 개념과 수행 방향의 설정

흔히들 마케팅과 판매 영업을 혼동하는 경우가 있는데, 마케팅은 영업에 앞서 고객의 욕구를 분석하고 그 욕구를 충족시키기 위해 세우는 계획을 가리키는 것임을 인지하고, 마케팅 범위가 넓은 가맹본부의 입장과는 달리 가맹점 마케팅은 우리 점포의 고객이 누구이고 유치해야 할 고객이 누구인지 먼저 파악하고 시행해야 한다는 점을 분명히 알고 있어야 한다. 다른 점포가 시행하는 마케팅을 벤치마킹하는 것도 좋지만 남이 하니까 나도 한다는 식의 접근방식은 절대 금물이다.

프랜차이즈 가맹점의 성공 여부는 마케팅에 의해 승부된다고 해도 과언은 아니다. 마케팅은 점포규모가 큰 업체들만 가능한 일을 아니며, 소규모 점포들도 많은 투자비용을 들이지 않고 효율적인 마케팅을 충분히 구사할 수 있다. 문제는 지속성과 차별화이다. 남이 하는 것을 그대로 모방하고 단기적인 매출을 위해서 비합리적인 마케팅을 수행하는 것은 장기적으로 도움이 되지 않는다는 사실과 가장 기본적인 출발점은 한번 고객을 영원한 고객으로 만드는 것이 자기 점포사정에 맞는 최소비용의 고효율 창출방법이라는 점을 명심하도록 한다.

각종 차별화 방법으로 소개되어 지는 마케팅 이름보다는 창업 시장에서 일어나고 있는 신조류나 소비 트렌드를 읽어내는 것이 중요하며, 잠재적으로 고객의 층이 어디인지를 명확히 꼬집어 내어 그들과 어떻게 접촉할 것이며, 품질과 가격, 서비스 등은 어떤 방식과 수준으로 설정할 것인지를 결정하는 것이 중요하다.

또한 새로운 마케팅 방법을 완전히 무시하거나 맹신하는 것은 금물이며 특히 여러 형태의 마케팅에 의해 본인의 고민거리가 일시에 해결될 것이라고 기대하는 것은 바람직하지 않다. 그리고 한 가지 방법만의 마케팅보다는 두 가지 이상의 조합이나 가맹점의 강점과 조합한 형태로 발전하게 될 때, 그 효과가 배가된다는 점과 여러 점포들이 제공하는 제품과 서비스가 양적, 질적으로 비슷하다고 느끼고 있는 소비자들은 아주 작은 차별화된 정보나 마케팅을 전개하는 곳으로 이동한다는 점도 잊어서는 안 될 부분이다.

프랜차이즈 비즈니스는 한 개의 가맹본부와 여러 개의 가맹점이

서로 연결되어 움직이는 창업시스템이기 때문에 각 가맹점이 이러한 강점을 잘 활용한다면, 입점된 지역에서 경쟁우위를 얻을 수 있다. 그러나 문제는 광범위한 지역상권에서 어떻게 하면 효과적으로 자기 가맹점의 존재를 고객에게 알리고 전달할 것인가 하는 것이다. 대부분 프랜차이즈 가맹본부는 전 가맹점을 참여시키는 마케팅을 시행하기 위해 노력하고 있지만, 가맹점 당사자는 지역의 특성을 무시한 가격, 신제품 출시, 가격할인 등의 판촉에 대해 가맹본부와의 적지 않은 잡음이 끊임없이 발생하기도 한다. 가맹점만의 이익을 위해서는 본사의 광고계획에 동참하지 않는 것이 합리적일 수 있다고 생각되더라도 프랜차이즈 시스템상 가급적 참여하는 것이 바람직하다. 프랜차이즈 창업은 공동구매, 공동판매 체계이기 때문에 극단적인 개별행동은 삼가는 것이 좋다.

가맹점이 효과적인 마케팅 계획을 수립하기 위해서는 그 내용을 자문하는 식으로 머리 속에 그려 정립하는 것이 좋은데 그 내용은 다음과 같다.

    ○ 마케팅 목적: 마케팅을 통해 얻고자 하는 궁극적인 목표가 무엇인가?
       - 가맹점 존재를 알리기 위해
       - 이번 주 매출부진을 만회하기 위해……
    ○ 마케팅 대상: 누구를 대상으로 마케팅을 할 것인가?
    ○ 마케팅 문구: 어떤 핵심적인 문구와 내용으로 전달할 것인가?
    ○ 마케팅 매체: 이번 마케팅의 타깃이 되는 고객이 선호하는 것은 무엇인가?

  - 마케팅 정보를 효과적으로 전달하기 위한 적
    절한 방법은 무엇인가?

그리고 프랜차이즈 가맹본부는 기본적으로 브랜드를 출시하기 전에 거시적인 측면에서의 외부환경과 고객에 대한 분석 그리고 경쟁 브랜드에 대한 분석을 통해 사업을 개시하게 된다. 따라서 가맹점은 거시적인 분석보다는 아래와 같은 정보를 통해 점포의 내부분석과 미시적인 환경분석을 가미하여 마케팅 방향성을 수립하면 된다.

○ 자기 고객의 의견, 불평
○ 종업원으로부터의 습득되는 점포 내·외부 정보
○ 유통단계 또는 공급자로부터의 정보습득
○ 경쟁업체의 직원 또는 각종 세일즈맨을 통한 정보습득
○ 지역정보지, 지역방송을 통한 점포운영의 아이디어 습득
○ 관할 관청, 주변 학교, 단체 등 소비영향력 있는 집단을 통한
  정보습득

프랜차이즈 창업을 위해 예비 창업자가 가맹본부에 접촉하는 경우도 가맹본부의 마케팅 방식에 의지되는 경향을 보이지만, 향후 프랜차이즈 가맹점주로서 사업을 영위할 때는 많은 이익을 추구하기 위해 주변의 경쟁업소와 차별화된 마케팅 방식을 끝없이 갈망하게 된다.

그만큼 프랜차이즈 창업에 있어서 마케팅이란 본인의 수익과 직결되는 매출에 직접적인 영향을 미치는 요소이기 때문에 창업 전후를 불문하고 큰 관심을 두게 될 수밖에 없다. 이론적인 마케팅 지식은

물론 마케팅의 기본이 되는 인구통계학, 기술의 변화, 심리 및 소비
트렌드의 변화를 파악하는 것 등을 통해 자신의 사업에 알맞은 마케
팅 방법을 찾아내고, 이러한 활동을 통해 좀더 명확한 시장의 구조
와 소비자 특성을 발견하여 프랜차이즈 시장에 있어서의 소비 트렌
드를 파악하고 대처하는 능력을 배양하는 것이 중요하다.

마케팅은 판매시점에 따라 적용될 수도 있고, 유·무형적인 형태
에 따라 적용될 수도 있는데 무엇보다도 판매 전, 판매과정, 판매 후
에 제공되는 일련의 마케팅 방법이 소비자에게 정확히 인식되도록
해야 한다. 결국 마케팅의 성과는 소비자의 기대와 실제 제공되어진
서비스와의 gap을 최대한 줄이는 데 그 목표가 있으며, 고객의 기대
에 순응하기 위한 과정이라고 이해하는 것이 보다 현명하다.

마케팅은 가맹점을 운영하는 데 있어 아래와 같은 내용을 모두 포
괄하는 개념으로 정리될 수 있다.

제공하려는 제품, 서비스와 제공하는 주체가 되는 사람이 주문된
또는 약속한 서비스를 정확하게 알리고 수행하는 능력을 통해 접근
가능성을 높이고 부담 없는 접촉의 욕구를 계속적으로 유발시키기
위한 모든 노력을 소비자에게 알리려는 노력을 함으로써 소비자의
재구입을 유도하여 소비자와의 신뢰감이 연속되도록 하는 것이다.

◈ 독립점포와 프랜차이즈 가맹점 마케팅의 차이점

독립점포와 프랜차이즈 가맹점 마케팅의 가장 큰 차이점은 〈표
4-1〉에서 보는 바와 같이, 마케팅 채널과 원천정보의 수집, 기술활용

도에서 가장 큰 차이점을 나타낸다. 예를 들어, 독립점포는 지역지나 신문간지 등이 주로 마케팅 채널로 사용되지만, 프랜차이즈 가맹점의 경우는 가맹본부의 TV, 라디오, 신문광고 등을 통해 광범위한 마케팅 활동을 뒷받침 받을 수 있다. 기술 활용도에 있어서도 프랜차이즈 가맹점의 경우는 가맹본부의 각종 데이터나 통계분석자료 또는 타가맹점의 적용 결과 등을 정보통신 기기와 제반 인프라를 통해 제공받을 수 있다.

<표 4-1> 독립점포와 프랜차이즈 가맹점의 마케팅 활용수준

구 분	독립 점포	프랜차이즈 가맹점
마케팅 주체	점포주인	가맹본부, 가맹점주
마케팅 채널	지협적	광범위
마케팅 효율	낮다	높다
원천정보의 수집	어렵다	용이
기술 활용도	낮다	높다

이러한 이점에도 불구하고 모든 가맹점주는 가맹점의 업종, 규모의 크고 작음에 관계없이 마케팅 예산이 부족하다고 느낀다. 결국, 가용할 수 있는 예산을 어떻게 어떤 방법으로 배분하여 쓸 것인가가 중요하게 된다. 특히 마케팅 비용지출에 대한 시각 차이가 가맹본부의 경우에는 사장과 마케팅 직원, 가맹점의 경우에는 가맹점주와 수퍼바이저 또는 마케팅 대행 업자 사이에 존재하게 되어 마케팅 실행의 걸림돌로 작용될 수도 있다. 예를 들면 수퍼바이저가 가맹점주에게 '마케팅 비용으로 50만원 정도 투입할 것'을 제안하면, 가맹점주는 '50만원을 남기려면 얼마를 팔아야 하는데' 식의 계산방식으로 접근

하게 되는 것이 바로 그것으로 반드시 지양해야 하는 영업마인드임
에 유의하도록 한다.

◆ 프랜차이즈 가맹점 마케팅의 기본 원칙

프랜차이즈 가맹점에서 마케팅을 계획하고 실행하는 데 있어 주지
해야 할 기본 원칙은 다음과 같다.

○ 원론적인 마케팅 용어에 너무 신경 쓰지 않도록 한다.

전문적인 마케팅 용어를 이해하기 위해 많은 시간을 소비하거
나 꼭 그 마케팅에 맞는 활용 방법만을 찾기 위해 노력할 필요
가 없다. 마케팅의 기본적인 목표는 해당 가맹점의 영업활성화
이기 때문에 특성에 맞는 마케팅 방법을 찾아 적절히 변형하여
사용하면 되는 것이다.

○ 전통적인 마케팅 방법과 식상한 홍보로는 성공하기 힘들다.

기업 규모에 비해 자금력과 인력이 부족하기 때문에 저비용으
로 쉽게 고객에게 다가설 수 있는 차별화된 아이디어를 찾아내
야 한다.

○ 마케팅 계획을 일회적인 홍보와 혼돈하지 말아야 한다.

아직까지도 마케팅을 판촉으로만 생각하는 창업주들이 많다.
물론 일회성 또는 스팟 형태의 판촉도 마케팅에 속한다. 하지
만 자기 점포의 가격, 위치, 분위기, 브랜드의 인지도 등 기본
적인 사항을 무시한 홍보는 단기간의 성과는 있을지 모르지만
장기적으로는 소비자에게 불신을 심어주는 경우가 많다.

○ 선별된 고객(타깃고객)에게 가맹점의 의미 있는 정보를 전달하도록 노력한다.

프랜차이즈 가맹점을 방문하는 고객은 독립점포에 비해 정보의 접점이 다양하다는 장점이 있는 반면, 애써 방문한 결과가 브랜드 가치에 비한 기대치에 부응하지 못한 경우, 충성고객에서 이탈고객으로 전환되는 속도가 빠르다는 단점이 있다. 독립점포의 경우 잘못 전달된 정보에 대해 점포주인 또는 종업원의 인간적인 측면으로 너그럽게 받아들이는 경우가 많지만, 프랜차이즈 가맹점의 경우는 그 불만과 실망이 해당 가맹점의 신뢰를 추락시킬 뿐만 아니라, 인터넷 등 공개적인 채널을 통해 확산되어 브랜드 가치를 떨어뜨리는 결과를 초래할 수 있게 된다. 그 이유는 프랜차이즈는 표준화된 시스템이고 상품에 대한 지식을 충분히 교육받은 사람들이 가맹점에서 판매하는 것으로 소비자들은 인식하고 있어 독립점포에 비해 기대치가 상대적으로 높기 때문이다.

○ 고객의 정보를 분석하고 활용하여야 한다.

독립점포의 경우는 고객의 정보를 얻기가 매우 힘든 반면 프랜차이즈 가맹점의 경우는 본사의 지원과 타 가맹점의 규모의 경제원칙에 따라 비교적 적은 자금과 인력으로 고객정보를 쉽게 취득할 수 있다. 이렇게 취득된 정보를 소중히 관리함은 물론 고객의 구매행태를 파악하여 각 고객에게 최적의 경험을 제공할 수 있도록 가맹점 고유의 마케팅 체계를 구축하여야 한다.

○ 고객과 상호 작용할 방법을 찾아라

가맹점의 마케팅은 브랜드와 가맹본부의 인지도를 바탕으로 시행되기 때문에 비교적 많은 고객과 교감할 수 있는 다양한 방법이 존재하게 된다. 각종 정보채널과 가맹본부의 게시판 그리고 인터넷 카페 등을 통한 온라인 접촉뿐만 아니라 오프라인인 매장현장에서도 항상 고객과 호흡을 같이하기 위한 방법을 마련토록 한다.

○ 고객에게 배우려는 자세를 갖도록 하라

자기 점포의 좋은 점과 나쁜 점은 자기 점포에 방문한 고객이 제일 잘 알고 있다. 그렇기 때문에 지금까지 우리 점포가 시행한 마케팅 방법이 효과가 있었는지 또는 점포운영이 잘 되었는지, 개선할 점은 무엇인지 등을 알아보는 가장 확실한 방법은 항상 고객에게 물어보는 것이다.

Reference Site
한국마케팅연구원(www.kmarketing.or.kr) 마켓캐스트 (www.webpro.co.kr)

A-2. 프랜차이즈 창업 생명주기와 마케팅 전략의 변화

> **POINT**
>
> 프랜차이즈 창업은 독립창업에 비해 안정적인 것이 장점이지만, 가맹본부의 생존과 직결되는 가맹점 전체의 이익이 가맹본부 사업 초기에 이루어지지 않는 이상 그 생명주기가 길게 보장되지 않는다는 단점이 있다. 하지만 가맹본부의 전국구 단위의 마케팅(National Sales Marketing) 이외에 개별 가맹점의 주체적인 마케팅(Local Sales Marketing) 활동에 따라 조정될 수 있다.

프랜차이즈 창업의 생명주기는 전 가맹점과 관계를 맺고 있는 가맹본부의 안정화와 직결되어 있다. 다시 말하면, 각 가맹점의 운영 상황에 따라 가맹본부의 사업전략이 확대되거나 축소되는 변화가 나타나게 됨으로써 '가맹본부 생존＝가맹점 매출증대'라는 공식이 성립되게 된다. 따라서 가맹본부가 시장의 변화를 민감하게 받아들이고 이에 대응한 강력한 전국구 단위의 마케팅(National Sales Marketing)체제를 구축하여 가맹점에게 지속적으로 공급하는 역할을 담당하는 한편, 각 가맹점은 해당 점포마다 상이한 성장단계별, 경쟁지위별, 상권 및 지역별 특성에 맞는 마케팅을 구사하여 시너지 효과를 창출하는 협업 관계가 반드시 이루어져야 한다.

〈표 4-2〉는 각 가맹점주 입장에서 자신의 점포에 맞는 마케팅 전략을 마련하기 위한 것으로 영업개시 이후에 나타나는 일반적인 현상과 변화를 비교한 것이다.

이 표에서도 알 수 있듯이 가맹점 창업 후 영업일수가 많아질수록 마케팅의 목표가 점차 점유율 유지를 위해 지출되는 것을 알 수 있다. 이러한 현상이 발생하는 이유는 개업 초에 비해 현금의 유동성이 불안정한 기조를 나타내기 시작하고, 이에 따라 가맹본부에 의지하는 경향이 높아지기 때문이다. 따라서 가맹점주는 점포 오픈 초창기나 번창기에 집중되어 있는 마케팅 비용을 중장기적인 관점에서 배분할 수 있는 계획성을 갖추도록 하며, 그 방법에 있어서도 현상 유지를 목적으로 하기보다는 개업 초기처럼 공격적이고 차별화된 방식을 선택하도록 한다.

<표 4-2> 가맹점 창업 후의 변화와 마케팅 전략의 결정방향

구 분		초창기 〈도입기〉	번창기 〈성장기〉	경쟁기 〈성숙기〉	선택기 〈쇠퇴기/혼란기〉
기 간		~6개월	6개월~ 1년6개월	1년6개월~ 2년6개월	2년6개월 이상 (4년)
현금 수지 변화	매 출	오픈 시 수입의 최대치 근접 후 증감조정기를 거쳐 안정화 됨	최 고 (급성장)	평균 또는 하락 (저성장 기조)	하 락 (저 하)
	이 익	플러스/마이너스	절정/플러스	플러스	플러스/마이너스
	현금흐름	양 호	안 정	불 안	불 안
변화	소비자	호기심/충동구매	소비 절정	선택적 소비	소비 위축
	동종경쟁 업체	미 약 (거의 없음)	증 가 (유사업체 출현)	많 음 (극대)	감 소 (시장영향력 행사업체 출현)
	예비 창업자	창업 타진기	창업 준비	본격영업 개시	업종변경/차별화
	주변상권	변화없음	이종업종진입	유사업종진입	상권의 재편화
	애로사항	영업관리 미성숙	판로확장의 어려움	지속성장에 대한 어려움	주력상품의 시장위축
마케팅 전략	목 표	시장 침투	시장 확대	점유율 유지	점유율 유지
	비 용	최 대	높 음	중 하	중 하
	중점사항	점포인지도 확보	브랜드, 서비스	서비스	점포인지도
	가격	낮 다	높 다	평 균	최 저
	주소비자	오피니언리더	대 중	대 중	충성고객

<table>
<tr><td align="center">Reference Site</td></tr>
</table>

삼성경제연구소 (www.seri.org)
서강 하버드 비즈니스[SHB] (pdf.hankyung.com/hkshb)

B. 프랜차이즈 마케팅 프로세스

B-1. 프랜차이즈 가맹점 마케팅 실행 원칙

> **POINT**
>
> 가맹점의 마케팅 활동은 주변 시장에서의 기회 확인을 통해 마케팅 전략의 방향을 설정하고, 시장세분화와 포지셔닝 등의 수립과 변화에 따른 신축적인 방법을 찾아내어 그것들이 효과적으로 운영될 수 있도록 준비하는 과정을 통해 시행될 수 있다.

창업을 성공으로 이끄는 요소는 여러 가지가 있지만, 업종에 관계없이 성공하는 점포에서 발견할 수 있는 공통점 중에 하나는 바로 고객의 눈높이를 맞춘 차별화된 마케팅을 중요시하고 있다는 점이다. 소위 말하는 장사 잘되는 집에 가보면 그렇지 못한 점포에 비해 뭔가 다른 것을 느낄 수 있다. 그냥 문만 여니까 잘된다거나 점포 입지가 너무 좋아서 고객에게 별 신경을 쓰지 않아도 저절로 장사가 잘되는 법은 없다. 성공하는 점포는 모두 정확한 표적시장에 정확한 고객 수요를 이해하고 있으며, 고객을 만족시키기에 위해 전념하고,

종업원 사기를 높이고 활기찬 점포 만들기에 힘쓴다. 고객은 이런 분위기를 만끽하면서 항상 더 큰 만족을 얻고, 재방문을 약속하게 되는 것이다.

가맹점은 고객만족 활동의 핵심을 담당하는 기능을 마케팅이라는 방법을 통해 해결할 수 있게 된다. 마케팅은 시시각각 바뀌는 외부 시장환경과 자기 상권과 입지의 변화를 빠르게 인식하고 그 변화에 적절히 대응하게 하는 중요한 역할을 담당하는 것이다. 다음 〈그림 4-1〉은 마케팅 프로세스에 관한 것으로 각 프로세스별로 실행할 수 있는 방법들을 유기적으로 연관시켜 이해하여, 실제 가맹점 운영에 활용하면 도움이 될 것이다.

〈그림 4-1〉 마케팅 프로세스

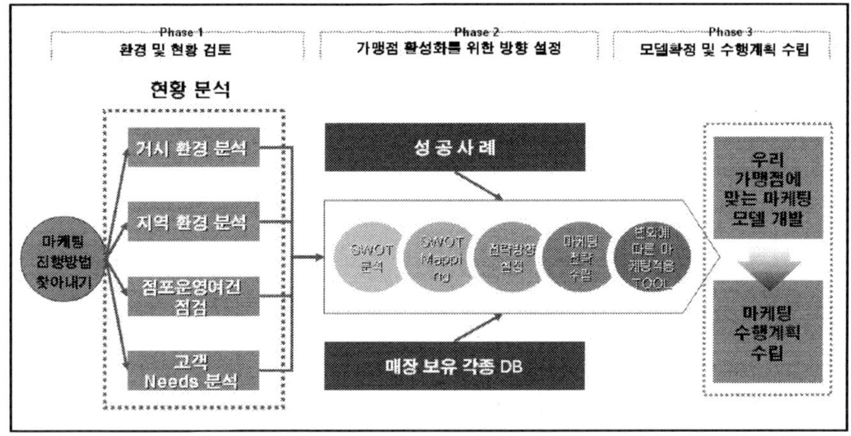

◆ 마케팅 실행 원칙

업종별, 규모별, 지역별, 브랜드별, 계절별 등 모든 가맹점의 특성이 다르기 때문에 기존의 마케팅 방법을 자기 가맹점에 그대로 적용하는 데 한계가 있다. 따라서 마케팅을 계획하고 실행함에 있어서 모든 가맹점에 공통적으로 적용되는 기본적인 실행원칙을 제시하고자 한다.

○ 표적고객에게 의미 있는 메시지를 제공해야 한다.
　- 오로지 거래 성사에만 주안점을 두게 되면, 소비자의 만족 여부가 무시되기 때문에 제품과 서비스에 불만을 느낀 소비자는 다시는 돌아오지 않는다. 표적 시장의 니즈와 욕구를 살펴 고객이 원하는 만족을 경쟁 점포보다 효율적으로 제공할 수 있는 마케팅 요소들을 찾는 것이 소기의 목적달성을 위한 열쇠가 된다.

○ 브랜드 인지도를 최대한 활용한다.
　- 자신의 인적 사항과 소비정보가 노출된 고객이 그렇지 않은 고객보다 구매율이 높고 브랜드 인지도도 높다. 따라서 상품 자체의 홍보보다는 브랜드에 비중을 둔 마케팅 활동에 치중하는 것이 좋은데 그 이유는 결국 브랜드 인지도가 고객의 차후 구매활동에 긍정적인 영향을 미치기 때문이다.

Reference Site

삼성경제연구소 (www.seri.org)
서강 하버드 비즈니스[SHB] (pdf.hankyung.com/hkshb)
Market Cast (www.marketcast.co.kr)

B-2. 마케팅 환경분석을 통한 점포의 기회와 위협요인
의 발견

> **POINT**
>
> 프랜차이즈 가맹점 마케팅 계획을 수립하기 위한 첫걸음으로 정책
> 동향, 고객, 경쟁업소 동향을 파악하는 외부 환경분석을 통해 자기
> 가맹점 상황을 진단하여 기회와 위험요인을 찾아낸다.

프랜차이즈 가맹점의 마케팅 계획을 수립하는 첫걸음은 점포가 속한 환경에 대한 분석이다. 아무리 규모가 작은 가맹점이라도 그 주변을 둘러싸고 있는 모든 환경은 항상 변화하고 있기 때문에 점포에 필요한 정보를 취사선택하고, 점주의 관점에서 장기적으로 변화를 예측하고, 올바르게 해석함으로써 해당 점포가 직면한 영업 기회와 위험을 미리 발견하는 것이 중요하다. 다시 말하면, 업계 또는 시장 분석, 고객분석, 경쟁점포의 분석 등 가맹점을 둘러싸고 있는 외부 환경 분석을 통해 가맹점의 성공요인이 될 수 있는 열쇠를 찾아내고, 자기 가맹점의 내부 분석을 통해 가맹점 자체의 강점과 약점을 발견하도록 해야 한다.

이러한 결과를 얻기 위해서는, 주문 후 선택한 제품이 고객에게 도달되기 전까지의 여유시간을 이용해 자연스럽게 대화를 유도하여 소비자 욕구를 파악하는 방법이나 고객설문지 등을 통해 소비자가 어떤 요인에 가장 영향을 받아서 구매를 하게 되는가 등의 구매영향 요인을 찾는 일에 심혈을 기울여야 한다.

◈ 점포 내·외부의 환경분석 체크포인트

- 고객은 구매를 위한 정보를 주로 어디서 얻는가?
- 고객의 연령분포와 여유 시간은 언제인가?
- 고객이 우리 제품에 대해 민감하게 생각하기 시작하는 가격은 얼마인가?
- 구매 시 누구의 의견을 가장 중요시 여기는가?
- 고객은 어떤 특별한 대우와 서비스를 받기를 원하는가?
- 언제 어떻게 누구와 함께 구매하는 것이 가장 만족도가 높은가?
- 지속적으로 소비자 및 거래선의 구조는 변화하는가?
- 기존 경쟁업소에는 어떠한 변화가 이루어지고 있는가?
- 고객의 요구사항은 구체적으로 무엇인지 알고 있는가?
- 신규고객, 기존 고객을 대하는 차별화된 무엇이 존재하고 있는가?
- 신규 경쟁업체, 업종이 우리 상권에 진입하고 있는가?
- 현재 우리 점포의 조직으로 각종 변화에 적절히 대응할 수 있는가?
- 관할 구역의 정책변화가 있는가?

다음은 외부환경을 분석한 예로서 자신의 업종에 맞게 적절히 응용하도록 한다.

○ 외부환경 분석 (예)
(1) 산업분석을 통한자기 업종의 위치를 다시 파악하는 경우

2006년 7월에 아메리칸 익스프레스카드(아멕스)가 발표한 '21세기 센추리언 리빙' 보고서에 따르면, 럭셔리(luxury) 시장은 ①획득-②탐구-③권위-④체험-⑤개화 등 5단계로 발전한다고 하는데 1단계에서는 소득

수준이 높다는 것을 보여주기 위해 명품 브랜드를 구입하고, 2단계에서는 명품 중 상품의 질에 대한 호기심과 분석을 통해 구매를 하며, 3단계에서는 상품에 대한 높은 식견과 개인적인 취향의 확신을 통해 구매하며, 4단계에서는 직접적인 체험을 통해 구매를 하며, 마지막 단계에서는 '가장 비싼' 상품이 아닌 '가장 좋은' 상품을 선택하게 되어 가격보다는 자신에게 필요한 정도와 소중함을 판단하여 그 브랜드의 가치를 평가한다고 한다. 따라서 가맹점에서 판매하는 패션 주얼리 제품도 상품 자체보다는 실용성과 브랜드 소유욕을 느낄 수 있도록 상품을 배열하고 정찰제 외에 상품 조합을 통해 자기 가맹점만의 합리적인 가격을 만들어 내는 것도 좋은 방법일 것이다. 이러한 방법을 실행하기 위해서는 〈그림 4-2〉와 같이 해당 가맹점이 주력으로 판매하고 있는 상품과 서비스가 뷰티 산업에서 어떤 위치를 차지하고 있는지 재점검해 봄으로써 보다 적합한 가격과 고객 포지셔닝을 할 수 있는 기반을 마련할 수 있게 된다.

〈그림 4-2〉 뷰티 산업에서의 주얼리 위치

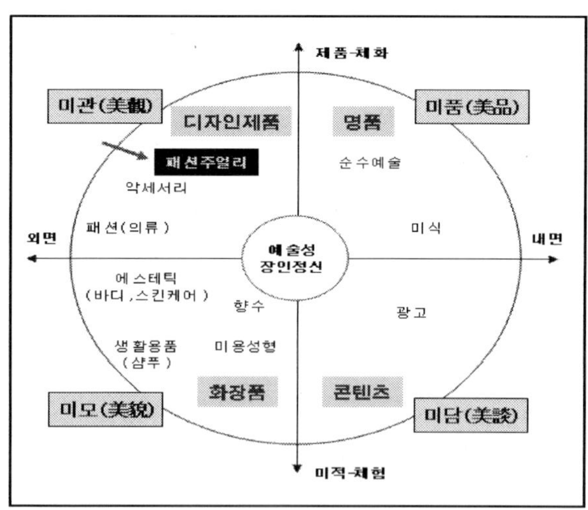

[뷰티(美)산업의 부상과 성공전략, 삼성경제연구소, 2002]

(2) 해당년도 산업 트렌드를 예측하는 경우

2000년도에는 〈그림 4-3〉과 같이 과시적, 명품추구경향과 elegance 복귀추세에 따라 귀족적인 우아함과 자신의 능력 범위에서 즐기는 일반인들의 작은 사치로서 신 귀족적인 소비문화가 저변화될 것을 예상하게 된다. 또한 여성스러운 감성을 나타내는 페미니즘과 여성적 사고의 확산에 따른 아기자기한 제품의 등장할 것도 분석될 수 있다.

이러한 분석 과정을 통해 가맹점주는 상품 자체 의미나 기본 기능에 충실하고 불필요한 요소나 장식을 배제한 본질적이고 실용적인 제품 구비할 수 있게 됨은 물론, 신나는 삶의 욕구 발산, 자신만의 Identity를 찾는 즐거움을 추구하는 Life Style이 사회전반에 지속적으로 확산되는 것 등에 대비할 수 있게 된다.

〈그림 4-3〉 뷰티 산업의 트렌드 예측

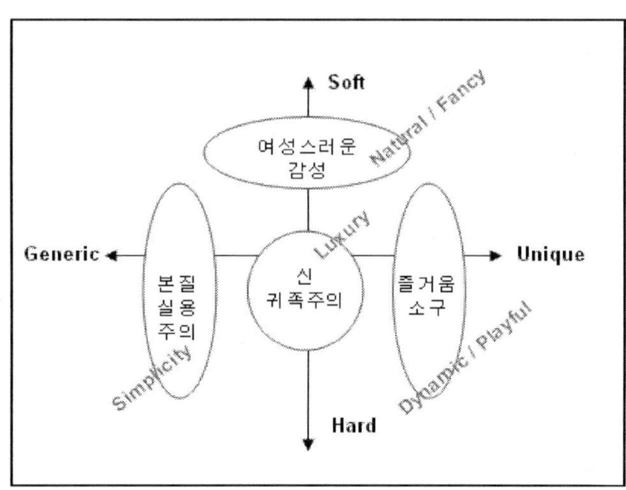

[뷰티(美)산업의 부상과 성공전략, 삼성경제연구소, 2002]

(3) 해당 업종과 관련된 외부환경의 변화를 주시하고 대책을 모색
    하는 경우

- 우리 점포는 돼지고기를 주메뉴로 판매하는 가맹점인데 2007년
  1월 1일부터 시행되는 '음식점 식육원산지표시제'(보건복지부)를
  주시할 필요가 있다. 이 제도는 영업장 면적 $300m^2$(약 90평) 이
  상인 중대형 음식점 중 갈비, 등심 등 구이용 쇠고기를 조리, 판
  매하는 식당에 대해 식육 원산지와 종류를 표시하는 제도로서
  국산의 경우는 한우, 젖소, 육우표시를 수입의 경우는 수입국명
  을 표시하여야 한다.

- 상대적으로 저렴한 미국산 쇠고기의 수입이 재개된다면 돼지고
  기 전문점을 운영하는 나로서는 쇠고기를 취급하여야 하나, 주
  메뉴로 등장을 시킬 것인가 점심매출이 저조한 상태에서 부가메
  뉴로 개발할 것인가?

- 우리 가맹본부는 육가공에 쓰이는 원재료의 안정된 수급을 위한
  물류 시스템을 보유하고 있는가, 원산지표시제 시행 시 타 업체
  와 차별화시킬 수 있는 방안은 강구하고 있는가?

- 시간과 지역을 초월한 온라인에서도 유사제품을 판매하고 있고
  홈쇼핑에서도 판매하고 있다면 어떻게 할 것인가?

- 유통업체의 대형화로 고객몰이를 하고 있다. 주차장 없이는 우
  리 가맹점 유지가 힘들 것 같다. 어떻게 할 건가?

- 지난 2006년 독일월드컵 시즌 때 주류, 음료, 아이스크림, 치킨 판매량이 급증하였다고 한다. 특히 치킨의 경우(배달업) 한국치킨외식산업협회에 의하면, 평소보다 A매치 경기 때 150%의 매출증가가 있었다고 한다. 특히 ○○업체의 경우는 주문 폭주를 예상한 고객들로부터 전국 주문전화번호를 통해 사전예약도 많았다고 한다. 우리 가맹점의 경우 사전예약제를 적용하면 좋을 것 같다.

- 〈표 4-3〉과 같이 세계부유층 연례보고서에서는 한국 내 고액자산보유자의 증가율이 21.3%로 세계에서 가장 높았다고 밝혔다. 이 보고서는 2004년 7만 1,000명에서 8만 6,000명 정도가 될 것으로 추정하고 있다. 고액자산보유자란 기본 주거용 주택을 제외한 투자가능 순금융 자산을 100만 달러 이상 보유한 부자를 의미한다고 한다. 우리 가맹점 브랜드로 이러한 부류에게 귀족 마케팅을 펼칠 방법은 없을까?

〈표 4-3〉 2005년도 주요 국가별 백만장자 증가율 순위

(단위: %)

순 위	국 가	증가율
1	한 국	21.3
2	인 도	19.3
3	러시아	17.4
4	남아프리카공화국	15.9
5	인도네시아	14.7
6	홍 콩	14.4
7	사우디아라비아	13.5
8	싱가포르	13.4
9	아랍에미리트	11.8
10	브라질	11.3

[메릴린치,캡제미니, 2006.6]

◆ 점포의 기회와 위협요인의 발견

프랜차이즈 가맹본부와 가맹점주가 아무리 노력하더라도 고객에게 미충족되는 욕구는 항상 발생한다. 바꾸어 말하면 고객을 만족시킬 수 있는 기회는 무한히 존재한다는 것이다. 모든 가맹점주는 타인보다 잘할 수 있는 자신만의 고유한 능력을 보유하고 있기 때문에 결국 그 능력이 고객과의 교감으로 이루어지게 되면, 자신의 점포가 경쟁우위를 점할 수 있게 된다.

점포의 목표를 명확히 재확인하고 점포 내·외부 환경을 분석하여 성공요인을 발견하고, SWOT분석을 통해 외부환경 분석에 의해 얻어진 기회(Opportunity)와 위협(Threat), 내부환경 분석에서 얻어진 강점(Strength)과 약점(Weakness)을 파악한다.

기회와 강점은 가맹점 활성화를 위한 최고의 무기이며, 위협과 약점은 자기 가맹점의 최대 단점으로서 향후 발생할 수 있는 사건들을 예측하여 대응전략을 미리 마련해 두어야 한다. 다음 〈그림 4-4〉는 대학가에 위치한 도·소매업종 프랜차이즈 가맹점이 작성한 SWOT분석의 예이다.

<그림 4-4> SWOT 분석 (예)

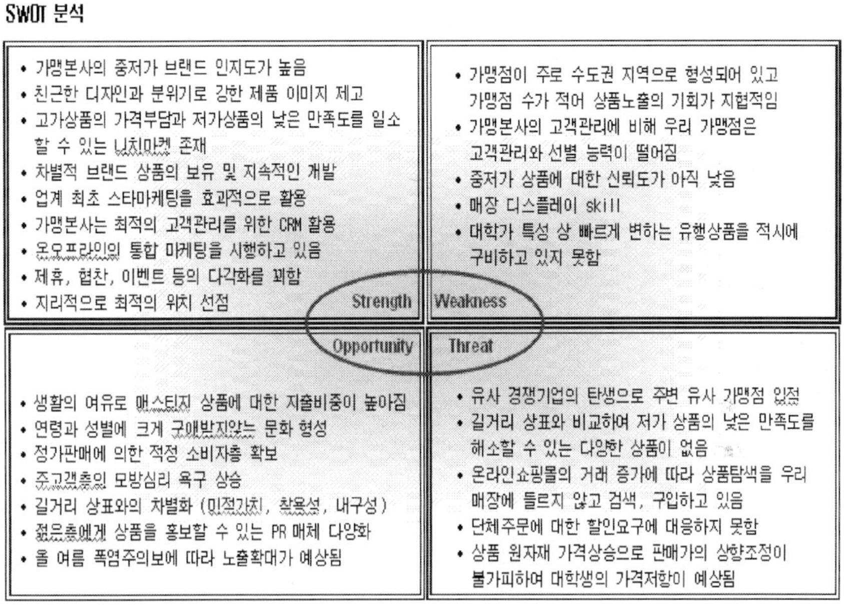

SWOT 분석

이 가맹점의 경우는 가맹본부의 차별적인 스타마케팅을 기반으로 한 홍보 사항과 CRM(Customer Relation Management)을 통한 고객관리 그리고 가맹점의 점포 위치를 강점으로 기록하고 있다. 이러한 강점을 바탕으로 상품판매의 호조를 예상하고 있으며, 매스티지 상품의 선호추세를 시장기회로 분석하고 있다.

반면 가맹점 수가 적어 상품에 대한 노출도가 낮고 상품구색에 있어서 대학가의 특성을 반영하고 있지 못한 점, 그리고 원자재 가격 상승에 대한 불안감과 온라인쇼핑몰의 확대로 내점고객의 하락을 위기와 약점으로 기록하고 있다.

이러한 SWOT분석을 통해 가맹점주는 어떻게 하면 주변 상권에서 경쟁우위를 유지할 수 있을지에 대한 해결책을 찾아내야만 한다. 예를 들어 원자재 상승으로 판매가 상승과 매출 하락이 예상된다면, 상품을 대여해주거나 상품군 중 고가와 저가 상품을 번들링(bundling)한 콤비 형태로 판매하는 방법을 모색하여 우리 상품이 고객으로부터 멀어져 가고 있는 것이 아니라 단지 경제적인 현상에 의해 잠시 소비가 냉각 상태로 접어들고 있다는 관점에서 마케팅 전략을 구사하는 것이 중요하다. 즉 시장 기회는 발견한 사실들 중에 존재하는 것이 아니고, 그 사실을 가맹점이 어떻게 파악하느냐에 따라 만들어지는 것이다.

또 인터넷쇼핑몰의 확산에 따른 폐해가 있다면, 매장 내에 인터넷을 설치한 PC를 구비해 놓고 꼭 자기 가맹점 상품이 아닌 타 상품도 온라인으로 검색할 수 있도록 해 놓는다면 고객 입장에서 탐색비용을 줄여주는 것에 대해 긍정적인 반응을 나타낼 것이며, 게다가 온라인 탐색 후 자기 매장에서 구매할 경우에는 일정의 할인과 마일리지 혜택, 사은품 등을 제공한다면 그 효과는 배가 될 것이다.

이와 같이 현상에 대해 직감으로 판단하여 즉시 대응하는 것보다는 일단 현상을 받아들이고 SWOT 분석을 통해 자기 가맹점이 경쟁상 유리한 입장이 되도록 매트릭스를 재배치하는 방법을 강구하는 것이 바람직하다.

○ SWOT분석을 통해 얻은 우리 가맹점의 마케팅 요소 발굴 (예)
 - 상 품: 형태, 특징, 성능, 신뢰, 내구, AS, 스타일, 컨셉, 디자인
 - 서비스: 주문방법, 배당시간, 배달원 교육

- 가 격: 가격수준
- 종업원: 전문성, 친절, 신뢰, 대면 화술
- 채 널: 커버리지, 전문성

○ 새로운 기회 활용 (예)

우리 가맹본부(PC방 운영업)가 국가청소년위원회와 공동으로 게임중독 예방캠페인을 전개한다고 한다. 모니터 대기화면에 관련된 문구 삽입, 청소년 상담전화 안내 스티커 등을 부착하는 national 판촉이다. 이 캠페인은 공익성이 높기 때문에 우리 가맹점이 주변 학부모들에게 좋은 인상을 심어줄 수 있다. 부가적으로 우리 가맹점에서는 어떤 마케팅을 펼쳐야 할 것인가? 길에서 띠를 두르고 유해차단 CD를 학부모에게 배포하는 방법을 시도해 보는 것은 어떨까?

Reference Site
농림부 (www.maf.go.kr)
삼성경제연구소 (www.seri.org)
LG경제연구원 (www.lgeri.co.kr)
한국치킨외식산업협회 (www.ekcfa.or.kr)
American Express (www.americanexpress.com)
Merrill Lynch (www.ml.com)
Capgemini (www.capgemini.com)

B-3. 마케팅 전략방향 설정

> **POINT**
>
> 마케팅 전략의 방향성을 수립할 때는 경기 상황이 마케팅에 미치는 영향이 크다는 점을 감안하도록 하며, 자기 점포의 성장 단계별, 경쟁 지위별로 분석하여 방향성을 정립하는 것이 바람직하다.

가맹점이 취할 수 있는 마케팅 전략은 경기 상황, 시장에서의 지위, 성장 단계에 따라 제약을 받게 된다. 시장의 규모나 성장성이 아무리 매력적이라고 할지라도 경쟁이 심하게 되면, 마케팅 비용이 증가되어 예상 수익을 달성하지 못하게 되기 때문에 마케팅의 방향성에 관해 진지하게 고려할 필요가 있다. 따라서 경쟁 점포와 비교해서 자기 가맹점이 시도하려는 마케팅 활동이 해당 시장에서 제 역할을 할 수 있고, 차별화된 가치를 제공하여 우위에 설 수 있음을 확인하여야 한다.

가맹점의 마케팅 전략 방향성을 정립하는 데 사용할 수 있는 다양한 원천 정보는 다음과 같다.

○ 소비자의 의견, 불평

○ 판매원으로부터의 정보 습득

○ 가맹본부 또는 유통업자로부터의 정보습득

○ 경쟁업체의 직원

○ 대중매체 정보 및 각종 보고서

○ 정부의 정책과 규제 사항 등

◆ 경기 불황 시 마케팅 전략 방향

경기가 불황으로 치닫거나 장기간의 불황이 지속되는 경우에는 〈그림 4-5〉와 같이 수익을 가져다주지 못하는 고객의 수요를 감소시키고, 핵심 고객과의 관계에 집중하는 디마케팅(demarketing) 활동을 펼쳐야 한다. 또한 TPO (Time-시간, Place-장소, Occasion-경우 또는 상황)에 맞는 최적의 상품과 서비스를 제공하여야 함은 물론이다. 이 같은 변화를 느끼지 못하고 종래의 방식으로 마케팅 활동을 하게 되면, 결국 소비자와 경쟁 점포의 움직임에 뒤처지는 결과를 초래할 수밖에 없다.

〈그림 4-5〉 디마케팅 전략 방향

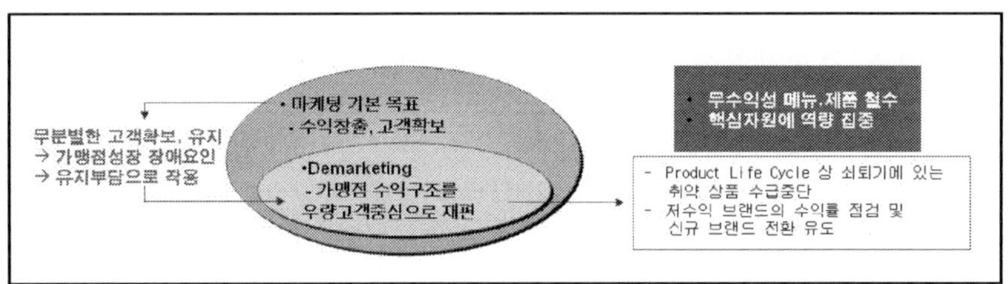

가맹점은 마케팅 활동 방향을 모든 자원관리의 효율성을 제고시켜 리스크를 최소화시키고, 규모의 성장이나 시장점유율 증대 목표를 수익성을 증대시키는 쪽으로 전환해야 한다. 또한 피드백되는 고객의 평가도 핵심 고객에게 집중시키도록 하며, 클레임(claim) 처리 등 불만관리에 신속히 대응해야 한다.

◆ 성장 단계별 마케팅 전략방향

많은 가맹점들은 성장 단계별로 마케팅 전략을 세우지 않은 채 가맹점을 운영하는 경우가 많다. 변화가 심한 창업 시장에서 계획을 세워봐야 단시일 내에 진부해지기 때문에 효과가 없을 것이라고 미리 판단하기 때문이다. 또한 가맹점이 어느 정도 자리잡은 경우에도 이러한 현상이 발생된다. 그러나 〈그림 4-6〉과 같이 가맹점의 성장에 따른 전략 방향을 세운다면, 새로운 환경 변화를 예측함은 물론 동시에 빠른 변화에 대응할 수 있기 때문에 전략방향 수립에 소홀히 한 경우보다 월등히 좋은 성과를 거둘 수 있다.

성장 단계별로 마케팅 방향을 결정할 때 체크되어야 할 사항은 다음과 같다.

○ 지속적으로 소비자와 거래선을 유지하는 방법은 무엇인가?
○ 기존 경쟁환경에 어떤 변화가 있는가?
○ 고객의 요구사항은 구체적으로 무엇인가?
○ 신규 고객확보와 기존 고객의 유지방법은 무엇인가?
○ 신규 경쟁업체의 시장진입에 따른 경쟁우위 요소는 무엇인가?
○ 현재 우리 가맹점 조직으로 고객구조 변화에 적절히 대응할 수 있는가?

〈그림 4-6〉 성장단계별 마케팅 전략 방향

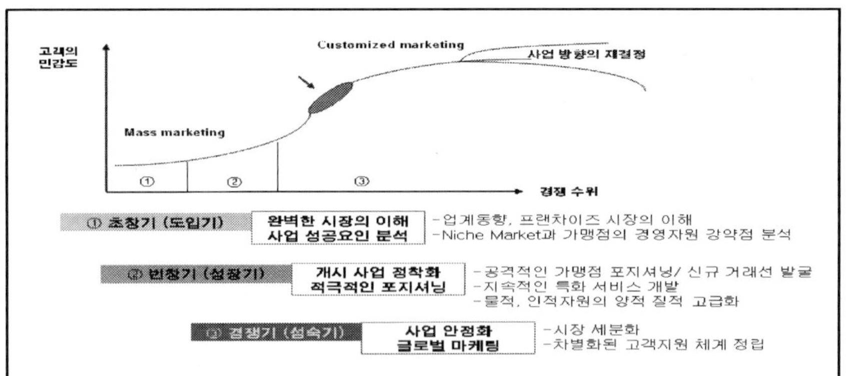

◆ 경쟁 지위별 마케팅 전략방향

업계의 상황, 가맹점의 크기, 가맹점의 운영 연수에 상관없이 〈표 4-4〉와 같이 자기 가맹점의 시장에서의 위치에 가장 적합한 마케팅 전략 방향을 발견해야 한다. 주변 상권에서 마켓 리더일지라도 다른 브랜드로부터 새로운 경쟁 상대가 생겨나 발목을 잡을 수도 있고, 무계획적인 시장 진입으로 낭패를 보는 일도 많으며, 무조건적인 모방으로 상도에 어긋나는 점포로 오인 받을 수도 있는 등 경우의 수에 대한 대비책을 강구하도록 한다.

〈표 4-4〉 경쟁지위별 마케팅 전략 방향

경쟁 지위	목 표	전략방향	내 용
리더 유지	시장규모 확대, 이윤다각화	진입차단과 규모 확대전략	-고객 기능 중심 -전문성과 높은 브랜드 파워 유지 -경쟁업체의 진입 차단 -최적의 시장점유율 유지 및 규모 확대
도 전	시장점유율	리더와의 차별화 전략	-마켓 리더가 할 수 없는 전략 발견 -점유율이 낮은 경재업체 시장 잠식
추 종	이윤 확대	모방 전략	-고품질, 저가격 -마켓 리더와 도전자 전략의 지속적인 관찰, 신속한 모방
틈새 공략	브랜드포지셔닝	독특함과 특정화 전략	-브랜드 포지셔닝에 주력 -표적고객의 정확한 설정 -마켓 리더 주변 수용의 흡수

다음 〈그림 4-7〉은 자기 가맹점의 브랜드가 시장에서 위치하고 있는 곳을 표기하는 방법으로 가맹점의 상황에 따라 상품성격이나 점포의 위치, 규모, 가격 등을 기준으로 마킹해 봄으로써 적절한 마케팅 방향을 수립하는 데 참고 자료로 활용하도록 하며, 변화되는 내·외부 환경에 맞게 X, Y축을 변경하여 시장에서의 변화되는 자기 가맹점 또는 브랜드의 위치를 정기적으로 재확인하는 것도 좋은 방법이다.

<그림 4-7> 자기 브랜드의 위치 파악(예)

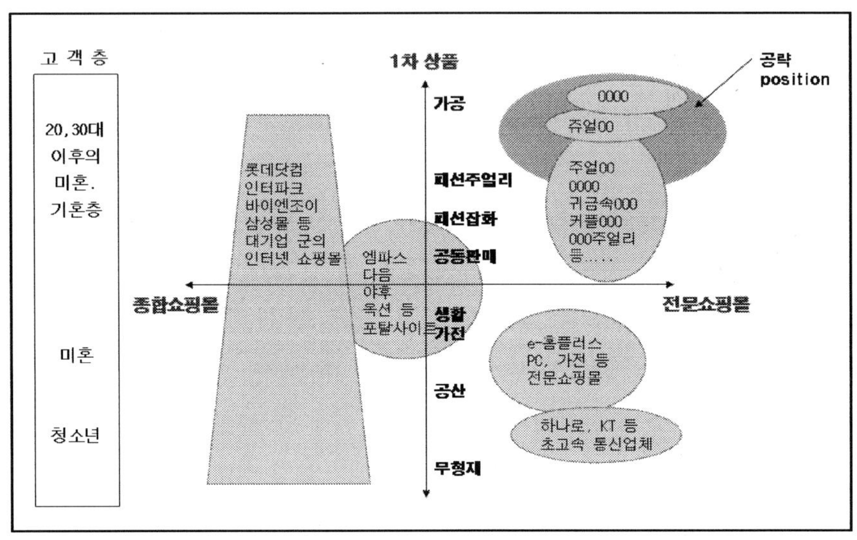

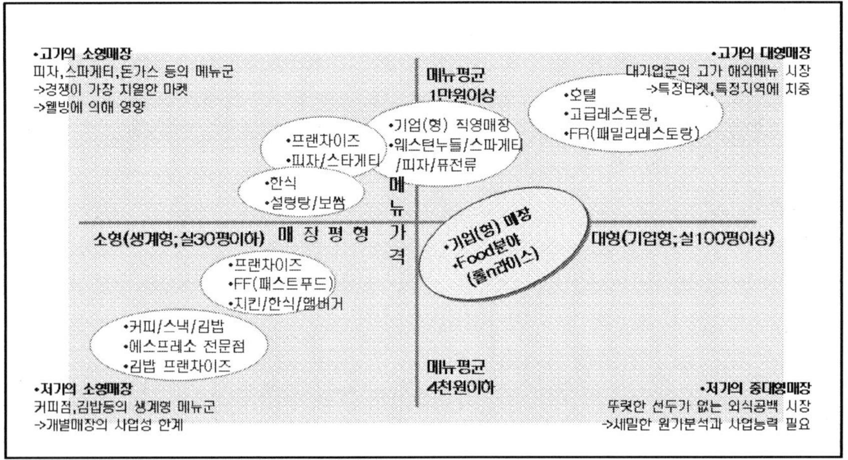

<table>
<tr><td align="center">Reference Site</td></tr>
</table>

삼성경제연구소 (www.seri.org)

LG경제연구원 (www.lgeri.co.kr)

B-4. 마케팅 전략의 수립

> **POINT**
>
> 가맹본부 측면에서는 모든 가맹점이 동일한 제품을 동일한 마케팅으로 판매되는 것이 전개방법 면에서나 통제하는 측면에서 수월하다고 생각할 수 있지만, 각 가맹점주는 기본 방침을 따르되, 자기 상권에 맞는 시장세분화와 적절한 포지셔닝을 반영한 차별화된 마케팅 전략을 구사하는 것이 더 좋은 결과를 가져올 수 있다.

마케팅 전략을 수립하기 위해서는 고객의 만족도와 효율성을 고려해야 하기 때문에 〈그림 4-8〉과 같은 시장을 세분화시킬 수 있는 변수들을 사용하여 시장 전체를 같은 욕구 또는 니즈(needs)를 가진 그룹으로 나눠주는 작업이 필요하다. 예를 들어 가격과 기능에 대한 민감도가 높은 상권이라면, 기능별로는 고기능, 보통 기능, 단순 기능으로, 그리고 가격별로는 고가격, 중가격, 저가격 등으로 분리하여 고객집단을 나눠 볼 수 있다.

〈그림 4-8〉 시장세분화 변수와 그에 따른 4P 전략

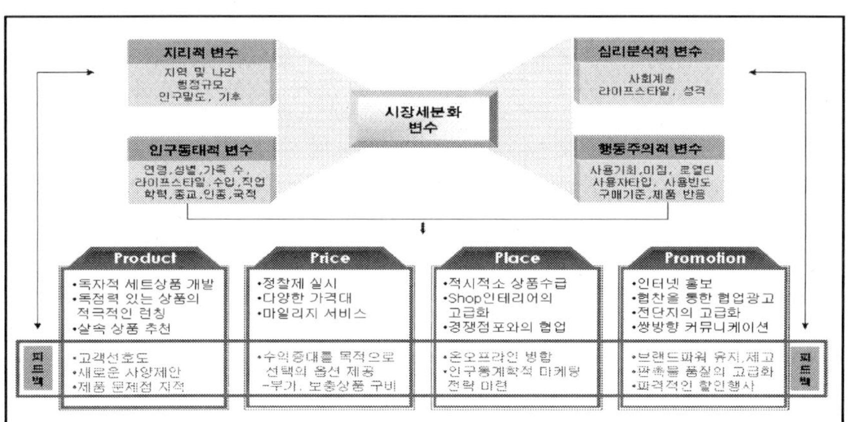

◈ 마케팅 전략수립 (예)– 외식업 가맹점

〈그림 4-9〉는 외식업 가맹점이 마케팅 전략을 수립하기 위해 가맹점 운영에 기본적인 사항을 설정한 사례이다. 이 가맹점은 주 5일제, 웰빙, 생활패턴 변화로 저가격에 고품질의 서비스를 이용하는 매스티지(masstige)붐을 외부 환경분석을 통해 발견하였으며, 식생활에서는 한식 ,FR(패밀리레스토랑), FF(패스트푸드) 분야의 장점을 혼합한 니치 마켓을 공략하는 것이 자기 가맹점에 유리할 것으로 결론을 내리면서 다음과 같은 기본적인 마케팅 전략을 수립하게 되었다.

〈그림 4-9〉 시장세분화를 통한 목표고객 설정

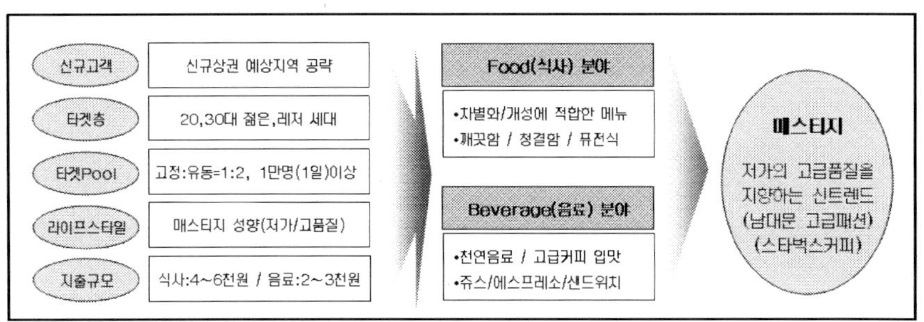

○ 주변 상권과의 차별화 및 틈새 공략

독특한 메뉴 라인업과 타깃 고객 분석에 의한 차별화

- 가격은 저렴하면서도 음식의 품질과 느낌이 새로운 퓨전 스타일 어필

○ 시장선점

- 신규 아파트 입주자 및 스포츠센터 공략으로 신규 마켓의 선점
- 중산층 이상의 입주자이므로 어번(urban)스타일의 깔끔하면서

자연친화적인 인테리어 이미지로 공간 가치를 최대한 제고(음식 맛뿐만 아니라 공간에서 느끼는 세련된 이미지를 어필)

○ 신 소비층 대두
- 20~30대의 젊은 감각세대로서 알뜰족이면서, 매스티지(Masstige) 소비 트렌드를 갖춘 소비자를 위한 정기적인 시식행사 개최
- 깔끔하고 신선한 메뉴이면서 가격은 저렴한 젊은층에 맞는 감각적인 세트 메뉴 마련

○ 기타 고객에게 어필하기 위한 방법
- 서비스, 가격, 청결은 기본이고 여성고객을 위한 파운데이션 룸 설치 고려
- 오픈 키친을 통해 시각적인 볼거리와 음식에 대한 조리 신뢰도를 증대시키고 조리대를 오픈시켜 시각적인 볼거리 및 조리과정을 공개

또한 〈그림 4-10〉과 같이 매장내의 설치물, 소모품을 통한 홍보활동과 주변지역의 프로모션과 이벤트를 통해 유동고객의 접근성을 증대시키고, 온라인을 통해 브랜드 홍보와 구전을 확산하는 통합적인 마케팅을 실시하기로 했다.

<그림 4-10> 마케팅 방법 선택

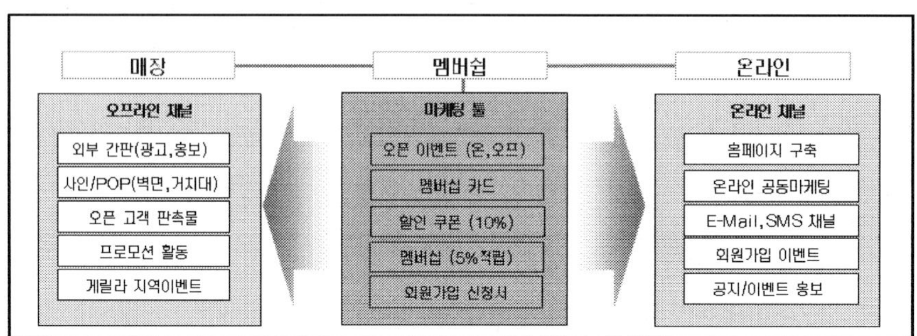

이러한 통합적인 마케팅이 시행되기 위해서 <표 4-5>와 같이 가맹 본부의 일정을 감안하여 연간 프로모션 계획을 수립하고, 다음과 같은 방법을 통해 적극적인 마케팅 활동에 들어가기로 결론을 내렸다.

- 전산 시스템 인프라를 기반으로 매장과 홈페이지의 통합 마케팅 구현
  매장 + 홈페이지 + 고객관리 멤버십
- 설치물, 소모품
  외부 간판 + 매장 내 사인, POP물 + 멤버십 카드 + 쿠폰 등 통일된 이미지로 매장 친숙도 강화
- 매장 프로모션
  특정 시간대 게릴라 이벤트 (시식회, 시음회), 다양한 세트메뉴 구성, 주변 입주사 프로모션
- 온라인 마케팅
  공동마케팅 (지역사이트 간 제휴마케팅), 고객 모니터링제 시스템, 예약/배달 접수채널 마련

〈표 4-5〉 연간 프로모션 계획

프로모션 구분	실행 주체	실행방법	실행 횟수
NSP (National Sales Promotion)	가맹본부	- 엔터테인먼트 관련 업체 제휴 - 스크래치카드, 응모권, 인터넷 입력방식	00회
LSP (Local Sales Promotion)	가맹본부+ 가맹점	- 가맹점별 단독 판촉행사 (본부 지원) (무료시식회, 방문 시식회)	0~00회/분기별
자체판촉	가맹점	- 고급 판촉물 나눠주기 - 스폰서십 체결 / SMS 쿠폰 및 MMS 발송	0회/월
수시판촉	가맹점	- 00,000 매 이상 전단지 배포 활동	0회
신제품 판촉	가맹점	- 신제품 출시 시 직접 방문 시식 판촉	건별

◆ 마케팅 전략수립과 단계별 수행 방법 (예)– 도·소매업 가맹점

아래 〈그림 4-11〉은 도·소매업 가맹점이 세운 마케팅 전략으로 전술한 외식업 가맹점과는 세부 내용은 유사하지만, STP로 나누어 분석하고 단계별로 수행방법을 정리한 사례이다.

〈표 4-6〉 단계별 마케팅 수행 방법

단 계	마케팅 전략	내 용
1단계	브랜드 알리기	- 상권 진입을 위한 고급 이미지 구축 - 중저가 고품질 상품위주의 구성 - 가격 정찰제 및 번들링 상품의 신축적 구성 - 환한 조명 및 집기구성의 동선 방해물 제거 - 유니폼 항시 착용 - 고객 흡입과 구매가 용이하도록 친근감 이미지 구축
2단계	점포 대중화	- 온라인을 통한 우리 가맹점 홈페이지 구축 (제품판매보다는 상품 정보제공에 주력) - 가맹본부의 광고물 100% 부착 및 매체광고 시연 - 가맹본부의 고객DB 필터링을 통한 DB 확보 - 해당 제품 상식 알림판 마련 - 신속한 제품 수급과 상품정보 제공
3단계	로열티강화 및 확장	- POS를 통한 1:1 고객맞춤서비스 / 충성고객 확보 - 마일리지, 포인트제 운영 (고객정보수집) - 우량고객 추출 및 집중관리를 위한 이벤트 마련 - 기부/스폰서를 통한 지역과 함께하는 점포로 부각 - 최소비용의 A/S 및 무료 포장, 무료 세척 - 주변 대형 업체와의 협력 이벤트의 지속적인 마련 - 신속한 고객 불만 처리 (불만 DB 확보) - 종업원 교육 강화, 전문성 확보

<그림 4-11> STP에 따른 전략 설정

S : 시장세분화 (Segmentation)	❖ 중저가 패션 주얼리 경쟁업체 (10개 점포) ❖ 18K 금제품과 팔찌만을 취급 ❖ 대학생 특성이 번들링 상품을 선호 ❖ 재방문자 구매 성공율 높음
T : 타겟팅 (Targeting)	❖ 패션 지향적인 20대 초반 여대생 ❖ 개성을 강조하는 대학1,2학년 남학생 ❖ 대학병원 방문 시 건강 기능성 제품구매 ❖ 커플 (커플링 세트) ❖ 동우회,동아리 단체주문 제품 (마킹 서비스)
P : 포지셔닝 (Positioning)	❖ 출입문 확장으로 내점 유도, 인지도 확립, ❖ 중저가, 고품격 주얼리 점포 이미지 부각 ❖ 평생 고객개념의 A/S를 통한 높은 신뢰관계 구축

◈ 마케팅에 사용할 상품군의 결정 (예)- 도·소매업 가맹점

다음 <그림 4-12>는 가맹점에서 판매한 상품에 대해 유형별로 판매순위와 추이를 분석하여 지속적으로 판매가 이루어져야 하는 상품을 선별하여 마케팅에 활용하고자 한 사례이다.

A 제품군은 가맹본부의 새로운 상품의 런칭으로 가맹점의 의사와 관계없이 입고된 상품, 그리고 기존의 베스트 판매 상품으로서 후자는 유지하되 전자인 경우는 고객반응을 빠르게 파악하여 유지시키거나 철수시켜야 할 것으로 분석되어 이번 마케팅에 사용하기로 결정되었다. C 제품군은 판매량은 적지만 수익률이 좋은 상품으로 유지시켜야 하며, D 제품군은 저성장, 저점유율로 판매에서 제외시켜야 한다는 결론을 내었다. 해당 가맹점이 운영하기에 적정한 제품군은 B 군으로서 높은 판매 점유율은 물론 지속적인 판매성장을 유지하는 상품임이 밝혀졌다.

〈그림 4-12〉 상품의 유지와 철수

상품 종류	수급 결정	수익성	보유 필요성
A	확대	None or Negative	High
	철수	Low or Negative	철수
B	유지, 확대	High	High
C	유지	High	Low
D	철수	Low	철수

◆ **마케팅에 사용할 상품 품목과 가격 결정 (예)- 외식업 관련 온 · 오프라인 복합가맹점**

〈표 4-7〉, 〈그림 4-8〉은 마케팅에 사용할 사품 품목과 가격을 결정하기 위해서 가맹점에서 판매하고 있는 상품의 구성과 운영비율 그리고 품목별 매출이익을 분석한 사례이다. 이 가맹점은 온 · 오프라인 판매를 병행하고 있다는 특성과 이번 마케팅이 명절을 사이에 두고 있다는 점을 감안하여 비록 고마진을 취할 수 있는 상품이지만 적시상품을 마케팅에 사용하기로 결정하였다.

〈표 4-7〉 상품 판매형태와 운영 구성비율

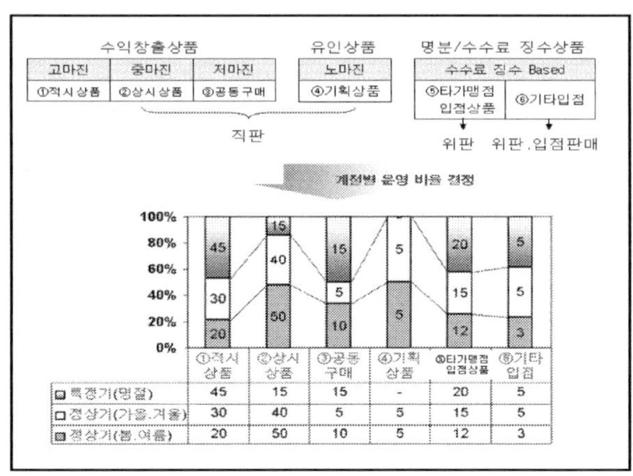

	①적시 상품	②상시 상품	③공동 구매	④기획 상품	⑤타가맹점 입점상품	⑥기타 입점
특정가(명절)	45	15	15	-	20	5
경상가(가을.겨울)	30	40	5	5	15	5
경상가(봄.여름)	20	50	10	5	12	3

<h3 align="center">〈표 4-8〉 상품구성과 품목별 매출이익 분석</h3>

구 분		구 성	품 목		매출이익률(%)		비 고
					오프 라인	온 라인	
고 마 진	①적시상품	지역특산품	00000		시세+ ∝	50~55	Rich Marketing 용
		선물세트	00000		시세+ ∝	50~55	추석, 연말연시, 구정
중 마 진	②상시상품	일반수산	건어	00000	25~25	30	기본매출의 근간
		일반수산	선어 가공	00000	20~25	30	
		활 어	00000		35~45	60	계절에 따라 탄력운영
		공산품	초기 운영 후 구색맞춤		상온10 비식15 냉동13 냉장10	향후	향후 운영여부 타진
저 마 진	③공동구매	종 합	박리다매가 필요한 상품		–	건별	재고부담 소진용
노 마 진	④기획상품	종 합	이벤트 대가성 상품 등		–	0	유인(Incentive)상품
수 수 료 징 수 Bas ed	⑤타가맹점 입점상품	타 가맹점에서 판매를 희망하는 상품			–	수수료	타 가맹점과 제휴
	⑥기타입점	우리 가맹점과 제휴를 희망하는 점포			–	건별	신축적인 전략적 제휴를 통해 판매가 이루어지는 비정기적으로 운영되는 상품

Reference Site

삼성경제연구소 (www.seri.org)

LG경제연구원 (www.lgeri.co.kr)

서강 하버드 비즈니스[SHB] (pdf.hankyung.com/hkshb)

C. 각종 변화에 따른 마케팅 적용 방법

> **POINT**
>
> 각종 변화에 따라 소비자가 기존의 상품과 서비스에 알고 있거나 느낀 것에 비해 향후에는 어떤 요소를 중요시하게 될 것인가를 예측함과 동시에 가맹점의 상품과 서비스가 가장 차별화될 수 있는 적절한 마케팅 방식을 찾아내어 실행에 옮기도록 한다.

프랜차이즈 가맹점 창업의 장점 중에 하나는 브랜드 가치를 기반으로 사업을 전개할 수 있다는 것이다. 가맹점 성장에 공헌하게 되는 브랜드 가치는 가맹본부의 일관성 있는 투자와 오랜 시간 동안 선발 가맹점들이 매뉴얼을 준수한 노력의 대가로 탄생되고 유지되는 것이다. 하지만 브랜드 가치가 상품과 서비스 사용과 경험의 만족도를 높이는 것은 사실이나, 소비자는 각종 변화에 민감하게 반응하면서 구매 의사결정 방법을 달리하는 습성까지 해결하지는 못한다.

따라서 다음 〈그림 4-13〉과 같이 시장세분화 변수로 사용될 수 있는 요인을 중심으로 가맹점에서 실시할 수 있는 마케팅 방법을 찾아내야 한다. 여기서 기술되는 마케팅 방법들을 조합하여 응용하되, 반드시 4P(Product, Price, Place, Promotion)와의 관계를 염두에 두도록 하고, 시행 후 나타난 결과를 feedback시켜 상호 보완, 수정 활동을 전개해야 효과를 거둘 수 있다. 예를 들어 마케팅 실시 결과, 경쟁우위를 지속적으로 유지하기 위해서는 프로모션 의존도를 낮게 해야 한다는 결과를 얻을 수도 있고, 브랜드 확장의 기회가 가격 중심의 마케팅에 의해 발견될 수 있다고 분석되었다면, 그 요인들을 성장의 발판으로 삼아야 하는 것은 물론 차기 마케팅 계획에 반영해야 하는 것이다.

가맹점이 마케팅 활동을 효율적으로 시행하기 위해서는 다음 사항을 염두에 두어야 한다.

(1) 마케팅 대상 범위가 적절해야 한다.
 - 범위가 너무 작으면 충분한 수요를 불러일으킬 수 없고, 반대인 경우에는 고객과의 커뮤니케이션 효율이 떨어지게 된다.
(2) 가맹점주가 생각한 의도가 고객에게 정확히 전달되도록 한다.
 - 가맹점주가 제시한 마케팅 활동에 대한 타당성과 신뢰성을 고객이 인정할 수 있도록 하여 고객에게 쉽게 받아들여지도록 해야 한다.

<그림 4-13> 변화에 대응할 수 있는 마케팅 방법

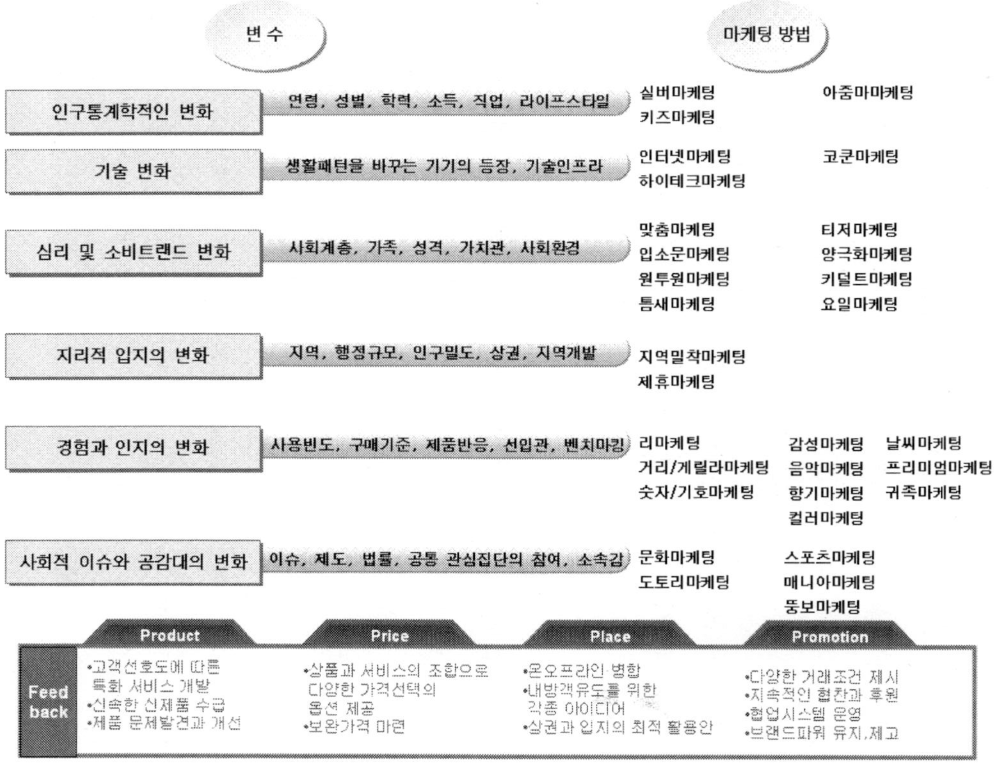

변화에 적절한 마케팅 방법을 선정하기 위해서는 거시적으로는 각종 매스컴이나 신문에서 발표되는 메가트렌드를 분석하고, 미시적으로는 해당 사업지역의 지역신문 또는 그 지역의 각종 통계자료를 조사하여 이전 단계에서 준비했던 마케팅 전략방향과 전략수립 내용을 재점검하도록 한다. 이에 따라 단기, 중·장기적인 계획을 수립하여 적절한 시기와 기간 그리고 적절한 방법으로 시행하도록 한다.

각 기관 또는 연구소에서 발행하는 통계자료는 해당 지역 또는 시대별 경제, 사회, 문화, 교육 등 여러 분야의 변천과 트렌드를 조사한 자료로서 인터넷 등을 통해 손쉽게 구할 수 있을 뿐만 아니라, 그 활용도는 매우 높다. 예를 들어 매년 서울시 정보화기획단에서 발표하고 있는 서울연보는 인구, 노동, 건설, 교통, 보건, 환경, 재정 등 총 20개 분야 273개 세부항목에 대한 자료를 수록하고 있으며, 그 외에도 각 월별, 분기별 산업활동 동향을 공개하고 있다. 통계청 역시 기업 활동뿐만 아니라, 창업 등 사업전개에 필요한 각종 통계자료를 광범위하게 다루고 있다. 통계청에서 발표한 '2006 청소년통계'는 인구, 교육, 사회참여 등의 분야에서 최근 다음 세대를 이어갈 청소년들을 분석하고 있다. 특히 학령인구, 혼인비율의 감소, 대학 진학률 등 거시적인 환경변화를 내용에 담고 있기 때문에 가맹점의 중장기 영업 활동계획에 반영시킬 수 있으며, 아래 〈그림 4-14〉와 같은 인터넷 이용현황에 나타난 조사결과를 응용한다면, N세대에 해당하는 이들에게 주요할 수 있는 영업접점을 발견하게 될 것이다.

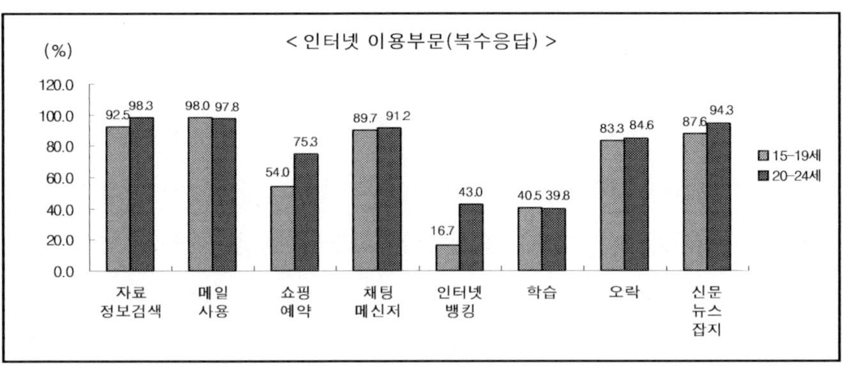

〈그림 4-14〉 청소년 인터넷 이용부문 현황

[2006 청소년통계,통계청 고용복지통계과,2006.5]

그 외에 전자정부 실현을 목표로 요즘에는 각시도의 홈페이지가 상당히 잘 구성되어 있으며, 내용면에서도 유용한 정보가 많다. 각 해당 지역에 해당되는 시정 정보 등 각종 변화의 결과를 나타내는 원시 data를 수집하여 프랜차이즈 가맹점 운영에 효과적으로 사용될 수 있는 자료로 가공하도록 한다.

C-1. 인구통계학적인 변화에 따른 마케팅

> **POINT**
>
> 데이터의 수집과 분석 없는 무계획적인 마케팅 시도는 소비자들의 지속적인 구매를 이끌어 내기에 부족하다. 따라서 고객의 충성도를 높이기 위해서라도 일회성 행사로 마케팅 방법을 선택하는 것은 지양되어야 하며, 인구통계학적인 변화 특히 시대의 변천과 각 대표 세대들의 특성을 반영한 지속성과 차별성을 유지시킬 수 있는 마케팅 방법을 시행하도록 한다.

인구통계학적인 변화 중 시대의 흐름에 따른 각 세대 간의 특성을 분석하는 것은 가맹점 마케팅 활동을 결정짓는 데 중요한 요인으로 작용한다. 자신이 창업한 분야에 해당되는 세대를 타기팅 하여 소비 패턴, 소비문화의 동질성, 마니아 속의 대중화를 발견하고 자신이 제공하는 서비스에 대한 브랜드 로열티를 가중시켜야 한다. 반면 욕구 충족이 이루어지지 않거나 휘발성이 강한 일회성 고객을 위한 마케팅을 구사한다면 낭패를 볼 수밖에 없을 것이다. 어느 세대의 사고와 행동이 모두 우월한 것은 아니지만 세대변화에 부응한 영업활동을 하지 않는다면 실패할 가능성이 농후하기 때문이다.

또한 1980년대 제3의 물결의 저자 앨빈 토플러가 말한 프로슈머(Prosumer; Producer+Consumer) 즉, 단순한 소비를 넘어 생산과 유통에 직접 관여한다는 측면에서의 생산적 소비자, 그리고 자신과 주변인의 소비 내역과 각종 최신 시장정보를 기업에게 정기적으로 제공해준다는 쿨헌터(Cool Hunter)에 이르기까지 21세기 유통흐름의 큰 축을 담당하는 주 세력은 항상 존재하고 있다는 점을 명심해야 한다.

다음 〈그림 4-15〉는 시대의 변천에 따라 나타난 각 세대들을 대표적인 특성과 함께 도식화한 것이다.

<그림 4-15> 시대의 변천과 대표 세대들의 특성

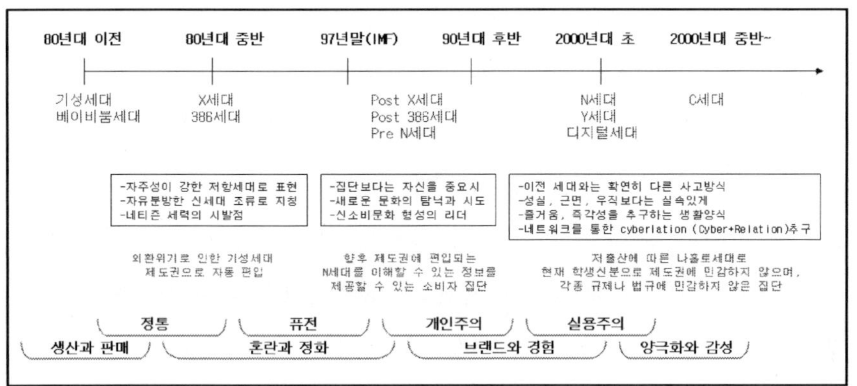

그림에서 나타난 베이비붐 세대는 1946년~1965년 사이에 출생한 기성세대로서 보수주의를 추구하며, 변화에 민감하지 못한 TV세대이다. 하지만 웰빙 관련제품의 주 소비 세력이며, N세대의 문화에 빠져들어 사이버상에서 신세대와의 교류를 시도하기도 한다. 이러한 현상은 정부의 정보화 격차 해소사업과 초고속통신망의 발전에 따른 결과물이라고 할 수 있다.

제도권에 편입된 X세대는 30대 이면서, 1980년대 학번, 1960년대 출생한 일명386세대이다. 이들은 정치적으로는 진보와 저항주의자로 표현되지만, 문화적인 측면에서는 상대적으로 낙후한 세대로서 개인의 즐거움보다는 가족의 건강과 행복을 지향하는 소비성향을 보인다. 하지만 post X세대는 과거 외환위기라는 커다란 패러다임의 변화에 따라 자신의 의지와는 관계없이 제도권에 영입된 점을 탐탁지 않게 생각하고 개인적이고 자기중심적인 삶을 나름대로 추구하는 양면성을 갖고 있다. 또한 무엇인가 색다른 것을 얻고자 하는 욕구를 표출하여 창업시장의 주도적인 확산자 역할을 하고 있다. 환경에 대한 관심을 두기 시작하며 알뜰소비의 중심에 서있으며, 동년배 의식이 남달라 사회적 이슈나 공동 관심사에 대한 모임을 선호한다. 따라서 post X세대는 풍요로운 소비지향주의를 표방하며 합리적인 사고방식과 과감한 사치를 서슴지 않는 구매 성향을 보유하고 있다.

N세대(Y세대)는 베이비붐 세대가 낳은 2세들로서 디지털 네트워킹을 통한 실용주의를 표방하며, 자기중심적이고 자긍심이 강한 세대이다. 네티즌(internet + citizen)이란 용어를 탄생시킨 이들은 다른 나라 문화에 대한 거부감이 적고, 소비에 있어서도 현명하고 최대한의 효용을 추구하는 것을 지향하고 있으며, 즐거움, 오락과 생활과 밀접한 연관성을 보인다. 또한 N세대는 기성세대가 만들어 놓은 경제기반 위에서 경제적인 풍요로움과 정보화 혜택을 누리고 있고, 전화와 편지보다는 이메일을 선호한다.

N, Y세대로 갈수록 의사결정을 하는 데 있어 집단보다는 개인을 중요시하여 타인을 의식하지 않는 경향이 있다. 상품 구매에 있어서는 가격비교, 사용 후기 등 좀 더 전문화되고 현실적인 정보를 원한다는 특성을 지니며, 또한 자기 욕구를 충족시킬 만한 최적의 상품만을 찾는 습성을 갖고 있다. 또한 수입보다는 여가시간을 더 선호하여 현실의 즐거움에 몰입하고 이들 중에서도 소비력이 강한 사람은 미래를 낙관적으로 생각하는 이들이 많다. 비록 정보화가 가속화되면서 소비계층 간의 경계가 모호해지고 있지만, 시장 진입의 성공을 가늠할 수 있는 주요 집단으로 정보화 시대의 주력 소비집단인 N세대를 지목하지 않을 수 없을 것이다.

그리고 각 세대 중 소비의사결정의 영향력을 행사하는 순서에 따라 마케팅 활동을 계획할 수 있는데, 보통 어린이〉 청년층〉 중·장년층〉 노년층 등의 연령 순서로 적용되는 것이 일반적이다. 이러한 사항을 백화점 판매촉진 전략 중 하나인 샤워효과(Shower Effect)를 통해 이해하면 마케팅 대상의 중심을 찾아내는 데 실제로 도움이 된다.

샤워효과란 백화점 가장 위층에 고객을 유인할 수 있는 시설 또는 상품을 배치하여 고객방문의 밀집도를 높이고 이 고객이 점차 아래층까지 내려오게 되어 결국 백화점 전체 매출을 상승시킨다는 효과를 말하는 것으로 분수효과(Fountain Effect)와는 초기 시발점이 반대일 뿐 거의 같은 개념으로 정의될 수 있다. 특정 계층에 특화된 상품과 서비스를 판매하는 가맹점을 제외하고 가맹점에서 마케팅 방법을 선택할 때, 마케팅 대상을 제일 낮은 연령대에서 점차 기성세대 쪽으로 맞추는 것이 각종 트렌드의 변화에 적절히 대응하는 방법이며, 샤워효과를 응용하여 입소문의 중심세력인 OL(Opinion Leader)을 집중 공략하는 것도 좋은 방법이다.

Post X세대 이후의 세대는 생산자는 물론 판매자와의 직접적인 커뮤니케이션을 갈망하고 있고, 제품과 서비스에 대한 의사결정에 참여하고자 하는 욕구를 갖고 있기 때문에 가맹점주는 이점을 감안하여 특정시장에만 국한되지 않는 트렌드를 읽어내어 소비를 가속화시킬 수 있는 마케팅 방법을 찾아내는 능력이 필요하다. 예를 들어 대학가에 위치한 가맹점이라면, 매장직원을 뽑는 데 있어서도 가급적 활동범위가 넓은 대학생을 채용하고, 가맹점주는 각종 동우회나 동아리에 직접 참가 또는 후원하는 마케팅 방법을 택함으로써 고객과의 직간접적인 쌍방향 커뮤니케이션이 수시로 이뤄지게 하는 고객 참여형 마케팅 활동 방법을 택하는 것이 바람직하다고 할 수 있다.

콘텐츠(contents)세대를 의미하는 C세대는 네티즌에서 진보한 세대로서 퍼블리즌(publicity + citizen)이라는 용어를 탄생시킨 장본인들이다. 이들은 사생활을 중시하는 기성세대와는 달리 자기 개인의 생활을 자유롭게 공개함으로써 자신의 삶과 생각을 알리고 전파하기 좋아하는 습성을 가지고 있다. 이러한 현상은 남에게 인정받기를 원하거나 유명해지고 싶은 욕구가 정보통신기술과 접목되었기 때문인데 이들은 디카, 폰카, MP3 등 정보화 기기를 통해 직접 콘텐츠를 생산하여 타인과 공유하는 방법을 택하고 있다. P2P(Peer to Peer) 방식이나 온라인 커뮤니티를 통해 커뮤니케이션을 하며, 댓글, 레포트, 사용후기, 각종 경험담 등의 텍스트 형태와 동영상, 사진, 음악 등 멀티미디어 성격의 콘텐츠를 가공, 소비하고 판매하기도 한다. 또한 이메일보다는 메신저에 익숙하여 빠르고 신속한 양방향 커뮤니케이션을 선호한다.

이 세대들에 특히 가맹점이 관심을 두어야 할 사항은 이 세대들은 심지어 메뉴판이나 주문한 음식과 제품 등을 올리기도 한다는 점인데, 그 만큼 자기의 의견을 표출하고 공유하는 데 있어 분야에 관계 없이 저장하고 기록하는 방식에 익숙해져 있다는 것이다. 따라서 가맹점주는 콘텐츠의 작성과 사용에 능숙한 세대를 위해 자발적인 참여를 유도하는 장을 열어주는 것이 중요하다. 대표적인 예는 블로그나 미니홈피, 네티즌 카페 등을 들 수 있는데, 이것을 단지 기업차원에서만 행할 수 있다는 사고방식은 버려야 하며, 커뮤니케이션의 장에서 얻어지는 정보를 통해 이들만의 특성을 반영한 제품 구색과 서비스 제공에 힘을 기울여야 한다.

◆ 키즈 마케팅

새롭게 형성되는 시장을 예측하여 수행하는 실버 마케팅, 인터넷 마케팅 등과는 달리 어린이를 대상으로 한 마케팅은 시대마다 조금씩 변화를 거쳤지만 그 역사는 상당히 오래된 것이다. 최근 출산율 하락으로 유년 인구는 줄어드는 반면, 전체 시장규모는 여전히 줄어들지 않고 있어 어린이를 대상으로 한 마케팅은 항상 매혹적인 방법으로 꾸준히 시도되고 있다. 게다가 여가시간의 확대로 가족과 어린이에 대한 절대가치가 급상승하고 있고, 출산 후를 대비한 맞벌이 부부들이 비교적 젊은 나이에 높은 가계소득을 올리게 되면서 호전된 현금유동성에 맞는 소비를 출산 후로 미루는 풍토가 사회 전반적으로 퍼져나가고 있는 것도 어린이 관련 시장규모가 좀처럼 줄어들지 않는 이유이기도 하다.

어린이라는 대상은 첫째, 직접적인 소비자로서의 주체일 수도 있고, 둘째, 부모에게 구매 영향력을 행사하는 제품 선택의 주된 의사결정권자일 수도 있으며, 셋째, 미래의 잠재고객으로서의 주체일 수도 있다는 것이다. 가족 중심의 라이프사이클 변화가 가속화되고 있는 상황에서도 여성의 경제인구로의 편입, 자식을 통한 부모의 대리만족 소비 풍토가 여전하기 때문에 어린이가 가계 소비에 미치는 영향력은 증가할 수밖에 없는 실정이다.

당연한 애기이겠지만 가맹점이 어린이 대상의 제품과 서비스를 취급한다면 첫 번째의 경우에 부합되는 마케팅을 펼쳐야 할 것이다. 최근 투자 대비 안정되고 지속적인 수익을 창출할 수 있고 비교적 노동력을 투입하지 않고 최소의 재고로만 운영할 수 있는 창업 아이템을 원하는 예비 창업자들이 많아짐에 따라 비교적 영업대상으로 까다롭지 않은 아이들을 목표 고객으로 한 아이템들이 대거 등장하고 있다. 무점포 형태로 각광을 받아온 각종 꼬치, 치킨 등을 이용한 테이크 아웃형 먹거리 창업이 초·중·고등학교 주변에 프랜차이즈 가맹점 형태의 로드숍으로 자리잡고 있는 것도 이러한 현상을 뒷받침하는 것이다.

세 번째 경우는 사업의 영속성을 감안할 때 장기간에 걸쳐 시행되어야 한다는 점에 비추어볼 때, 가맹점보다는 가맹본부에서 이루어져야 하는 마케팅 포인트이다. 최근 사업의 안정 괘도에 올라선 일부 가맹본부의 브랜드의 경우 양적 팽창의 가맹점 유치보다는 브랜드 고유의 특성을 살린 이미지 광고나 기업 이미지 제고를 위해 결식아동 돕기와 같은 사회 봉사활동이나 어린이 창업경진대회, 자사 견학 프로그램 등을 통해 대외적인 브랜드 파워 굳히기에 치중하는 마케팅 활동을 벌이는 예도 바로 이런 이유에서이다.

결국 키즈 마케팅에서 가맹점이 주안점을 두어야 할 범위는 두 번째 경우로서 자녀를 가진 부모들이 아이들과의 동행을 통해 쇼핑이나 먹거리를 찾는 경우 의사결정자로서 아이들이 확고한 우위를 점령하고 있다는 점을 포인트로 마케팅 기회를 찾아야 한다. 학생들에게 궁금증을 유발시키는 광고를 시행하거나 공부방 형태의 학원들이

학생들 사이에서 작은 소모임 활동을 할 수 있는 공간으로 변모시키고 있는 것 등이 바로 그 예이다.

외식업 프랜차이즈 가맹점의 경우 인테리어 공사 시 주변 상권을 탐색할 때 그 상권이 가족동반이 많은지, 일반 회식자리가 많은지, 가족 동반이라면 어린이 동행 비중이 어느 정도 되는지 파악해 보아야 한다. 어린이를 대상으로 한 거창한 이벤트도 좋지만 아이들과 쉽게 머무를 수 있는 공간이나 놀잇감을 마련해 주는 등의 작은 활동에서부터 출발하게 되면, 결국 대금지불능력이 있는 부모들을 통해 긍정적인 네트워크 효과(Network Effect)를 가져올 수 있게 되는 것이다. 아이들이 매장 내에 장식한 크리스마스트리에 걸려있는 방울을 만지면 야단치지 말고 선물을 주도록 하며, 카운터에는 항시 아이들을 위한 사탕을 별도로 비치해 놓거나 아이들이 좋아하는 그림이나 카드를 나눠주는 것, 그리고 어린이용 식사 도구나 전용의자를 구비하는 것 등 어렵다고 마케팅을 포기하지 말고 쉬운 일에서부터 출발한다고 생각하고 접근하는 것이 바람직하다. 어린이들을 대동한 고객을 싫어하는 가맹점주라면, 해당 연령대에 속하는 주부고객의 관심을 절대 사지 못하게 된다는 점을 명심해야 한다.

유아교육기관 또는 교육관련 가맹점들이 정보화 시대에 걸맞은 차별화된 서비스를 제공하기 위해 좀 더 욕심을 내본다면, 아이들의 기본적인 신체발육 상태를 체크하고 체지방량, 비민도 등 종합적인 건강상태와 소견을 제시하는 상품과 같은 서비스를 가맹점 운영에 접목시키는 방법도 있을 수 있다.

◆ 아줌마 마케팅

아줌마들은 오프라인 상에서 입소문을 주도하는 중심세력이며, 일단 선택한 브랜드나 제품에 대해서는 충성도가 높지만, 한번의 실수도 용납하지 않는 본능 때문에 이탈고객으로의 이동가능성이 항상 잠재되어 있는 고객층이다. 최근에는 전업주부들을 제품 개발에 직접 참여시키거나 주부 모니터링제를 실시하거나, 사회활동을 하고 있는 아줌마들이 온라인상에서 커뮤니티를 생성할 수 있도록 하는 이벤트를 마련해 주는 마케팅을 실시하여 좋은 결과를 나타내고 있다. 이것은 아줌마들이 좋아하는 보는 즐거움과 공동체에 참여하려는 욕구를 적절히 배합하면 아줌마들은 가맹점의 훌륭한 파트너가 될 수 있다는 증거인 셈이다.

아줌마 전문 마케팅 회사인 AML에 따르면, 아래 〈그림 4-16〉과 같이 아줌마들이 제품을 구매할 때 가장 크게 영향을 받는 것은 주변의 의견이나 소문이라고 밝히고 있는데, 그 이유는 아줌마들은 결혼과 출산으로 인한 주위 환경의 변화로 말미암아 말하기, 참견하기, 알고 있는 것 자랑하기 등의 기본적인 본능과 인정받기를 좋아하고 자기가 경험한 사항에 대해 다른 사람에게 권유는 특성을 지니고 있기 때문이라고 한다. 또한 남성에 비해 3배 이상 지역밀착 휴먼 네트워킹이 가능한 존재라고 분석하고 있다.

〈그림 4-16〉 아줌마들이 제품의 구매결정을 할 때
가장 영향을 많이 받는 요소

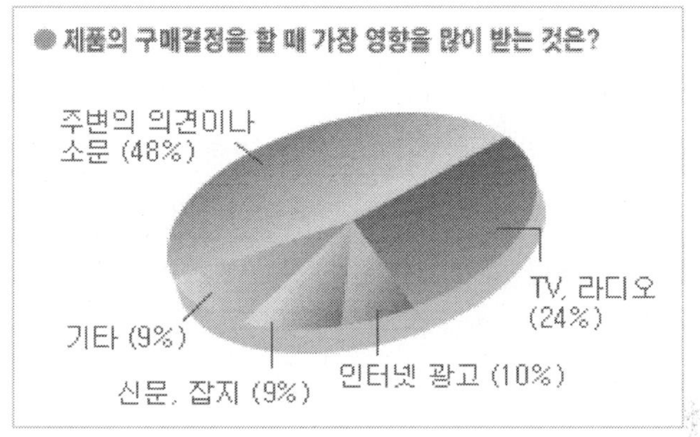

[아줌마닷컴, Advantage Marketing Lab]

따라서 가맹점이 아줌마를 대상으로 마케팅을 할 때는 아줌마 스스로 우리 브랜드 가치나 제품의 질과 양, 효용성에 대해 거부감을 갖지 않도록 하며, 의사결정을 보류하거나 우호적이지도 부정적이지도 않은 중립 상태에 머물러 있는 아줌마를 대상으로 스스로 설득되어 가맹점의 우량고객이 되도록 유인하는 방법을 택해야 한다.

업종이나 상권에 따라 다르겠지만 아줌마들에게 부정적인 인식을 주는 가맹점은 끝이라고 단언할 수도 있다. 그 이유는 전업주부이든, 커리어 주부이든 간에 신세대보다는 구매력 크기는 작지만 온·오프라인을 넘나드는 제품구매에 대한 활발한 의견 개진으로 신세대들의 유행에 영향을 미칠 뿐만 아니라, 가전제품, 일반 소비재, 식료, 미용, 화장품, 음식 등 선택할 수 있는 제품의 다양성과 광범위성으로 인해 동일 세대의 주변인은 물론 어린이, 노인, 배우자 등의 세대까지 그 영향력이 미치기 때문이다.

특히 교육, 어학관련 가맹점은 키티맘(Kitty Mom)이라고 불리는 20대~30대 초반 아줌마를, 뷰티, 문화, 이·미용 관련 가맹점은 30대 중반~40대 초반 아줌마를, 음악, 주류, 여행, 문화와 관련된 가맹점은 40대 중반 이상을 핵심적인 타깃 고객으로 생각하는 것이 좋다. 또한 코스메틱이나 외식 관련 가맹점은 연령과는 관계없는 모든 아줌마를 타깃으로 온라인 커뮤니티를 활성시키거나 해당 제품의 샘플 제공, 체험, 습성 등을 찾아내어 참여형, 동반자형 파트너십을 형성하도록 해야 한다. 좀 더 정확한 타기팅을 위해서는 자기 업종에서 가장 영향력을 행사하는 아줌마군을 찾아내어 표적 영업을 시도하는 것도 바람직하다. 예를 들면, 외식업의 경우 학부모라는 타깃보다는 ○○고등학교 우월반(영재반)의 2006년 2학기 어머니 대표 신아무개 식의 중점 관리 대상인을 선정하고, 그 주위를 둘러싸고 있는 아줌마들을 유인하는 방법이 더 효과적이다. 또한 30대 중반 이후 아줌마들은 웹 환경에 익숙지 않은 점을 감안 (컴맹) 우수고객＝컴퓨터 강좌(학원)연계 등도 좋은 방법이며, 사은품으로 슈퍼마켓 할인권이나 쓰레기봉투를 증정하는 것, 혹은 패밀리레스토랑에서 많이 쓰고 있는 'waiting food service'를 도입하는 것도 훌륭한 방법이다. 특히 웨이팅푸드 서비스는 손님이 기다리는 동안 간단한 요리나 음료를 시식하게 하는 것으로 이미 대형 외식업계에 널리 쓰이고 있고 아줌마들로부터 좋은 반응을 얻고 있는 마케팅 방법이다.

◆ 실버 마케팅

미래를 예측하는 사람들과 학자들이 공통적으로 예측하는 것 중의 하나가 노령 인구의 증가현상이다. 2006년 5월에 통계청이 발표한

'2005 인구주택총조사'(기준시점: 2005년 11월 1일 0시 현재)에 따르면 우리나라 국민 평균나이는 35세로 10년 전보다 5세 이상 높아졌으며, 출산율의 급격한 저하와 65세 이상 노년층 인구가 급증하여 400만 명대에 진입하고 있는 것에서 그 원인으로 찾고 있다. 그 결과 이제 우리나라도 UN이 총인구의 7%로 정의한 노령화 사회로 진입하게 된 것이다.

세계 최저수준을 기록한 출산율(2005년 기준 1.08명)이 회복되지 않는다면, 현재 30대 중반이 노인이 되는 시점인 2050년에는 노년층의 인구비중이 가장 크게 될 것이라는 예측을 하고 있으며, 인구 피라미드 유형이 후진국형, 즉 출생률은 높지만 사망률이 낮아지는 '피라미드형'을 벗어나 출생률과 사망률이 모두 낮아지는 선진국형인 '종형'을 거치지 않고 종형의 상태에서 출생률이 급격히 더 떨어져 인구가 감소하는 '항아리형'으로 변한 기형적 구조는 세계에서 유래를 찾기 힘들다고 관계 부처는 말하고 있어 심각성을 더해주고 있다. 또한 김태헌 교수(한국교원대)에 따르면, 베이비붐 세대가 노년층에 진입하는 2020년 이후에는 역피라미드형이 될 것이라고 한다.

아래와 〈표 4-9〉와 같이 우리나라 인구를 연령계층별로 살펴보면, 유소년의 인구는 70년대를 정점으로 계속 감소하고, 노년인구는 증가하고 있음을 알 수 있다. 빠른 고령화의 진행은 줄어드는 영·유아시장의 감소의 측면 이외에 기업에게는 새로운 시장의 탄생을 예고하는 것이기도 하며, 또한 여성들의 경제활동 참여비율을 늘릴 수 있는 시장의 탄생을 예고하는 것이기도 하다.

실버 마케팅이 중요한 이유는 노후대비를 위한 청장년층의 대비가 빨라지고 있고, 연금제도 등 각종 사회보장제도가 정착하고 있으며, 과거와는 달리 경제적으로 안정된 노후를 보낼 확률이 높아지고 있기 때문이다. 이러한 급격한 고령화에 따른 대비책은 정부의 각종 정책이나 행사를 통해 읽어낼 수 있는데, 예를 들어 정보통신부에서 '디지털과 함께하는 활기찬 인생'이라는 슬로건으로 매년 5월 개최하고 있는 '어르신 정보화 제전' 등을 보면, 세대간 정보격차 해소를 위해 정부 입장에서 어떠한 분위기를 형성하고 있는지 파악함으로써 가맹점들이 실버 마케팅을 계획하는 데 도움이 되는 정보를 수집해야 할 것이다.

우리나라의 실버 마케팅은 노인을 대상으로 일상생활에 필요한 생필품이나 건강보조기구를 판매하는 것에서 출발되었으나 소비인식의 질적 향상과 노인에 대한 사회인식의 변화에 따라 점차 제품구매 형태보다는 서비스 산업으로 이동하고 확산되는 추세를 보이고 있다. 실제 노인 계층 중 비교적 자식 보육에 대한 부담이나 재정적인 여유를 느낄 수 있는 사람들은 자신이 노인이라고 생각하지 않는 경향이 있다. 얼마 전 광고에 나온 '나이는 숫자에 불과하다'라는 광고카피는 이러한 심리를 반영한 마케팅 전략이라고 할 수 있다.

<표 4-9> 연령계층별 인구분포

(단위: 천명)

연령계층	1985	1995	2000	2005
유소년 (0~14세)	12,095	10,236	9,639	8,986
청장년 (15~64세)	26,575	31,678	32,973	33,690
노년 (65세 이상)	1,750	2,640	3,372	4,365

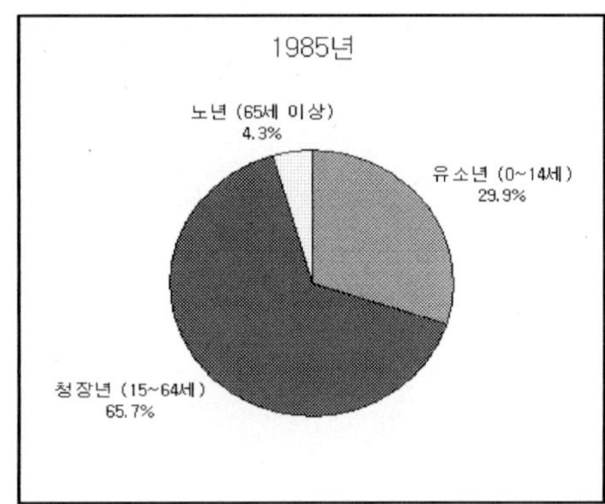

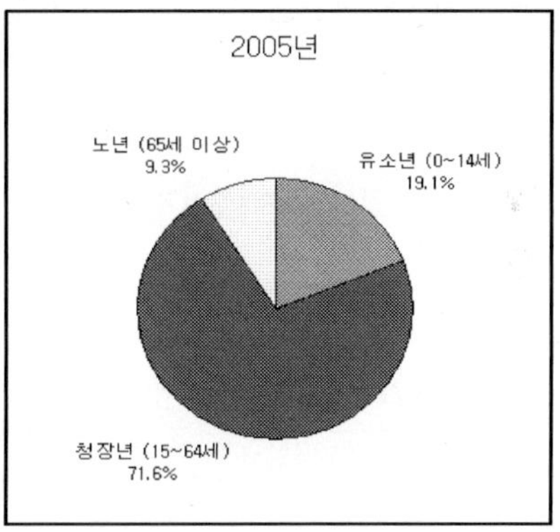

[통계청 2005 인구주택총조사 재구성, 2006년]

특히 대다수 노년 고객들은 매장방문 이전에 이미 구매의사를 결정하고 내방하는 경우가 많기 때문에 가맹점주는 접객 시 건강과 신체에 대한 표현은 가급적 삼가도록 하며, 가족중심의 표현을 이야기 화제로 삼아 대화를 유도하여 소외감을 느끼지 않은 상태에서 편안한 구매행위로 이어질 수 있도록 분위기를 조성해야 한다.

Reference Site

i-care Service (uhealth.bizmeka.com)

아줌마닷컴 (www.azzomma.com)

AML; Advantage Marketing Lab (aml.azoomma.com)

통계청 (www.nso.go.kr)

노후닷컴(www.nohoo.com) -노인 포털사이트

노인생활과학연구소 (www.wellageing.com) -노인 정보화 교육

C-2. 기술 변화에 따른 마케팅

POINT

가맹점은 기술 변화에 대응할 수 있는 마케팅을 통해 기존의 오프라인 환경에서 보다 나은 새로운 가치를 비대면 채널까지 확장시켜 고객에게 제공할 수 있는 기회를 얻을 수 있다. 특히 인터넷 마케팅은 가맹점 사업에 큰 변화를 가져올 수 있는 방법이며, 고객 정보의 수집과 고객의 소리에 귀 기울일 수 있는 영향력 있는 측정 수단으로 활용할 수도 있다.

◈ 인터넷 마케팅

창업시장 역시 구매자 주도형의 거래구조가 형성되고 있으며 이에 따라 소비자도 하이브리드형으로 진화하고 있다. 이러한 현상은 정보화의 발전으로 각종 정보에 대한 수집기회에 다양화되어 각 브랜드간의 경쟁구조와 서비스환경이 쉽게 노출되고 있다는 것을 입증하는 것이다. 가맹본부뿐만 아니라 가맹점 역시 각자의 사업영역에서

시장의 기회를 포착하지 않는다면, 도태될 수밖에 없는 시대가 도래한 것이다. 다중화된 매체에 대한 소비자의 세분화가 급속히 이루어지고 있고 새로운 매체를 통해 필요한 정보를 얻고자 하는 소비자가 늘고 있는 상황에서 인터넷 마케팅은 프랜차이즈 가맹점이 운용할 수 있는 적절한 마케팅 방법으로 평가받고 있다.

인터넷 마케팅은 온라인의 가상공간을 통하여 자기 가맹점의 영업 영역을 확장시키고, 고객과의 관계형성을 돈독하게 할 수 있는 방법으로서 운영 형태가 전단지, 쿠폰, 현수막 등 지면 형태의 간행물보다 마케팅 형태나 콘텐츠들의 표현이 보다 자유로우며, 부가적으로 이메일, 채팅, 블로그, 인터넷 카페 등과 함께 운영할 수 있다. 또한 핸드폰, 디지털카메라, 핸드폰카메라 등 디지털 컨버전스 기기와 융합시켜 고객과의 쌍방향 커뮤니케이션을 가능하게 해준다.

가맹점에서 인터넷 마케팅을 시도하는 것은 이제 선택 사항이 아니라 필수 사항이므로 먼 산불 보듯이 돈 많은 가맹본부나 점포규모가 큰 가맹점 또는 기술력이 풍부한 정보통신업체만이 실행하는 것으로 생각하는 오류를 범하지 말아야 한다. 마케팅 도구와 환경으로서 인터넷의 본질을 다음과 같이 이해하여 영업활성화에 도움을 되도록 해야 하는 것이다.

(1) 가맹점의 인터넷 마케팅은 사이버상에서 상거래를 일으키는 전자상거래(EC; Electronic Commerce)와는 구별되는 것으로 제공하는 상품과 서비스의 강한 이미지를 온라인상에서 어필함으로써 소비자의 구매 결정에 도움을 주는 활동을 말하는

것이다.

(2) 기존의 마케팅 방식과 전혀 다른 선상에서 출발하는 것이 아니라, 마케팅의 본질적인 측면은 동일하기 때문에 인터넷 마케팅은 결국 마케팅의 본질을 인터넷이라는 매개체를 통해 구현시키는 것이라고 할 수 있다.

(3) 인터넷 마케팅은 가맹점의 매출과 회원확보와 관리 등에 직접적으로 연동되므로, 소비자에게 직접적인 편익이 되돌아갈 수 있게 계획되어야 한다.

특히 소비자가 해당 마케팅에 대해 수용 여부를 결정짓는 것이 공통 관심사를 갖고 있는 타인에 의해 영향을 받는 만큼, 가맹점은 고객관리 측면에서 인터넷 기술을 접목하여 고객과 상호작용을 증대시켜 고객과의 관계를 강화시켜 나가야 한다. 또한 인터넷 자체를 marketplace로 활용하는 전자상거래 형태 사업이 시장진입의 용이성에 따라 사업자 간의 경쟁격화로 발전되는 것에 비해 인터넷 마케팅은 주력 사업의 보조 홍보수단으로 사용되기 때문에 활용도가 높은 편이다. 하지만 비대면으로 진행된다는 특수성으로 만일 고객과의 약속을 이행하지 않는다면, 급격한 신뢰도 추락으로 말미암아 해명할 기회조차 상실할 수도 있다.

○ **인터넷 이용현황의 이해**

인터넷 특성상 비대면의 유·무형의 거래가 일어나기 때문에 표현하는 방식이 고객 행동을 측정할 수 있도록 구조화하는 것이 좋은데, 다음과 같은 현황을 분석하여 자기 가맹점에 맞는 마케팅 방안을 강구하도록 한다.

(1) 인터넷 이용률과 이용자 수 현황

우리나라 인터넷 인구는 〈그림 4-17〉과 같이 2005년 말 현재 3천 3백만 명에 달하며, 이는 2000년에 비해 무려 73%에 가까운 증가를 기록한 것이다. 게다가 〈그림 4-18〉에서 보듯이 전체 인터넷 인구 중 유무선 인터넷을 동시에 이용하는 이용자 비중이 24.4%에 달해 인터넷이 공간개념의 시장점유율을 시간점유율로 전환시킬 수 있는 훌륭한 매개체로서 명실상부한 웹 라이프스타일을 일반화시키고 있음을 알 수 있다.

〈그림 4-17〉 인터넷 이용률과 이용자 수 변화 추이

(단위: 천명)

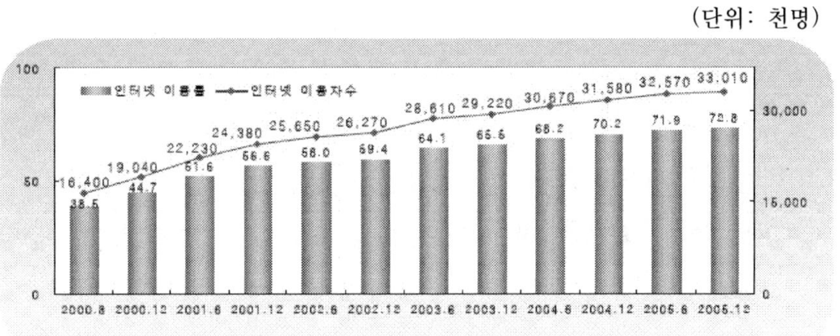

[2005년 하반기 정보화 실태조사, 한국인터넷진흥원, 2006.2]

〈그림 4-18〉 유형별 인터넷 이용률 및 이용자 수

(단위: 천명)

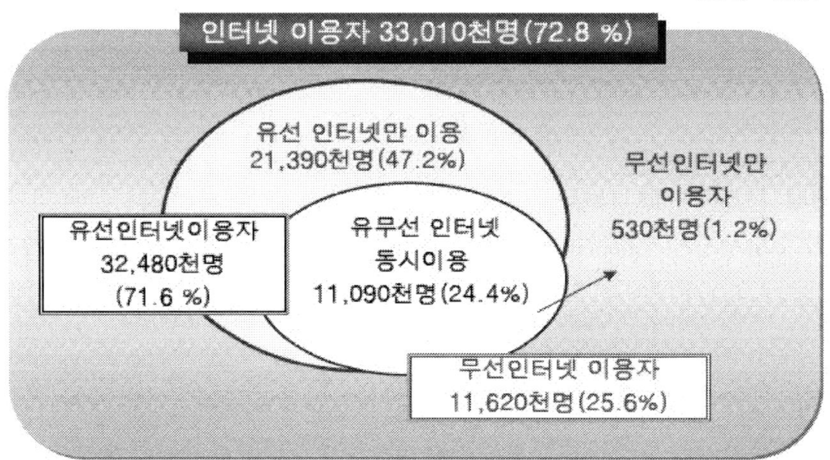

[2005년 하반기 정보화실태조사, 한국인터넷진흥원, 2006.2]

(2) 인터넷 이용자의 참여와 공유활동 현황

만 12세 이상 49세 이하 인터넷 이용자 2,457명을 대상으로 조사한 '2006 인터넷 이슈심층조사' 결과에 따르면, 인터넷 이용자의 91.6%가 참여와 공유활동을 하고 있어 이용자 참여를 지향하고 있는 것으로 나타났다. 카페나 커뮤니티를 이용하는 경우가 77.8%로 가장 많고, 퍼 나르기(62.0%), 본인 블로그/미니홈피 운영(52.4%), 댓글달기(45.6%), UCC 생산(43.2%) 등의 순서로 조사되었다.

한 〈그림 4-19〉에서 보는 바와 같이 조사대상자의 76.2%가 사용자제작콘텐츠(UCCUser Created Contents)를 이용해 본 경험이 있고, 이 가운데 35.6%는 하루에 1번 이상 이용하고 있다고 응답하여 UCC의 또 다른 형태인 상품평, 이용후기 등은 인터넷상에서 입소문을 형성하여 쇼핑구매결정에 상당한 영향을 미치는 것으로 나타났다.

또한 응답자의 79.3%가 쇼핑 시 다른 이용자의 상품평, 이용후기 등을 참고하고 있으며, 이 가운데 94.3%는 다른 이용자의 구매경험 과 평가를 기반으로 최종 구매여부를 결정하는 것으로 나타났다.

<그림 4-19> 사용자 제작 콘텐츠의 이용 경험 및 빈도

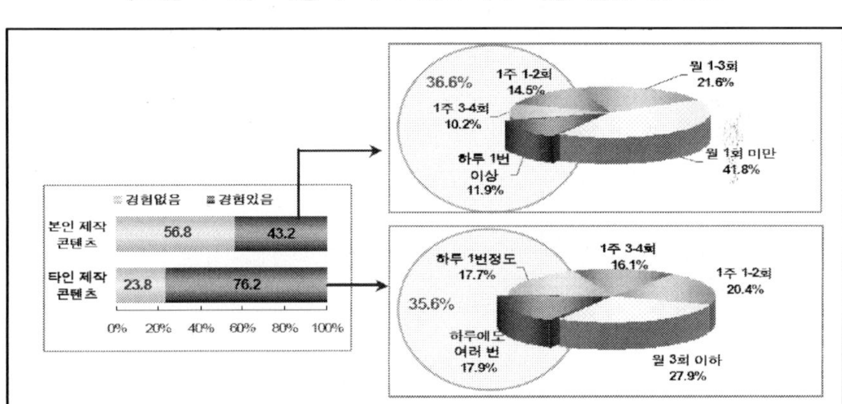

[2006 인터넷 이슈 심층조사, 한국인터넷진흥원 2006.6]

(3) 장·노년층의 인터넷 이용현황

전국 7,076가구(만 3세 이상 가구원 18,683명)을 대상으로 조사한 장·노년층 인터넷이용실태분석에 따르면, <표 4-10>에서 보듯이 장·노년층이 잠재적 인터넷 적극 활용 계층으로 부상하고 있고 금 융상품 구매 등 관심분야를 중심으로 인터넷 활용도가 높으며, 인터 넷 이용에 따른 일상생활 변화에 민감한 것으로 밝히고 있다. 또한 장기적으로는 현재의 30~40대가 50대 이상으로 되면서 더 이상 연 령 계층 간 정보화 소외현상은 없다는 예측을 할 수 있다.

<표 4-10> 인터넷을 통한 쇼핑 이용률

구 분	전 체	6~49세	50~54세	55세이상
도서잡지신문	34.1	35.2	15.6	11.0
의류신발스포츠	56.3	56.9	42.3	47.8
화장품/액세서리	29.0	29.8	16.0	7.0
컴퓨터 및 주변기기	14.7	15.1	8.4	7.7
게 임	24.5	25.4	7.5	8.6
소프트웨어	8.9	9.2	2.3	5.7
금융상품	13.9	12.9	31.1	35.4
식료잡화	16.1	16.3	11.7	12.2
정보기술통신서비스	3.8	3.8	3.2	2.9
영화프로그램이미지	27.7	28.7	12.9	4.2
음 악	38.3	39.2	24.5	14.9
사진통신광학장비	6.0	6.2	4.8	0.6
엔터테인먼트	15.5	16.1	4.0	4.4
여행상품	8.9	9.1	7.4	3.5
가전전자	18.7	18.9	17.1	9.8
아동유아	12.5	13.1	0.5	3.1
자동차용품	5.7	5.9	2.0	2.1

[장·노년층 인터넷 이용실태분석, 한국인터넷진흥원, 2006.7]

가맹점에서 시행할 수 있는 인터넷 마케팅은 크게 이메일 마케팅, 온라인 광고, 검색엔진 마케팅, 커뮤니티 마케팅, CRM 마케팅, 그리고 최근 각광을 받고 있는, 광고주가 원한행위가 발생했을 때만 비용을 지불하는 온라인 키워드 검색 방식인 오버추어광고(Overture Advertising) 등을 들 수 있는데, 비교적 투자비용이 저렴하고 불특정다수보다는 자기 가맹점의 고객을 대상으로 한 커뮤니티 마케팅과 이메일 마케팅에 중심을 두는 것이 바람직하다. 그 이유는 인터넷 마케팅에 대한 수용 여부가 주변인에 의해 큰 영향을 받음으로 가맹점에서 실시하는 인터넷 마케팅이 효과를 얻기 위해서는 가급적 자기 가맹점을 중심으로 한 고객을 파악하여 전개하는 것이 효과적이기 때문이다.

○ 커뮤니티 구성

인터넷 기반의 커뮤니티는 제품과 서비스의 판매와 구매에 관련된 정보를 교환할 목적으로 비슷한 관심 분야나 문제의식을 가진 사람들이 활동하는 공간이다. 이 방식은 90년 후반부터 진행되어 온 정보화의 급진전에 따라 인터넷 마케팅의 중심 채널로 자리잡은 지 이미 오래이다. 인터넷상의 커뮤니티는 다른 고객의 방문후기나 사용후기를 참조하여 자신의 구매의사를 결정짓는 트윈슈머(Twinsumer Twin+Consumer)를 자신의 가맹점 고객으로 끌어드릴 수 있다는 장점이 있는 반면, 커뮤니티 운영자의 직간접적인 자화자찬 격인 글과 노골적인 영업행위, 그리고 익명의 제보로 인한 오해의 소지가 있는 내용들로 인해 오히려 가맹점에 대한 신뢰에 금이 갈 수 있다는 단점도 있다.

커뮤니티에 접속하기 위해서 포탈사이트에 로그인하는 등 이중으로 관문을 통과하는 과정이 있었으나, 최근에는 홈페이지, 블로그, 메신저를 통합적으로 연동하는 서비스도 생겨나고 있다. 이러한 네트워크 간의 이동성이 편리하다는 강점을 인터넷 마케팅에 활용하도록 한다. 가맹점주는 이러한 커뮤니티를 능동적이고 적극적으로 형성되도록 지원함으로써 보다 자연스럽게 고객의 니즈를 파악하여 이것을 가맹점 매출신장의 인큐베이터로 활용할 수 있는 것이다.

최근에는 사용자가 관심 있는 주제에 대해 멀티미디어 성격의 콘텐츠를 직접 생산하고 저장시켰던 블로그(Blog) 방식과 더불어 특정 주제에 대한 전문정보를 공유하는 서비스인 블링크(Blink; Blog+Link)가 점차 확대되는 추세이다. 이 방식은 특정 관심사에 대해 이용자가 굳이 사이트를 탐색하지 않아도 한곳에서 정보를 얻을 수 있기 때문에 가맹점주는 이를 활용한 마케팅 방법을 고려해보는 것도 바람직하다고 할 수 있다.

어떤 형태로 운영하는 커뮤니티이든 이 방법은 가맹점이 영업 활동범위를 넓힐 수 있는 커뮤니케이션 수단이자 고객과의 일대일 만남을 통해 소비자의 반응을 직접 알아낼 수 있는 좋은 방법이다. 또한 고객들의 자발적인 참여를 유도할 수 있는 비용이 거의 들지 않는 개념의 마케팅 방법일 뿐만 아니라, 가맹점에 대한 고객의 긍정적인 평가를 이끌어낼 수 있는 좋은 채널임이 분명하다.

따라서 가맹본부는 브랜드 또는 가맹점 커뮤니티를 통해 제안되는 제품이나 서비스에 대한 불만을 파악하고, 회원 스스로가 문제 해결 방법을 모색하는 과정을 살펴봄으로써 가맹점의 개선방향, 상품의 구색이나 마케팅 방법 등에 대한 다양한 아이디어를 얻을 수 있게 된다.

○ 메일링 / 뉴스레터

메일링과 뉴스레터 방식은 고객 반응률을 높이는 마케팅 방법으로서 찾아가지 않고 기다리면 가맹점 정보를 제공받을 수 있다는 점을 유익하게 생각하는 고객에게 효과적인 방법이다. 하지만 단순한 이벤트성 메일링보다는 세상사는 이야기나 메일링 대상이 필요로 하는 각종 콘텐츠를 첨부하여 송부하는 것이 메일 내용을 확인할 확률이 높고 그 가맹점에 대한 정보의 가치를 인정해 준다.

프랜차이즈 가맹본부들도 이미 자사의 홈페이지는 물론 브랜드 확산을 위한 웹 홍보에 열을 올리고 있지만, 아래 〈표 4-11〉과 같이 운영 측면에서 보면, 즉시성이나 내용면에서 상당히 뒤떨어지고 있음을 알 수 있으며, 각 가맹점 위치나 상권별로 특화된 서비스를 제공하고 있지 못하다. 따라서 가맹점주는 가맹본부의 인터넷 마케팅에 의존하는 것보다 자체 커뮤니티나 홈페이지를 활용한 마케팅 방법을 시행하는 것이 더 효과적일 수 있다.

2005년 10월부터 2006년 6월까지 9개월간 약 30여 개 주요 프랜차이즈 가맹본부의 홈페이지 회원으로 가입하여 뉴스레터의 수신횟수와 내용을 파악한 결과, 뉴스레터 발송횟수는 월드컵과 같은 사회 이슈가 발생되는 때와 여름 휴가철 등 시즌 특수를 노릴 수 있는 때를 제외하고 평균 2개월에 1회 정도에 불과했다. 뉴스레터 내용면에 있어서는 생활상식, 여행정보, 성공가맹점, 먹거리, 건강식탁, 기념일 기록페이지, 쿠폰제공, 이벤트 등 비교적 다양한 소재로 구성되고 있었다. 그러나 제공되는 콘텐츠의 경우, 자체 생성보다는 신문기사나 관련 레포트를 발췌한 정도의 수준으로 만들어지고 있어 수집된 고객정보를 바탕으로 차별화된 뉴스레터를 발송하는 가맹본부는 극히 드문 것으로 조사되었다. 더욱이 50%에 육박하는 가맹본부가 회원가입 후 한번도 소식을 전하지 않고 있다는 사실도 발견할 수 있었다.

　비록 홈페이지 상에 다양한 메뉴를 구성하고 있지만, 가맹점 모집에만 치중한 경우가 대다수이며, 대기업군의 가맹본부 또는 지명도가 있는 브랜드 사이트조차도 대부분 콘텐츠가 부재하거나 업데이트 주기가 너무 길어 노출도가 상대적으로 낮았고, 발송된 소식지나 뉴스레터를 홈페이지에 발송 차수별로 누적 보관하는 가맹본부도 많지 않았다.

<표 4-11> 가맹본부 뉴스레터 운영현황

구 분	평균 뉴스레터 발송주기	콘텐츠 갱신 주요 이슈	조사대상 수
외식업	1/3개월	신규 가맹점 개설	21
도·소매업	1/1개월	신제품 출시	6
서비스업	1/2개월	신규 서비스 품목 안내	3

[조사기간: 2005.10~2006.6, 홈페이지 가입을 통한 수신 횟수 및 내용을 통한 결과]

　따라서 가맹점의 입장에서는 가맹본부에 의지한 인터넷 마케팅이 얼마나 효과가 있을지 고려해야 할 것이다. 결국 가맹점주가 직접 인터넷 마케팅을 통해 효과적인 결과를 얻고자 한다면, 주도적으로 소비자의 독특한 관심 영역을 선정하고, 콘텐츠와 커뮤니케이션이 융합되도록 하며, 회원에 의한 콘텐츠 자가생성 기능을 부가한 방식을 마련해야 할 것이다.

　참고적으로 이메일 또는 메일링 리스트를 이용한 방식을 취하는 경우, 수신자 동의 없이 강제적으로 발송하는 스팸 메일(spam mail) 또는 정크 메일(junk mail) 등은 역효과가 나는 것은 물론 과징금 대상이 될 수 있다는 점에 유의하도록 한다. 또한 이메일 마케팅을 펼치는 경우에는 사용자 동의를 얻어야 함은 물론, 제품과 서비스의 직접적인 소비대상이 되는 타깃 고객에게만 정보를 노출시키는 것이 중요하다. 즉 타깃의 성별과 연령, 취향과 관심사, 라이프스타일 등을 고려한 메일링이 가능한 시스템을 구비하여 시행하는 것이 바람직하다.

◈ 하이테크 마케팅

하이테크 산업은 많은 초기투자비용 때문에 대부분 고위험 고수익(high risk high return)의 특성을 지니지만, 출시된 상품이 시장에서 호평을 받고 수요가 확산되기 시작하면 강한 Lock In 효과와 Network Effect를 나타냄에 따라 신규 수요창출은 물론 엄청난 부를 기업에게 되돌려주게 된다.

프랜차이즈 업계에서도 이러한 하이테크와 관련된 하드웨어와 소프트웨어를 이용하여 마케팅에 이용하는 사례가 점차 일반화되고 있는데, 가맹점의 정보화 기기 중 외식업 또는 도·소매업종에서 가장 보편화되어 있는 POS의 경우만 보더라도 이러한 변화를 읽을 수 있다. 과거에는 매장관리나 수·발주업무 그리고 매장 내 주문과 결제 정도의 수준이었던 것이 디지털 컨버전스(Digital Convergence) 기술의 발전으로 POS, LCD, DVD Player, Audio 등 점포 내에서 필요한 기기들의 기능이 통합된 POS로 진화하고 있다.

디지털 컨버전스의 탄생이 음성, 영상, 방송, 인터넷, 컴퓨터, 모바일 통신 등 정보와 기기 그리고 인터넷의 융합으로 새로운 서비스로 창출되고 있는 것이다. 디지털 컨버전스란 쉽게 말해 PDA와 휴대폰의 결합, DVD와 VCR의 통합, 팩스, 프린터와 복사기의 통합, MP3와 휴대폰의 통합 등 개별 성능을 가진 기기끼리 통합되어 시너지를 창출시키는 것을 말한다.

이러한 기술이 바탕이 되어 과거 각종 데이터의 모니터링이 매장 내에서만 가능했던 것과는 달리, 모바일 기술을 접목하여 매장 현장의 동영상, 각종 데이터의 실시간 모니터링 등의 기능을 추가시키고 있는 것이다. 그러므로 가맹점주는 이러한 복합기기의 기능을 이용하여 영화, 음악 등 엔터테인먼트 마케팅은 물론, 추출된 데이터를 통해 각종 이벤트를 연출할 수 있는 SMS(Short Message Service), MMS(Multimedia Messaging Service) 등 다양한 방식으로 소비자를 잡아당길 수 있는 pull marketing을 시행할 수 있다.

예를 들어 국내 한 이동통신사가 제공하고 있는 전화번호 대신 문자 입력만으로 기업이나 가맹점에 전화연결을 시켜주는 문자 모바일 주소(워드다이얼)서비스를 이용하게 되면, 과거 유선을 통한 방식보다 간편하게 주문을 할 수 있음은 물론이고, 신제품이 출시되었을 때 휴대폰에 신상품 이름만 입력하면 가맹점에 연결되게 할 수 있고, 가맹점을 인지시킬 수 있는 점포명, 상표명, 서비스명 등을 키워드로 등록하여 모바일 세대에게 어필함으로써 보다 폭넓은 고객층을 창출할 수 있게 된다. 또한 동영상, 사진, 음향, 음악 등 다양한 형식의 데이터를 주고받을 수 있고, 실시간 전송 요구 없이 사용자들 간에 송수신이 가능한 MMS (Multimedia Messaging Service)를 이용하면, 종이 전단지를 배포하는 마케팅 활동에 비해 시간과 비용의 절감을 꾀할 수 있다. 특히 MMS는 연령과 지역별로 고객취향에 맞는 문자와 사진을 포함한 전단지나 쿠폰을 보낼 수 있어 모바일 환경에 익숙한 20~30대의 신규고객 창출과 기존고객을 유지하는 데 적합하다. 실제 ○○업체의 경우 서울 신촌지역 여성 3만 명에게 MMS를 발송하여 3%의 구매 성사율을 나타냈다고 한다.

한 가맹점이 성장하는 데는 상품과 서비스에 대한 기본적인 경쟁력은 물론 각종 외부환경요인 그리고 마케팅 활동에 따라 많은 변수들이 작용하게 된다. 따라서 무엇보다도 가맹점과 고객의 연결고리를 지을 수 있는 하이테크 기기의 역할은 영업활성화 측면에서 빠질 수 없는 부분이 된 것이다. 더욱이 이러한 기기가 탄생함에 따라 나타나는 소비문화나 소비자행동의 변화가 새롭게 탄생되고 전이된다는 점에서 그 중요성이 더 높다고 할 수 있다.

◈ 코쿤 마케팅

코쿤(Cocoon)이란 말은 곤충의 유충이 번데기로 변할 때 분비물로 만든 자루모양의 집을 말한다. 누에고치를 연상하게 되는 코쿤족은 사회생활을 하기보다는 외부와의 단절, 도피를 통해 가정 또는 가상공간 등 자기만의 공간에만 머물면서 그곳에서 모든 것을 해결하려고 하는 행동양식을 보이는 칩거증후군이 있는 사람들을 지칭한다. 보통 방콕족, 나홀로족, PC방족(mouse & potato족) 등으로도 불리기도 한다.

우리나라에서는 PC방의 급속한 팽창에 기인하여 코쿤족이 증가했는데, 과거에는 인터넷게임, 컴퓨터 중독자, 싱글족 등 비정상적인 생활인으로 지칭되어 왔지만, 최근에는 불확실하고 불황인 경제상황에서 보호받고 싶은 욕구를 해소하거나 에너지를 충전한다는 의미의 긍정적인 해석도 나오고 있다. 어느 매스컴에서는 일정금액과 한정된 공간을 주고 인터넷과 가전기기만을 사용하여 정해진 기간 동안 코쿤 생활을 하는 경연대회를 벌인 적도 있는 것만 보아도 세상이 급격히 변화되고 있음을 실감할 수 있다.

경제사정이 좋지 않아 집에 머물면서 인터넷과 각종 정보기기를 통해 재미와 오락을 찾는 이들이 증가하고 있고, 대면하여 대화하는 것보다는 메신저나 문자메시지, 이메일 사용에 익숙해지고, 외부 쇼핑보다는 인터넷쇼핑이나 홈쇼핑을 선호하는 것과 발을 맞춰 TV, PC, PSP, DVD 등 기기의 통합화가 빠르게 진행되면서 이러한 코쿤형 라이프스타일을 갖는 계층이 많아지고 있기 때문에 어느 계층을 '코쿤형이다'라고 정의내리는 것도 애매모호하다. 더욱이 퀵서비스와 이메일, 메신저 서비스가 확산되면서 회사원들끼리의 방문과 대면 접촉횟수가 적어짐에 따라 오피스 코쿤족이라는 말까지 생겨나고 있는 실정이다.

이런 코쿤형 라이프사이클을 갖고 있는 수요층에 대응하여 인터넷 게임방, 비디오숍, 통신판매, 방문판매나 각종 배달을 주 테마로 하는 가맹점은 과거 돈이 없고 사회에 적응 못해서 이러한 생활을 하는 사람들을 연상하지 말고, 안정된 수입원을 확보하고 있거나 스트레스를 해소를 위해서는 과감한 소비능력을 지닌 사람들이라는 점을 염두에 두어 온·오프라인 채널을 이용한 추가 수요를 발생시킬 수 있는 마케팅 전략을 수립하도록 한다.

Reference Site

정보통신부 (www.mic.go.kr)

한국인터넷진흥원 (www.nida.or.kr)

ITFIND (www.itfind.or.kr)

이홈 (www.ehome.co.kr)

디엠씨어쏘시에이츠 (www.dmcmedia.co.kr)

N&P Technologies (www.nnptech.co.kr)

SK Telecom (www.sktelecom.com)

에이메일 (www.amail.co.kr) -타겟메일링

크로샷닷컴 (www.xroshot.com) -문자메시지, 인터넷팩스, 음성메시지, UMS

C-3. 심리 및 소비 트렌드 변화에 따른 마케팅

POINT

과거에는 제품 및 가격의 차별화가 부재하고 상품의 다양성이 미비하여 소비자의 기호가 까다롭지 않았으나, 이제는 유명 브랜드라 할지라도 자신의 심리적인 만족이나 소비에게 가치 없다고 판단되면, 가격의 적정성에 관계없이 구매를 단절시키는 소비 트렌트가 확산되고 있다.

심리 및 소비 트렌드는 각 연대별 또는 계절별 짧게는 주 별로도 빠르게 변화한다. 주기를 예측할 수 없을 정도로 변덕스럽게 변화하는 소비심리, 트렌드에 방어적이거나 시기적절한 마케팅 방법을 찾지 못하고, 소비자 니즈를 반영한 신제품을 준비하지 않거나 메뉴를 마련하지 못한다면, 아무리 쌓아온 브랜드의 가치가 높고 해당 상권에서 지명도가 있다고 하더라도 그 결과는 좋을 수 없다.

더욱이 인생을 즐기기 위해 열심히 일한다는 생각을 갖고 있는 슬로비족(Slobbies: Slow but better working people)들의 탄생, 그리고 스트레스를 받으면서 많은 돈을 벌기보다는 적은 돈을 벌더라도 긴장을 덜 받고, 마음에 드는 일을 선호하게 하는 다운시프트(Don-Shift)형 사회 분위기가 조성되고 있는 점도 이제는 가맹점 운영에 있어서는 간과할 수 없는 부분으로 자리잡고 있다.

◈ 맞춤 마케팅

바야흐로 현 시대는 맞춤 경영시대이다. '작은 프랜차이즈 가맹점 하나 운영하고 있는데 무슨 맞춤경영이냐?'라고 한다면, 역으로 나 자신이 가맹본부에 맞춤 서비스를 원하고 있지는 않은가 또는 자기가 손님이었을 때 제공받았던 서비스에 대한 불만이나 아쉬움을 기억해 본다면 금방 생각이 달라질 것이다. 그만큼 이해관계가 바뀌는 거래 상대방을 이해하면, 자기지향적인 서비스보다는 소비자 지향적인 서비스가 더 중요하다고 느끼게 된다. 그럼에도 불구하고 자기 가맹점을 이용하는 고객의 다양한 스타일을 파악하지 못하고 모든 고객과 동일하게 접객행위를 한다면, 가맹점주는 항상 새로운 고객을 창출하기 위해서 지속적인 비용을 지출할 수밖에 없다.

소비자의 관심을 유발시키지 못해 다양한 채널을 통해 생성되고 있는 많은 광고와 메시지 속에서 무차별적인 마케팅을 전개하는 것은, 또 다른 무관심과 경쟁업소 간의 소모전만이 지속될 뿐이다. 따라서 신규 고객창출 개념보다는 기존 고객을 유지, 관리하는 측면에서 맞춤 마케팅을 준비한다면, 가맹점 운영에 훨씬 도움이 될 것이다.

만일 자신이 운영하고 있는 가맹점이 음식점이라면, 고객의 음식 취향, 좋아하는 자리, 좋아하는 서비스 품목 등에 대한 기록과 기억을 통해 서비스를 제공하는 것도 맞춤형 마케팅이고, 또한 운영형태가 도·소매업이라면, 고객이 판촉물이나 시제품을 끼워주기를 좋아하는지, 할인해 주는 것을 좋아하는지 등에 대한 정보를 축적하는 것도 개별 고객을 위한 맞춤형 마케팅 활동이라고 할 수 있다. 결국 '고객에게 자기를 알아주는 집'이라는 점을 각인시키기 위해 시행되는 각종의 맞춤 마케팅이야말로 소비자를 충성도가 높은 고객으로 만들 수 있는 방법이다.

◆ 입소문 마케팅

입소문의 경우는 지역밀착형 방식으로 접근하여도 실제 관찰하고 제어할 방법이 현실적으로 없다. 그 이유는 소문의 근원지가 가맹점주가 아닌 소비자이고, 소문을 청취하고 전파하는 것도 역시 소비자이기 때문이다.

프랜차이즈 브랜드와 가맹점에 대한 입소문은 고객 간의 우발적인 대화, 소리 소문 없는 고객의 불평과 칭찬, 소비행동이 이루어지는 시점에서의 고객 대응에 대한 느낌, 고객이 소속되어 있는 집단과의 관계와 활동영역 등이 믹스되어 다양한 경로를 통해 전파되게 된다. 특히 온라인의 경우에는 여성과 20대 층이 구매 결정 시 다른 사용자의 이용후기나 상품평, 댓글 등을 읽는 경우가 많고, 실제 타인의 경험이나 의견이 구매 결정에 영향을 미치게 된다.

입소문은 일부 소수 의견이 전체 의견으로 오인되는 경향이 있고, 사실 여부를 떠나 감정적인 내용으로 몰아가는 특성이 있기 때문에, 경로가 어떠한가에 관계없이 판매자 입장에서는 통제가 거의 불가능한 것 중 하나이다. 물론 대기업의 경우, 어떠한 방식으로든 임의로 입소문을 조작하는 경우도 있지만, 가맹점은 현실적으로 그러한 방식을 취할 수 없다. 따라서 고객의 경험과 타인과의 구전을 통해 자동적으로 본인의 가맹점에 대한 수요가 움직이게 될 수밖에 없다. 특히 외식업에 있어서 입소문은 점포의 흥망성쇠를 결정지을 정도로 무서운 힘을 발휘하게 되는 것도 사실이다.

결국 가맹점주에 의해 의도적으로 기획되었다 할지라도 정보의 가공과 전달자 그리고 최종 수신자는 항상 고객이기 때문에 효과적인 입소문 마케팅이 되기 위해서는 고객과의 대화, 제공된 재화를 통해 얻어진 고객의 평가, 경험 등을 공유하고 개선하는 방법을 통해 긍정적인 입소문을 유도하는 방법밖에는 없다. 그리고 고객을 통해 들려오는 모든 정보를 정리하는 습관을 갖도록 하여, 어느 정도 분류되어 그루핑(grouping)이 가능하게 되면, 이에 대한 즉각적인 대응책을 마련해야 한다.

최근에는 아침이 시작되는 빵집, 소화 잘되는 우유 등처럼 어렵지 않고 해당 상품을 직접 느낄 수 있는 문구를 아예 점포명이나 제품명으로 사용하여 부정적인 입소문을 자체를 아예 차단시키는 경우도 있다. 이러한 입소문 마케팅 방식이 불가능할 경우, 자기 가맹점의 특징을 제공하는 음식에서 우러나올 수 있게 하는 경우도 있다. 예를 들어 이 집은 숯불 위에 고구마를 얹혀주는 집, 1인 1찬으로 식사를 제공하는 집, 요플레 또는 계란프라이를 즉석에서 먹게 해주는 집 등으로 인지도를 높이는 방법이 그것이다.

또한 명함을 통해 지역주민과 밀착하여 입소문을 내는 방법도 있는데, 매장에 명함 수집함을 비치해 놓고 매월 추첨 방식을 통해 상품권을 제공하는 이벤트를 실시하는 것이 바로 그것이다. 매장마다 차이는 있지만, 보통 매월 100여 장의 명함이 수집되게 되는데 이 고객들을 대상으로 매월 말, 인사장과 상품권을 보내주는 방식을 취하는 것이다. 여기서 운영의 미를 발휘할 수 있는 것은 홍보할 때는 추첨을 통한 지급이라고 했지만, 실제로는 참여한 모든 고객에게 적정한 수준의 상품권과 인사장을 발송하는 것이다. 즉, 선의의 거짓을 통해 명함을 제공한 모든 고객에게 감사의 마음을 전달하고 혜택을 부여해 주는 것이다. 이 방법을 취하게 되면, 최소 20~30%를 상회하는 회수율을 기록할 수 있으며, 고객의 입소문을 통해 좀 더 많은 고객의 확보와 매출 활성화에 도움을 받을 수 있게 된다.

◈ 원투원 마케팅

원투원 마케팅은 자기 가맹점의 충성도와 공헌도가 높은 고객의 이탈을 미연에 방지하여 개별 고객의 만족도와 브랜드 로열티를 제고시킬 수 있게 해준다.

원투원 마케팅은 과거 mass marketing과 상반되는 개념으로 고객별 개인정보를 바탕으로 고객을 고정화 시키려는 데 사용하는 CRM을 위한 기초 활동이라고 할 수 있다. 이를 실현하기 위해 선행되어야 할 것은 정형화된 폼에 의한 고객정보수집과 영업활동을 통해 자연적으로 습득되는 여러 가지 형태의 고객정보에 대한 관리가 이루어져야 한다는 점이다. 가맹점 매출 신장률이 정체되고 유사 점포가 등장하는 등 경쟁이 치열해질수록 사업의 성패는 단골고객을 누가 많이 확보하고 유지, 관리하느냐가 사업성패의 갈림길이 되기 때문이다.

가맹점주는 어떤 고객이 어떤 제품과 서비스를 주로 이용하는가와 어떤 영업 활동에 고객이 즉각적인 반응을 보이는지에 대한 분석을 통해 어떤 상품을 재구매할 것이라는 정도의 예측이 가능해야 한다. 만일 이러한 고객분석이 가능하다면, 서비스의 신속함을 제공할 수 있음은 물론이고 고객에 대한 준비된 배려를 통해 고객과의 신뢰를 지속적으로 구축할 수 있다.

다음의 경우에 자신이 어떤 행동으로 대응할 수 있는지 생각해 보자.

- 매번 남편을 대동하지 않고 아기를 유모차에 태운 채 우리 가맹점을 방문하는 주부 고객이 있다.
- 매번 테니스를 치고 땀범벅이 되어서 내방하는 고객이 있다.
- 피크타임에 4인석 테이블 밖에 없는데 매번 혼자 오는 고객이 방문했다.

- 영업마감시간에 단골손님이 친구와 같이 방문했다.

결국 원투원 마케팅이란 비록 작지만 고객을 위해서 상품과 서비스를 제공받기 힘든 상황임에도 불구하고 배려해준 결과로 고객 감동을 이끌어내는 것이다. 구매 당시 고객이 처한 상황에 따라 필요로 하게 되는 핵심 사항을 파악하여 차별화된 서비스를 제공함으로써 자기 가맹점의 경쟁력은 점차 확보되는 것이다.

◆ 티저 마케팅

티저(teaser) 마케팅이란 홍보 대상이 되는 상품과 서비스의 이름, 가격, 판매방식, 판매 기간 등 자세한 정보를 전혀 노출하지 않고 소비자의 궁금증을 유발시키는 방법이다. 가맹점의 경우 그랜드 오픈 전 또는 신제품 출시 이전에 고객의 소비 욕구를 강하게 자극시키고자 할 때 주로 사용하는 마케팅 방법으로 2000년대 초 선풍적인 인기를 몰고 온 '선영아! 사랑해!'라는 광고카피나 최근 가맹점 오픈 이전에 많이 사용하고 있는 '이제 시작입니다'라고 알리는 방법 등이 모두 이에 해당한다고 할 수 있다. 유의할 점은 호기심을 유발시키는 다이내믹하고 직설적인 문구를 적절히 사용하도록 하며, 차후 궁금증을 해결하는 상품과 서비스가 실제 출시되었을 때, 티저 마케팅으로 사용되었던 의미와 연관성이 있어야 한다는 점이다.

◆ 양극화 마케팅

양극화 현상은 최근 세계 여러 나라에서 나타나고 있는 현상으로 장기불황의 지속과 경제위기 상황이 발생했던 국가에서 주로 나타나게 된다. 우리나라 역시 고유가 지속에 따른 소비심리 위축, 조류인 플루엔자(AI) 피해 확산, 미국 경제의 성장세 급락, 부동산 경기의 급랭에 따른 소비여력의 감소 등 경제에 부정적인 영향을 미치는 거시환경변수가 계속적으로 등장함에 따라 체감 경기는 여전히 회복되지 못하고 있다. 따라서 사회 전반에 걸친 양극화 현상의 gap을 얼마나 좁히느냐가 정치권 초유의 관심사가 되었다.

소득계층별 소비양극화가 지속되는 가운데 소비를 거부하는 현상까지 발생하게 되면, 경기는 하강국면에서 벗어날 가능성이 희박해진다. 가맹점의 입장에서는 이러한 현상에 따라 제공하는 상품과 서비스를 고가, 저가로 임의로 설정하여 판매하는 데 한계가 있다. 가맹점이 과거 Mass Marketing 차원에서 적용했던 가격과 서비스 수준을 수정하여 가맹점이 위치한 상권의 특성 중 특히 소득수준별로 고객을 그루핑(grouping)하여 목표 고객군을 대상으로 한 마케팅을 전개하는 것이 모든 고객을 포섭하려는 방법보다 실효성이 높다.

만일 비인기 품목 및 채산성이 낮은 상품의 비율을 줄이거나 정리하는 대신 인기 품목, 수익성이 높은 품목, 매출공헌도가 높은 제품에 대한 판매 비중을 높이는 목표를 세웠다면, 모든 영업 활동을 이러한 측면에 맞추어 진행해야 한다. 그 결과 채산성이 낮은 품목을 구비함으로써 발생할 수 있는 재고비용의 절감과 공헌도가 높은 품목의 품절률을 낮추는 효과를 거둘 수 있게 된다.

◈ 키덜트 마케팅

키덜트(Kidult)는 어린이(kid)와 어른(adult)의 합성어로 보통 키즈 세대와 어덜트 세대가 서로 커뮤니케이션한다는 의미와 어른들이 추억과 동화에 대한 그리움을 갈망한다는 두 가지 의미를 담고 있다. 즉 키덜트 마케팅은 현대 생활인으로서 느끼는 스트레스 해소와 어린 시절의 좋은 기억에 대한 향수를 자극함으로써 성인 계층의 구매심리를 부추기는 방법으로 사용한다.

첫 번째 상황은 정보통신기술의 발달, 인구의 노령화, 핵가족화로 인해 과거와 같이 3대 이상이 모여 사는 가구는 보기 드물게 되었는데, 실제 2006월 7월 통계청(인구조사과)에서 발표한 2005년 인구주택총조사(가구, 주택부문) 결과에서도 이 같은 사실을 발견할 수 있다.

(1) 4인 이상 가구는 감소한 반면 1인 가구, 2인 가구는 큰 폭으로 증가
    -1인 가구(42.5%), 2인 가구(28.9%),4인 가구(△3.6%), 5인 이상 가구(△17.7%)
(2) 평균 가구원 수는 2000년(3.12명)에 비해 0.24명이 줄어든 2.88명
(3) 1세대 가구와 2세대 가구는 증가한 반면, 3세대 가구와 4세대 이상 가구는 감소
    -1세대(26.6%), 2세대(1.3%), 3세대(△7.1%), 4세대이상(△27.6%)

더욱이 은퇴자들을 위한 각종 정보통신 교육이 활성화되어 노령인구의 인터넷 유입이 빠르게 진행되고 있는데 여기서 눈여겨볼 사항은 할머니보다는 할아버지들이 정보화 기기를 더 많이 활용한다는

점인데 특히 이 경우 사용되는 정보통신 수단이 주로 핸드폰과 이메일이라는 점이다.

예로부터 우리나라는 할아버지, 할머니와 손자, 손녀 간의 정이 유별난 문화를 갖고 있다. 이러한 현상들을 영업적인 측면에서 이용할 수 있는 예로 할아버지와 손자, 손녀 간의 이메일을 통한 마케팅 활동을 들 수 있다. 원격지에 거주하는 가족의 경우 물리적으로 유형의 재화를 전달하는 경우를 제외하고는 할아버지들이 손자, 손녀에게 정과 그리움을 전달할 방법이 많지 않다. 사이버머니를 충전하여 손자에게 전송하거나 이메일로 편지를 주고받는 경우, 그리고 SMS를 통한 메시지 전달 등으로 그 욕구를 해결하고 있다. 다음카페의 경우 2006년 7월 현재 가족과 관련된 카페가 36,969개이고, 실버 관련 카페가 1,419개, 노인카페가 1,167개가 운영되고 있는 것이 바로 이러한 현상을 뒷받침하고 있다. 따라서 직계가족이 커뮤니케이션하고 있는 방식을 찾아내어 컬러링 쿠폰, 이메일을 통해 전달할 수 있는 그림엽서, 카드, 사진과 음성, 가맹점 쿠폰 등을 제공하는 마케팅 활동을 전개하는 것이 주효할 수 있다. 실제 손자들이 보쌈을 좋아한다는 것을 알고 계시는 할아버지가 손자들에게 안부인사와 프랜차이즈 가맹점 할인쿠폰을 동봉한 이메일로 보냄으로써 외식을 추천하는 경우도 적지 않다.

두 번째 상황은 어른들이 점점 학생시절의 추억이나 유년기 때 읽었던 동화에 대해 그리워하는 등 다운시프트형 라이프스타일을 추구하는 데서 기인한다. '나는 어른이 되어도 하늘 빛 고운 눈망울, 간직하리라 영원히……'라는 가사를 담고 있는 노래가 리바이벌되는 것,

그리고 건강, 이·미용, 코스메틱 관련 가맹본부의 '회춘'에 가까운 마케팅, 동화 속에나 나올 법한 신도시의 예쁜 집들, 패션가의 테마형 아웃렛 등의 내용을 분석해 보면, 이러한 트렌드가 단지 일시적으로 나타나는 현상으로 보기는 힘들다는 것을 알 수 있다. 이렇듯 연령이 높아지면서 과거에 대한 향수를 그리워하는 풍토가 지속적으로 퍼져나가고 있기 때문에 이를 이용한 마케팅 계획이 준비되어야 함은 당연하다고 할 수 있겠다.

예를 들면 점포 입구부터 꽃길로 단장한다거나 실내의 각종 레이스, 천장의 꽃다발 장식, 그네 의자 등을 구비하여 마치 옛 고향 또는 동화 속의 궁전에 온 듯한 분위기를 연출하는 방법도 있다. 외식 가맹점의 경우, 단순히 먹기만 하는 장소라는 개념에서 벗어나기 위해 카운터 주변에 인형, 쿠션, 각 나라의 특산 소품 등을 아기자기하게 배치함으로써 매장 분위기를 변화시키려는 활동이 최근 눈에 두드러지게 나타나고 있다. 그 밖에 30~40대 고객을 위해 깜찍하고 발랄한 캐주얼 제품을 출시한다든지, 남대문 시장풍의 '골라골라' 분위기를 연출하는 등이 모두 키덜트 욕구를 적절히 반영한 마케팅이라고 할 수 있다.

웰빙과 건강, 복고열풍이라는 유행과 가정에서 해결하지 못하는 욕구를 매장방문을 통해 해결하려는 주부, 그리고 다운시프트형 직장인들이 여유로움과 안락함을 제공하는 키덜트 마케팅에 관심을 두고 있다는 점을 기억해 두도록 한다. 우리나라의 옛 정서와 걸맞은 다양한 마케팅 활동을 통해 고객 참여를 유도시켜 신규고객 창출은 물론 재방문, 재구매율을 높이도록 해야 한다.

◈ 요일 마케팅

개인차는 있겠지만 대부분의 사람들은 월요일에는 불안함과 초조함 그리고 기다림, 화요일에는 집중적이고 적극성을 보이는 경향이 강하며, 수요일에는 활동적이고 타협적이고 목요일에는 실천적이고 마감적이며, 금요일에는 방만함, 여유와 즐거움, 토요일에는 들뜸과 빈둥거림, 일요일에는 조급함과 계산적인 행동양식을 보인다.

요일 마케팅을 실시하는 방법은 매상이 하락한 요일의 매출을 만회하기 위해 실시하는 사후적인 방법과 매출 하락이 예상될 때 미리 해당 요일을 정해 놓고 지속적으로 마케팅을 실시하는 사전적인 방법 등이 있는데, 두 가지 모두 고객유입량을 늘리기 위한 것으로 가맹점주는 자기 점포의 특성에 맞춰 방법을 택일하는 것이 고객 혼동을 예방할 수 있으며, 〈그림 4-20〉과 같이 아예 월요일부터 일요일까지 마케팅 방법을 붙박이식으로 고정시켜 실시해도 소기의 목적을 달성할 수 있다. 단, 이 방법은 장기간에 걸쳐 시행할 경우에는 고객에게 진부한 느낌을 주지 않도록 문구 하나라도 일정 기간별로 바꿔주는 지혜가 필요하며, 비가 오면 ○○추가 제공 등과 같은 방식의 날씨 마케팅과 병행하여 실시하면 더 효과적이다.

<표 4-12> 상권과 입지에 따른 요일별 마케팅 방법(예)

구 분	매출 하락 요일	활동방법
오피스 상권	토, 일	·금요일 연장영업, 토요근무자 대상 direct marketing, 목요일 이전에 도착할 수 있는 쿠폰 DM발송
주상복합상권	월, 토, 일	·고정시간 할인, 여성우대, 즉석경품
주택가 상권	내점형(토,일,월) 배달형(월,화,수)	·가족세트, 1+1판촉, 덤판촉, 어린이 판촉물, 음료무한 제공, 할인, 경품행사, 더블포인트나 더블쿠폰 제공, 나들이 패키지, 주말 공원, 영화티켓 영수증 소유자 할인, 단체주문 유도

<표 4-12>에서 보는 바와 같이 오피스상권의 경우는 2006년 7월 1일부터 100인 이상 사업장까지 주 5일 근무제가 확대 실시됨을 감안하여 유동인구가 대체적으로 많은 평일에 여성고객을 타깃으로 적절한 시간에 사용할 수 있는 쿠폰을 SMS로 제공하여 고객을 유인하는 것도 좋은 아이디어이며, 특히 문자발송 시에 당일 사용 가능한 쿠폰 전송은 물론 매출이 하락되는 요일에도 쓸 수 있는 쿠폰을 함께 발송한다면, 일석이조의 효과를 거둘 수 있다.

<그림 4-20> 외식업 가맹점의 요일 마케팅 (예)

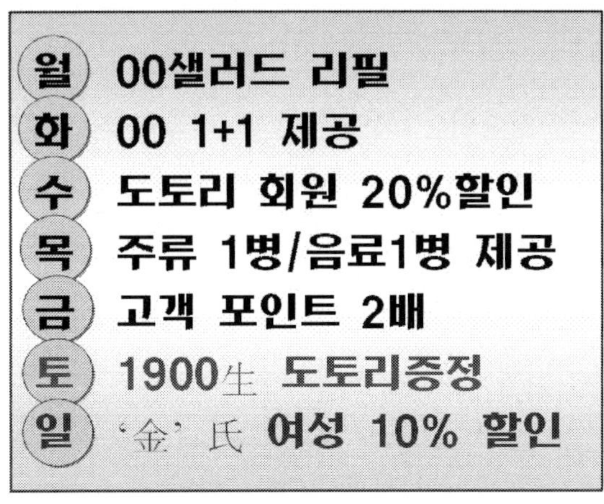

또한 주 5일 근무제도 도입과 초등학교 둘째, 넷째 주 토요 휴무, 영화관들의 신작 개봉일 변경(주말 →금요일) 등 주택가 상권의 가맹점 매출에 영향을 끼치게 되는 요인들이 늘어나고 있기 때문에 과거 주택가 상권에서 누릴 수 있었던 비교적 안정적인 매출 유지를 보장받기 어렵게 되었다. 따라서 가맹점의 입지와 상권 그리고 아이템에 따라 차이는 있겠지만, 내점형, 배달형 등 가맹점 운영 특성에 맞는 차별화된 요일 마케팅을 준비하여 급격한 매출하락 현상이 나타나지 않도록 해야 한다. 장사가 안 되는 요일에 초점을 맞춰 시행하는 각종 이벤트, 가격할인, 가족모임 활성화, 문자 메시지 송부, 요일별 특성을 반영한 전단지 제작과 배포 등이 중소형 프랜차이즈 가맹점들이 쉽게 접근할 수 있는 방법이다. 요일별 마케팅의 성공 포인트는 고객이 느끼고 있는 요일에 대한 고정된 관념을 깨 주는 역발상 아이디어를 가맹점주가 제공하여 점포의 운영 방식에 익숙해지도록 해야 한다는 점이다.

과거에 외식업을 운영해 본 사람이라면 월, 화, 수요일보다는 토, 일요일이 매상이 높기 때문에 떨어진 매상을 만회할 수 있는 요일은 주말임을 누구나가 알고 있었다. 그러나 주5일제가 확산되면서 주말 매출보다는 주중 매출이 점포매출에 큰 비중을 차지하게 되었고, 초등학교 격주 휴무와 겹치는 주말에는 아예 영업을 하지 않는 가맹점도 크게 늘고 있기 때문에 요일 간 매출 편차를 줄이기 위한 요일 마케팅의 중요성은 더욱 크다고 할 수 있다.

◆ **틈새 마케팅**

틈새 마케팅은 미처 생각하지 못했던 새로운 영업채널을 발견함으로써 좀 더 많은 고객을 창출시키려는 블루오션형 마케팅 활동이라고 할 수 있다. 프랜차이즈 산업의 대표격인 치킨 가맹점은 시장의 포화상태, 레드오션 사업으로 지칭되면서도 틈새 마케팅 방식과 실패부담과 투자비가 적다는 강점을 바탕으로 꾸준한 창업 수요를 창출해나가고 있다. 과거 치킨업계는 배달업을 중심으로 후라이드 치킨이라는 범국민적인 메뉴로 사업성장을 거듭해왔으며, 패스트푸드의 불매운동, AI(조류독감), 웰빙이라는 큰 변화와 격동 속에서도 신속한 대응을 통해 사업을 유지, 발전시키고 있다.

부위별 맛과 건강성을 강조하는 부분육 제품, 올리브유를 가미한 기능성 제품, 직화 방식의 바베큐형 치킨, 디핑(dipping) 소스에 찍어먹는 치킨, 호두나 잣가루 등을 입힌 치킨, 콜팝 치킨, 치킨 강정 등 소비자 기호를 세분화한 틈새시장을 발굴하여 공격적인 마케팅을 펼침으로써 소비자의 지속적인 호응을 얻어내고 있는 것이다.

피자업체의 경우도 '치즈 한판'이라는 고정관념을 깨고 수십여 개의 크러스트를 테두리에 배치해 한입에 떼어먹게 하거나 토핑과 도우를 따로 번갈아 먹는 메뉴를 개발하고, 아이스크림 업체가 한입 크기의 아이스크림을 초콜릿에 찍어먹는 제품을 출시하는 등 틈새공략을 통해 그 동안 잠재된 소비계층으로만 존재했던 성인 남성을 구매 대열에 동참시키도록 하는 데 성공했다.

이러한 틈새 마케팅은 시각, 미각, 촉각, 청각적인 측면에 굳어있는 제품에 대한 고정관념을 깨는 것으로 시작하여 새로운 소비계층을 탄생시킨다는 장점을 가지고 있다. 아울러 틈새 마케팅에 호기심과 재미를 유발할 수 있는 요소를 가미하여 진행하면 더 훌륭한 결과를 이뤄낼 수 있다. 가맹점의 경우 본사에서 공급받은 형태로 판매하는 것이 보통이지만, 고객의 특성에 맞게 제품을 새로운 방식으로 세팅해보는 것도 다른 경쟁점에서 할 수 없는 또는 하지 않는 틈새를 이용한 좋은 전략이 될 수 있다.

점포 규모나 위치적으로 보았을 때 음식점이라기보다는 밥집이라고 해야 맞을 법한 대학가의 한 가맹점의 경우, 대학가에서 흔히 먹을 수 있는 덮밥류, 볶음밥류, 알밥 등을 판매하고 있었다. 하지만 유독 이 집에만 하루 종일 고객 방문이 끊이질 않았다. 이유는 단순한 것이었지만 어느 집에서도 볼 수 없는 서비스였다. 맛도 기본 이상이었지만, 대학가의 여느 밥집과는 다르게 고급 돈까스집에서 사용하는 고급쟁반에 1인 1찬을 제공하고 있었고, 작은 그릇에 담겨있는 요거트와 그 위에 토핑된 각양각색의 예쁜 콘프러스트 조각 그리고 그것을 떠먹기 위해 제공되는 별도의 작은 스푼, 단지 이것이 그 가맹점주가 추구한 틈새 마케팅이었던 것이다.

Reference Site

통계청 (www.nso.go.kr) －2005년 인구주택총조사 결과
서울시 통계 (stat.seoul.go.kr)
다음 카페 (cafe.daum.net)

C-4. 지리적 입지의 변화에 따른 마케팅

> **POINT**
>
> 지리적 입지의 변화에 따른 마케팅은 자신의 점포가 영향력을 행사할 수 있는 상권 범위 내에서 고객 행동에 영향을 줄 수 있는 최적의 방법을 찾아내는 것으로, 운영 방식 자체가 가맹점주의 순수한 자발적인 의사에 의해 진행될 수 있기 때문에 활동 범위와 수위의 통제가 가능하다.

◆ 지역밀착 마케팅

지역밀착 마케팅은 가맹점이 입점한 위치에서 가맹점주가 자기상권이라고 생각하는 범위 전체를 놓고 볼 때, 자신이 제공하는 서비스를 가장 받아들이기 용이하다고 생각되는 범위를 설정하여 밀착영업을 한다는 것으로 이해하면 된다. 또한 마케팅 대상을 가맹점주가 통제할 수 있다는 면에서 입소문 마케팅과는 구별되는 개념이라고 할 수 있다.

선택된 지역에 국한된 밀착 영업방식을 취하게 되면, 해당 가맹점만의 특화된 개성표출이 가능하게 되어 매장 이미지와 매장 운영수준을 제고시키는 데 많은 도움을 주게 된다. 온라인 사업자의 경우 인터넷브라우저를 처음 열었을 때 접하게 되는 초기 사이트를 자신들의 도메인으로 바꾸기 위해 많은 노력을 기울이는 것도 일종의 자기 영업구역으로의 진입을 선점하기 위한 지역밀착 마케팅이라고 볼 수 있다.

소비자의 구매 패턴은 지역 경기, 소득의 원천과 라이프사이클의 변화 등에 따라 크게 좌우되지만, 모든 상권이 동일한 형태로 변화되거나 적용되는 것은 아니다. 예를 들어 낯선 지역에 여행을 간다든지, 다른 지역의 시내버스나 지하철을 타보거나 광역버스를 타고 지역을 넘나들어 본 경험이 있다면, 해당 지역의 옷차림이나 분위기, 대화의 화제, 상점의 규모 등 자신이 생활했던 지역과는 다르다고 느끼게 되는 것도 바로 이 때문이다.

대부분 가맹본부가 이러한 각종 변화에 대응하여 지역밀착형 배달 가맹점 확대에 주력하고 있는 것은 바람직한 형상이라고 볼 수 있지만, 가맹점부 입장에서는 해당 지역의 특성을 무시한 채 프랜차이즈 가맹본부가 일방적으로 제작한 전단지를 가맹점에게 배포하는 방식 등은 지역 상권을 무시한 잘못된 홍보 방식이라고 할 수 있다. 전단지 한 장이라도 상품의 구색, 광고문구, 내용, 폰트, 레이아웃, 색상 등이 지역 취향과 맞아야 함으로 가맹점주는 모든 가맹점에게 동일한 형태와 내용으로 제작된 전단지를 수령만 하는 수동적인 자세에서 탈피하여 비용이 좀 더 추가되더라도 해당 지역에서 쉽게 받아들여질 수 있는 자기 가맹점만의 전단지를 제작, 의뢰하는 것이 좋다.

만일 가맹점의 위치가 대학가라면, 대학 내 게시판에서 그들이 친근감 있는 언어와 멘트를 사용한 슬로건을 내세운다거나, 대학생들과의 교감을 이룰 수 있는 스폰서십을 체결하여 운영한다거나, 교수들과 친분을 쌓아 제자들과의 대화공간을 제공한다거나, 외국인 교환학생을 대상으로 이국에서의 편안함을 제공하는 이벤트를 실시하는 등의 방법을 찾을 수 있다. 또한 주변에 사회복지관이 위치해 있다면, 가맹점 매출의 일부를 기증하거나 특정한 날을 지정해 봉사활동을 전개하는 것 등의 방법을 통해 사회공동체의식을 만들어 낼 수 있는 흥미와 관심 요소를 찾아내는 것도 점포 인지도를 높이는 방법이다. 또한 매장 내에 돼지저금통을 비치하여 모아진 금액을 결식아동에게 전달하는 등 해당 지역에서 원하는 사항을 우리 가맹점이 중심이 되어 지역형 행사로 이끌어 내고 있음을 인지시키는 것이 중요하다.

결국 가맹본부가 우수 가맹점으로 추천하거나 벤치마킹으로 제시하는 점포조차도 지역 상황이 모두 다르기 때문에, 상권별로 지역 소비자의 요구에 부응하는 최적의 방법을 찾아낼 수밖에 없다. 만일 동일한 마케팅으로 대응할 경우에는 매몰비용의 발생, 판매기회의 상실은 물론 불필요한 재고비용까지 늘어날 수도 있게 된다. 또한 지역밀착 마케팅은 단기간의 이벤트로 진행하는 것보다는 오랜 시간 지속할 수 있는 중장기적 관점에서 운영하여야 비로소 지역인들로부터 신뢰를 얻게 되며 더 나아가 입소문을 통한 부대효과도 볼 수 있게 된다.

참여형 체인점(voluntary chain) 형태인 동네 슈퍼 연합의 경우는 다른 경쟁력을 통해 시장진입에 성공한 요인도 있지만, 해당 브랜드를 지역밀착 마케팅으로 성공한 대표적인 사례로 들 수 있다. 동네 슈퍼의 이미지를 벗기 위해 대형 마트와 비슷한 밝고 깨끗한 인테리어로 단장하고, 지역 상권에 맞는 가격정책 마련하고, 신선도가 높은 상품을 소량으로 포장 판매하는 것 그리고 고객을 대신하여 장보기 서비스를 제공하는 것 등의 모든 것이 지역과 밀착되어 고객과 호흡하는 마케팅이라고 할 수 있다.

또 다른 지역밀착 마케팅으로는 소비자를 직접 방문하여 상품과 서비스를 시식하게 하거나 시제품을 나눠주면서 가맹점을 홍보하는 방법과 점포 주위의 근무 인원수가 많은 회사를 선별하여 특별 우대 해주는 방법이 있다. 첫 번째의 경우는 프랜차이즈 사업자는 아니지만, 외국의 키위 전문유통업체가 시행한 방법을 소개하면 다음과 같다. 해당 제품을 서울, 경기 지역의 아파트 단지를 방문하여 무료로 나눠주고 소개하는 '가가호호'라는 이벤트를 실시하였는데, 키위제품과 컷앤드스쿱(Cut & Scoop) 칼 그리고 키위를 맛있게 먹는 방법을 주머니에 담아 아파트 현관고리에 걸어 두는 것이었다. 결과는 성공적이었고 브랜드 인지도도 크게 향상되었다고 한다. 두 번째의 경우는 '이번 달 우수고객회사는 ○○주식회사' 등의 방법으로 해당 회사 직원의 방문 시 사원증을 제시하면 할인해 줌으로써 회사 동료들에게 자연스럽게 가맹점이 추천될 수 있도록 하는 방식이다.

이 두 가지 방법에서 배울 수 있는 점은 소비자와의 밀착을 시도하기 위해 과감히 무료 판촉행사를 진행했다는 점과 상품 경쟁력에 대한 자신감을 갖고 소비규모가 크고 파급효과가 빠른 대상업체를 선별하여 매출향상과 브랜드 가치를 동시에 제고시키려고 노력했다는 점이다.

하지만 여기서 주의할 점이 없는 것은 아니다. 한국인 특성상 먹거리를 공짜라고 해서 그냥 먹는 법이 없다는 점인데, 그 이유는 시식 시 발생할 수 있는 불의의 사고와 위험에 대한 경계태세를 항상 갖고 있기 때문이다. 따라서 가급적 방문 판촉을 할 때는 정중한 복장과 태도를 가지는 것은 물론 반드시 고객과 대면한 상태에서 시행하는 것이 현명한 방법이다. 또한 판촉을 진행한 기업의 입장에서는 비대면 상태에서의 시식결과가 어필하고자 했던 브랜드 컨셉과 상이하게 나타날 수도 있다는 점을 간과해서는 안 될 것이다.

아무리 브랜드 가치가 높고 가격이 저렴하더라도 무형 요인인 지역 욕구를 반영하지 못하는 마케팅 행위는 의미 없는 일이다. 따라서 지역밀착 마케팅은 일시적인 매출 증대를 위한 일회성 행위가 아닌 고객들의 목표가치를 해결시키려는 가맹점주의 노력 여하에 따라 고객과의 교감을 이끌어낼 수 있는 것이다.

◈ 제휴 마케팅

가맹점주 혼자서 모든 것을 다할 수 있다고 자신하는 것은 과욕이다. 모든 판단을 독단적으로 처리하지 말고, 주변인으로부터 조언과 협조를 구하도록 한다. 가족은 물론이고 자기 점포의 직원, 동일 상권 내의 다양한 프랜차이즈 가맹점과 독립점포 그리고 노점상 등 모두 자기 점포에 직간접적으로 영향을 미치는 주체들이 존재하고 있다는 점을 잊어서는 안 된다.

제휴 마케팅은 자기 가맹점의 약점을 보완하거나 공생하기 위해서 타 점포 또는 동종의 프랜차이즈 가맹점과의 전략적 제휴를 통해 마케팅 비용을 절감하고 판매를 증진시키고자 하는 방법이다. 이는 중형 밀집상권이나 대학가에서 많이 사용하는데 매출 향상과 매장홍보의 극대화라는 두 가지 목표를 달성하는 데 안성맞춤이기 때문이다.

또한 상품, 서비스뿐만 아니라, 브랜드의 가치, 인력, 유통체계, 가격 등의 교환 측면에서도 이루어질 수 있다.

가맹점을 운영하다 보면 주변 점포와의 경쟁이 심화되어 사이가 안 좋아지거나 심지어는 싸우는 경우가 적지 않게 발생하게 되는데 이러한 현상은 점포의 매출 규모가 도토리 키 재기 정도라서 일방의 상대방이 장사가 잘되는 것에 대해 시기하는 경우에는 더 심하게 나타난다. 전략적 제휴는 동일 지역 내에 입점한 모든 점포의 경쟁력을 공동으로 확보하고, 제휴 당사자끼리 결집력을 강화시킬 수 있다는 장점을 지니고 있다. 따라서 제휴 마케팅이 필요한 이유는 프랜차이즈 시스템 특성상 가맹본부에서 제공하는 원부자재 또는 완제품 이외의 다른 메뉴나 상품을 취급하거나 서비스를 교환하는 것은 현실적으로 불가능하고 이것이 가맹계약의 해지사유가 될 수도 있기 때문이다. 또한 가맹점의 이러한 개별적인 행동이 결국 다른 가맹점과의 표준화 등에도 영향을 미치게 되므로 해당 지역 내에 국한시켜 이종 업종 간 제휴를 시도하는 방법을 택하는 것이 바람직하다.

제휴 마케팅은 주변 점포 간에 서로 비교우위를 가진 상품과 서비스에 대해 협력관계를 맺고 제휴 당사자가 모두 이익을 볼 수 있도록 하는 것으로 경제학상의 비교우위론과 비슷한 개념이다. 따라서 동일 지역의 상권 활성화와 자기 점포에서 다룰 수 없는 제품과의 연계, 공동 이벤트, 기획행사 등을 통해 돌파구를 찾아볼 수 있는 좋은 방법이며, 특히 가맹점 규모가 작고 자본력이 부족할수록 이 방법을 택하는 경우 예상외의 효과를 볼 수 있게 된다.

예를 들면, 꽃집과 주얼리점 또는 뷰티숍, 24시간 편의점과 음식점, PC방과 주점, 고깃집과 아이스크림 점포 등 상호 이해관계가 적은 이종의 업종끼리 매장에 상대 점포의 할인 쿠폰을 비치해 교환하거나, 주변 대형 헬스클럽과 연계하여 클럽 회원이 회원증을 소지하고 자신의 가맹점을 방문하면 부가서비스를 제공하는 형태 등 다양한 방법을 펼칠 수 있다. 주의해야 할 점은, 이러한 마케팅 활동을 고객들이 잘 인지하도록 상호 협업하에 널리 알리는 작업이 기본적으로 수행되어야 하며, 사용 방법이나 사용 기간, 시간 등에 대한 교환 사항에 오해가 없도록 자세히 공지해야 한다는 점이다.

또한 제휴 마케팅은 상호 협력 관계당사자가 동등한 지위에서 책임과 비용부담을 사전에 명확히 하는 것이 좋다. 왜냐하면 제휴나 협업의 취지가 상호 고객확보나 부담해소를 위해 초기 마케팅 차원에서 출발하였다고 하더라도 향후 제휴내용의 변질이나 제휴 당사자 일방에게만 성과가 나타나는 등의 이슈가 발생하면 처리가 곤란한 경우가 발생하기 때문이다. 그리고 상호 간의 통제력 상실과 영업 노하우의 유출 위험도 내재하고 있기 때문에 실질적으로 상호 도움이 되는 우호관계를 유지할 수 있는 점포를 선정하여야 한다.

가맹점 간 제휴의 사례는 아니지만, 고객 편의와 가맹점 매출향상을 위해 이동통신사와미용, 패스트푸드, 베이커리, 의류 등의 프랜차이즈 가맹점과 제휴 마케팅으로 시행한 멤버십 서비스가 가맹점으로의 대가성 분담금 전가 및 멤버십 회원의 혜택이 변질되거나 중단되면서 소비자 신뢰도가 추락한 경우도 있다. 더욱이 이러한 방식의 제휴 마케팅으로 베이커리업계의 경우는 프랜차이즈 가맹점뿐만 아니라 동네 빵집이 폐점되는 등 관련 사업 전반에 좋지 않은 악영향을 미쳤다. 발생원인은 이동통신사의 지배적 우위와, 프랜차이즈 가맹본부의 마케팅 정책을 따를 수밖에 없는 가맹점 입장을 고려하지 않고, 상호 동등한 관계가 아닌 상하 종속관계에서 이루어진 잘못된 제휴 마케팅의 사례라고 할 수 있다. 결국 잘못된 제휴 마케팅은 상호 마진율 하락과 기회비용을 발생케 하고, 고객 편의를 무시한 운영관리로 말미암아 추락된 신뢰조차도 원위치 시킬 수 없게 만든 것이다.

제휴 마케팅은 비단 매출에 초점을 맞춘 이벤트 외에 상호 간 공동 전단지를 제작하여 배포하거나, 직원과 아르바이트 고용, idle time과 peak time이 상반되는 경우에 인력을 지원하는 등 다양한 형태로 협력 관계를 만들어낼 수 있다. 최근에는 가맹점 수가 많거나 브랜드 인지도가 높은 외식업 가맹본부들의 경우에는 서비스 업체 또는 도·소매업체 등 이종업종과의 제휴를 통해 상품권의 호환이나 상호 쿠폰발행 등의 방법으로 제휴 마케팅을 활발히 전개하고 있다.

<table>
<tr><td colspan="1" align="center">Reference Site</td></tr>
<tr><td>

제스프리 (www.zespri.co.kr)
식품외식경제 (www.foodbank.co.kr)
비즈플레이스 (www.bizplace.co.kr)
대한제과협회 (.www.bakery.or.kr)

</td></tr>
</table>

C-5. 경험과 인지의 변화에 따른 마케팅

> **POINT**
>
> 경험과 인지의 변화에 따른 마케팅은 구매를 설득시키려는 직접적인 문구나 행동보다는 소비자의 보편적인 경험과 인지도를 이용하여 접근하도록 한다. 또한 이 과정을 통해 소비자의 잘못된 경험이나 오해는 올바르게 잡아주는 역할을 담당할 수도 있다.

◆ 리마케팅 (remarketing)

리마케팅은 실패했던 상품을 시장 세분화와 재점검을 통해 타깃을 재설정함으로써 새로운 컨셉으로 다시금 시장에 진입시키는 전략이다. 보통 신제품을 출시하여 시장진입에 실패하거나 출시 의도와는 다른 소비자의 반응에 따라 발생하는 투자손실을 만회하기 위한 방법으로 사용하고 있으므로 가맹점에서 실패한 경우라도 개선을 통해 다시 선보일 수 있을 만한 가치가 있다고 판단된다면, 리마케팅을 통해 해당 상품과 서비스에 새로운 활력을 불어넣을 수 있는 방법을 찾아보는 것이 현명하다.

또한 서비스의 제품 수명 주기상 성숙기, 경쟁기에 들어선 기존의 서비스에 대해 리마케팅을 시도하여 사업을 다시 활성화시킬 수 있는 방법을 찾아야 한다. 예를 들어 2000년대 초반부터 돌풍을 일으켰던 남성전용 미용실을 예로 들어 보면 다음과 같다. 사업 초기부터 현재까지 남성전용 미용실은 저렴한 가격과 깔끔하고 위생관리로 남성 고객들로부터 좋은 평가를 받아오고 있지만, 이 사업 역시 경쟁사의 등장과 피부관리 숍, 24시간 찜질방 등 남성고객의 구매 행동과 동선을 바꿀 수 있는 유사업종의 등장으로 시장이 과열되고 있는 상황이다.

고급 헤어서비스를 제공하는 업소나 이전의 미장원에 방문해본 남성들은 항상 점포 내외부에 걸려있는 멋들어진 모델사진들과 대기시간의 지루함을 달래주기 위한 대기 좌석의 안락함 그리고 패션 관련 잡지들이 비치되어 있는 어색한 분위기와 이용 요금 등에 대한 기억을 갖고 있다. 더욱이 한국의 보통 남성들은 여성들과 섞여서 대기하는 미장원 분위기에도 익숙하지 않으며, 정말 세련된 남성 고객을 제외하고는 '어떻게 커트해 드릴까요?'라는 질문에 자신의 희망사항을 상세히 설명하면서 '어떻게 해주세요!'라고 답변하는 고객도 별로 없다.

이러한 현상이 발생하는 이유는 커트라는 저렴한 서비스를 본인이 신청했다는 점, 그리고 자신이 남성이기 때문에 남성다움을 강조하려는 본성이 깔려 있기 때문인데, 결국 미용실은 자기의 요구를 한마디로 당당히 내세울 만한 장소와 분위기가 아니라고 느끼고 있는 것이다. 이러한 이유로 중저가 남성전용 미용실이 탄생했는지도 모른다. 이런 상황을 종합하여 남성전용 미용실 가맹점이 시도할 수 있는 리마케팅 방법을 찾을 수 있다.

우리 가맹점은 싸다. 고객들의 요구사항이 별로 없다. '어떻게 커트해 드릴까요'라는 질문에 십중팔구 짧게, 보통, 길게 라는 세 가지 답변 중 하나를 선택한다. 결국 남자들이 원하는 헤어스타일은 거의 변화하지 않고 일정하며, 편하게 머리손실을 할 수 있는 곳이라면, 꼭 우리 가맹점이 아니더라도 방문하며, 지불하는 대가에 비해 더 큰 편익을 원하는 고객도 별로 없다.

이러한 고객 습성을 감안하여 남성전용 미용실에서 시행할 수 있는 리마케팅 방법을 생각해면 다음과 같다.

- 고객 동의를 통해 가장 잘 완성된 또는 이전에 커팅된 뒷머리, 옆머리, 앞머리 모습을 디지털 카메라에 담아 보관한다.
- 점포 내부에 짧게, 보통, 길게 커팅된 표준 남성의 사진을 부착하여 고객이 원하는 스타일을 판단하고 선택할 수 있도록 함으로써 주관적인 기준으로 해석될 수 있는 주문용어에 표준화를 마련한다.
- 포인트 카드를 스티커 부착용으로 만들지 말고, 최소한의 고객 정보를 획득하여 매장 방문주기나 방문 예상시기를 미리 예측하고, 헤어관련 정보를 SMS로 알려줄 수는 멤버십 카드로 변환시킨다.

프랜차이즈 가맹점의 경우 가맹본부처럼 신제품을 출시해야 하는 입장은 아니지만, 매출하락의 원인이 상품과 서비스의 핵심적인 본질에서 벗어난 왜곡된 평가나 제품 컨셉과는 다른 방향으로 소비자에게 사용된 결과라고 판단된다면, 리마케팅 형식을 빌려 새롭게 소비자 평가를 받도록 하는 노력을 기울어야 한다. 비록 위의 내용이 서비스업종에 국한된 얘기이지만, 이런 저런 평계로 턱 괴고 앉아 매출 좋은 날만을 기다리는 과오를 범하는 경우는 없어야 할 것이다.

◆ 거리 / 게릴라 마케팅

거리/게릴라 마케팅은 특정한 장소에서 불특정 다수를 대상으로 이벤트를 실시하는 것으로 보통 예상 고객의 접점이 가장 많이 일어나는 밀집된 지역이나 시간대를 설정하여 진행한다. 이 방법은 이질감과 거부감을 느끼지 않는 범위에서 이목을 집중시키고 주위를 환기시켜, 상품과 서비스에 대한 인지도를 확보함으로써 구매욕구를 자극시키는 데 효과가 있다. 어느 가맹점이든 자기 점포가 위치한 상권에는 유사한 사고와 소비 행태를 보이는 고객들이 상당 부분 존재하고 있기 때문에 이러한 공통점을 발견하여 마케팅을 시행한다면, 브랜드 인지도를 단시간 내에 끌어올려 고객증대 효과를 누릴 수 있게 된다.

예를 들어 가격에 민감한 주부를 대상으로 특정 시간대에 전혀 예측할 수 없는 가격 세일을 진행하거나 적법한 형태는 아니지만, 관공서의 감시활동이 거의 없는 주말과 공휴일에 브랜드에 민감한 10, 20대 젊은 층을 대상으로 거리 바닥에 빌보드 광고를 부착하여 점포로 유인하는 등 예고 없이 특정한 곳에서 행사를 감행하도록 한다.

각종 사회제도권 범위 내에서 많은 시간을 보내고 있는 현대인들은 거리/게릴라 마케팅의 돌출성, 부적절함과 유치하고 조악함에 대해 겉으로는 비웃지만, 짧은 시간이나마 시름을 잊고 몰입할 수 있다는 점에서 쉽게 소비자에게 받아들여진다. 반면, 지속적인 브랜드 포지셔닝의 효과를 기대하기는 어렵다는 한계도 갖고 있다.

◈ 숫자 / 기호 마케팅

숫자/기호 마케팅은 소비자가 접하게 되는 많은 문자 중심의 광고물 홍수 속에서 머리 속에 쉽게 기억될 수 있도록 하는 마케팅으로, 보통 연령대, 세대 등 변화되지만 기준점으로 사용될 수 있는 숫자나 수치를 이용해 상품명에 붙이는 방법이나 매월 14일, 두 가지 숫자의 중복된 날짜 등 고정화된 숫자나 일자 등을 통해 이벤트를 전개하는 방법 등이 보편화적으로 사용되고 있다.

2080, 3080, 7080 등 연령이나 세대를 지칭하고 있는 것을 상품이나 서비스명에 사용하는 것, 칼로리 수치나 퍼센트를 사용한 제품의 일반화되고 있는 것, 1004, 8282처럼 숫자와 고유 단어를 직접 연관시켜 주는 것 그리고 빼빼로데이(11월 11일), 삼삼데이(3월 3일), 구구데이(9월 9일) 등 특정일과 제품을 연상케 하는 것과 같은 데이마케팅(day marketing)도 바로 숫자/기호 마케팅에서 비롯된 것이라고 할 수 있다.

단일 문자가 새로운 개념이나 기호처럼 사용되는 경우(M, X, Y, e)나, 핸드폰 문자나 이메일에 많이 사용되는 ♡, (=＾▽＾=), (＾○＾), (＾-＾),~ ♬, ∋━━와 같은 기호 그리고 메신저에서 각종 감정을 표현하는 이모티콘(emoticon emotion + icon) 등 정보화 사회로의 이전에 따라 보편화되고 있는 모든 표현방식을 숫자/기호 마케팅에 활용할 수 있다.

숫자/기호 마케팅을 가맹본부 입장에서는 시장을 선호한다는 목표 하에 약간의 의외성이나 이질감이 있더라도 광범위한 홍보를 통해 숫자, 기호를 해당 상품과 연관되게 하거나 신상품명을 탄생시키려는 노력을 게을리하고 있지 않다. 따라서 가맹점의 경우는 이미 일반화되어 있는 숫자나 기호를 사용하여 점포 상황에 맞게 적절히 응용할 수 있는데, 예를 들어 11월 11일에 11% 할인 행사를 한다든지 고객 주민번호에 '1'이 4번 있는 고객께는 ○○○, 이름의 姓을 이용해 '김씨 성을 가진 분들께 ○○○', '학점 4.0 이상 고객께○○○', '新나는 요리가 多있다', '진주를 찾아라-방문 고객이름 중 '진', '주'字가 포함된 고객께 ○○○' 등의 방식으로 아이디어를 발굴하도록 한다. 단, 숫자와 기호는 가급적 간결하고 짧은 형태가 좋으며, 제품의 특성과 가치에 연결되도록 하는 것이 바람직하다.

또한 숫자/기호 마케팅을 전개할 때 다양한 폰트를 배합하면 부가적으로 전시효과까지 누릴 수 있게 되는데, 기본적으로 윈도우에서 제공하는 명조체, 굴림체, 돋움체, Times New Roman, Arial 등 폰트를 사용하는 것보다는 아래 〈표 4-13〉와 같이 폰트 종류를 구분하여 마케팅 분위기에 맞도록 적용하는 것이 좋다. 참고적으로 폰트를 관리하는 프로그램으로는 FontExplorer, AMP Font Viewer 등이 있다. 표에서 적합도라고 표현한 것은 필자의 주관적인 생각을 반영한 것으로 가맹점의 용도와 이벤트 내용에 맞게 적절히 조합하여 사용하되, 구매결정에 꼭 필요한 정보를 신속, 정확하게 전달하는 데 초점을 맞추어야 한다.

<표 4-13> 숫자/기호 마케팅에 적합한 폰트(예)

폰 트 모 양	폰 트 명	적 합 도		
		타이틀	내용	타폰트와 어울림
프랜차이즈 Franchise 123	가는각진제목체	△	◎	○
프랜차이즈 Franchise 123	가는안상수체	○	◎	△
프랜차이즈 Franchise 123	가시나무B	◎	○	○
프랜차이즈 Franchise 123	견고딕	◎	△	○
프랜차이즈 Franchise 123	모아나무빅체	○	○	△
프랜차이즈 Franchise 123	송성훈꼬마	○	◎	△
프랜차이즈 Franchise 123	송성훈굵은디자인	○	△	△
프랜차이즈 Franchise 123	휴먼엑스포	◎	○	○
프랜차이즈 Franchise 123	HY피오피M	◎	○	△
FRANCHISE 123	Starcraft	○	△	△
프랜차이즈 Franchise 123	아트체	○	○	△
프랜차이즈 Franchise 123	목판B	○	△	○
프랜차이즈 Franchise 123	목각파임B	○	△	○
프랜차이즈 Franchise 123	필기L	○	◎	△
Franchise 123	Trebuchet MS	○	○	○
프랜차이즈 Franchise 123	엽서M	○	○	△

<그림 4-21> 숫자/기호 마케팅에 적합한 폰트와 이미지 시안

    <그림 4-21, 22>와 같이 단 한 개의 현수막이나 POP, 홍보문구를 만들더라도 출력 전문업체에 필요한 문구만 종이에 써서 위탁하지 말고, 각종 인터넷 홈페이지에서 활용할 수 있는 서식, 폰트와 이미지 등을 찾아내서 자신이 직접 layout을 구성하고 핵심적인 마케팅 문구를 연구한 후 발주하는 것이 바람직하다.

〈그림 4-22〉 POP 제작 (예)

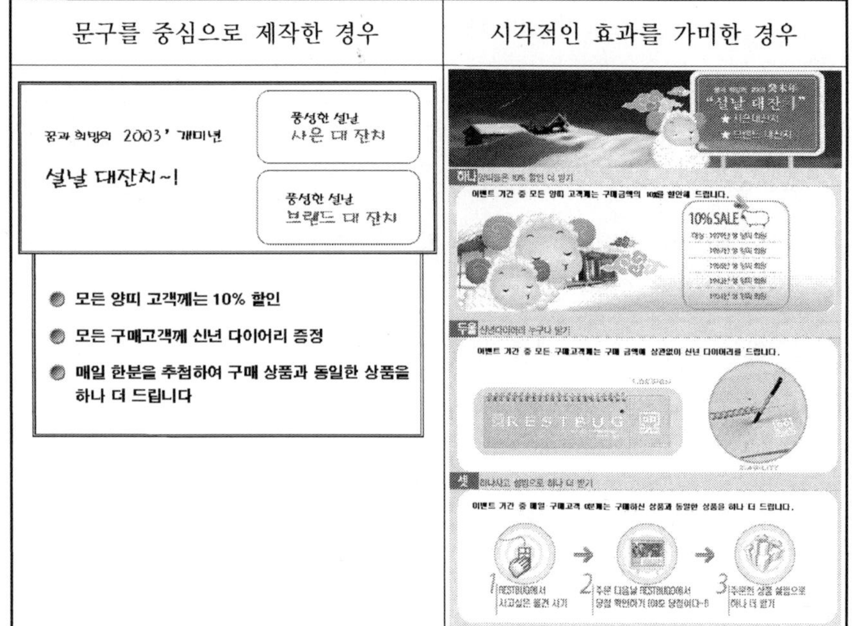

○ 제작과 운영 시 유의사항

- 숫자와 기호는 홍보문구와 연관성을 갖도록 짧고 함축적 사용한다.

- 이미지를 첨가하여 주위 환기를 시키도록 한다.

- 가격 표시는 복잡하지 않고 명확하게 두세 가지 색을 넘지 않도록 한다.

- 홍보된 해당상품과의 거리는 가급적 가깝게 위치시킨다.

- 외부온도와 일조량에 따라 변색, 변질된 경우는 즉시 교체한다.

- 홍보개시일 10일 정도 전에 부착하며, 홍보가 끝난 경우에는 바로 철거하도록 한다.

◆ 감성 마케팅

감성 마케팅은 스타벅스의 대표적인 마케팅 전략으로 많이 알려지면서 제품과 서비스의 포지셔닝과 브랜드의 이미지를 제고시키는 방법으로 많이 사용되고 있다. 용어 자체에서 풍기는 어감에서도 알 수 있듯이 감성이란 말은 사람이 지니고 있는 오감을 자극해 느낄 수 있는 개인의 경험과 브랜드와의 관계를 형성시키는 중요한 인간의 인식능력이라고 할 수 있다. 따라서 감성 마케팅은 사람이 인식할 수 있는 모든 영역, 예를 들면, 비주얼한 컬러(시각), 향기(후각), 음악(청각), 시식(미각), 인테리어와 시제품(촉각), 문화(총체적) 등을 포괄적으로 이용한 방법인 것이다. 앞서 언급한 '최적의 경험을 위한 기본 원칙'이 결국 감성 마케팅을 성공적으로 수행할 수 있는 방안이 될 수 있다.

무료시식회, 내점고객 계층과 즉시 매칭시킬 수 있는 다양한 매장 음악 구비, 시제품의 사용을 유도한 경험 유인, 제품을 연상시키는 향기, 테이블과 종업원 복장 컬러의 밸런스 등의 방법이 가맹점에서 쉽게 접근할 수 있는 감성 마케팅이라고 할 수 있다.

최근 들어 배달 중심의 가맹점들이 일회용 규제정책에 따라 배달에 필요한 각종 부자재를 재활용이 가능한 제품으로 대체시키면서 촉감이 부드러운 봉투와 용기를 사용하고 있는 이유는 좀 더 고급화된 가맹점 모습을 간접적으로 느끼게 함으로써 결국 그 제품의 구매를 촉진시키기 위함이다. 더욱이 제공되는 제품 형태가 패키지화되어 있어 직접 제품을 만져보지 못하는 공산품인 경우에는 고객이 포장 재질의 촉감과 향기 등으로 그 제품의 가격과 품질을 잠정적으로 인식하게 하는 경우도 많다.

참고적으로 인간은 오감에 대한 인지능력 중 시각이 가장 우수하다고 한다. 미국 컬러리서치 연구소(ICR)의 연구결과에 따르면, 사람이 처음 물체를 접하게 될 때 처음 90초 안에 잠재의식적인 판단을 내리며, 이러한 평가 내지 판단의 60~90%가 색에 의존하여 결정한다고 한다. 시각과 청각은 초기 의사결정에 영향을 미치며, 후각은 장기간 기억유지에 도움이 된다고 한다. 이에 부응하여 고객의 시각을 통한 판매촉진을 원한다면, 제품과 브랜드 특성에 맞는 색감을 분석하여 구매행위로 이어질 수 있도록 매장의 인테리어, 플래카드, 유니폼, 소품 하나하나의 컬러까지 계획된 전략하에 통일성 있게 진행해야 할 것이다.

◈ 음악 마케팅

외식업, 도·소매업, 서비스업 등 업종에 관계없이 가맹점 운영자가 가장 손쉽게 매장의 여건과 상황에 따라 색다른 분위기를 즉시 조성할 수 있는 것이 바로 음악이다. 음악 마케팅은 감성적인 접근전략인 동시에 엔터테인먼트 요소와 문화적 요소를 복합적으로 표현할 수 있는 범용적인 방법이다.

가맹점은 BGM(Background Music)을 통해 청각을 활용한 자극형 마케팅을 실시할 수 있는데 내점 고객의 계층을 세분화하여 선곡하는 경우와 시간대별, 계절별, 날씨별, 장소별, 제품별 등 상황에 따라 다양하게 구매심리가 자극되도록 운영할 수 있다. 진보된 형태로는 매체 광고를 통해 병, 캔 따는 소리, 컵에 담는 소리, 포장지 소리 등 브랜드 컨셉에 맞춰 소비자 행동에 맞게 음향을 전달하는 방식도 있다.

과거와는 다르게 인터넷 등 정보통신 기간망의 발전과 MP3 등 음원의 고품질화에 따라 운영과 관리성이 용이하다는 장점을 지닌다. 예를 들어 외식업 관련 가맹점이 내점고객 수를 기준으로 음악 마케팅을 고려한다면, 고객이 적을 때는 클래식 음악을, 점심시간 때는 발랄한 음악을, peak time에는 경쾌하고 비트가 강한 빠른 음악을 트는 것이 바람직하다. 스타벅스의 경우는 판매 제품(커피)의 미적 요소만이 아닌 오감을 통해 느껴야 한다는 전략하에, 각 매장 내의 음악도 본사 계열사를 통해 제작된 재즈풍의 음악만을 트는 전략을 구사하고 있다. 따라서 가맹점주들은 고객의 감성을 쉽게 이끌어 낼 수 있는 음악 마케팅으로 방문 고객의 구매욕구를 자극할 수 있는 자기 매장만의 음악을 선별하는 데 고민해야 한다.

최근 강화된 저작권법에 따라 가맹점에서도 개인적으로 구매한 음반, CD 등을 사용할 수 없게 되었기 때문에 디지털 음원을 제공하는 업체의 서비스를 이용하거나 음악전문 공중채널을 선택하여 영업활동에 적용하도록 한다.

◈ 향기 마케팅

인간의 오감 중 후각을 이용하여 소비자 구매를 촉진시키려는 활동으로 제품 자체를 연상시킬 수 있는 향기를 사용하는 것에서부터

아로마테라피(향기치료), 향기 나는 와이셔츠처럼 효능과 기능성을 부각시키는 방법 그리고 콩기름 냄새가 나는 신문, 기름 냄새를 없애기 위한 과일향 분사기 설치, 점포와 제품에서 나는 특유의 나쁜 냄새를 없애주는 방법 등이 사용되고 있다.

향기 마케팅은 제품에 대한 호감도를 높이고, 구매 의욕을 자극하기 위한 방법으로 다양하게 발전되고 있는데, 그 이유는 제품을 사용한 후에 느낄 수 있는 미각에 비해 후각을 자극하는 것이 장기간 기억된다는 분석과 제품 사용 전에 소비자의 구매욕을 상승시킬 수는 점 그리고 좋은 향기로 점포의 품위를 제고시키고 상품의 이미지를 정확하게 포지셔닝 시키는 데 효과가 있기 때문이다. 또한 해당 제품과 관련된 시장이 포화 상태이거나 가격경쟁이 심한 경우 향기를 통해 생리적으로 소비자의 호기심을 유발시켜 분산되기 쉬운 소비자 의사결정에 중요한 영향력을 행사하게 된다. 실제로 아이스크림을 주 메뉴로 하는 가맹점의 경우 점포 내외부에 초콜릿과 페퍼민트 향을 사용하여 일평균 매상이 40% 증가시켰다는 결과가 이를 입증하는 것이다.

◈ 컬러 마케팅

컬러 마케팅은 사람들이 제품이나 상품명을 보고 연상하는 색채 감각을 이용하여 그 느낌을 보강하거나 역발상 아이디어를 마케팅에 접목시키는 방법으로 많이 사용되고 있다.

예를 들어 김밥 관련 가맹점을 운영하고 있는 경우에는 '김밥＝검은색'이란 고정관념을 뒤집는 컬러 마케팅을 전개할 수 있다. 김밥에 들어가는 부가물은 당근(주황색), 양파(흰색), 무(베이지색), 시금치(녹색) 등 다양한 색조를 띠고 있는데, 이러한 특성을 이용하여 완제품을 재배열하게 되면, 기존 김밥집에서 느낄 수 있는 분위기를 다르게 연출할 수 있게 된다. 또한 샤부샤부 관련 가맹점의 경우도 컬러 마케팅을 시행할 수 있는데 고기국물에 넣게 되는 칼국수의 면발 색조는 보통 옅은 살색 기조를 띠고 있지만, 당근 등 채소의 자연색을 추출한 면을 제공한다면, 시각적으로 다양한 색상과 또 다른 맛을 창조할 수 있게 된다.

다양한 색상의 맥주를 제공하는 것, 노랑색의 콜라, 검은 콩, 투명 비누 등 고정관념에서 벗어난 색상을 적용하는 경우가 많지만, 소비자의 인식이 아주 강한 컬러의 경우는 소비자의 제품 수용도를 떨어뜨릴 수 있기 때문에 컬러 마케팅을 시도하지 않는 편이 낫다. 그리고 남향, 서향 등 가맹점의 위치에 따라 자연적으로 발생하는 빛의 양과 채광시간을 고려하여 색감을 선택하여야 하고, 외부 간판, 종업원의 복장, 매장 내부의 인테리어 색감과 잘 어우러진 컬러를 적용해야 한다. 다음 〈표 4-14〉는 향기와 컬러를 선택할 때 소비자에게 일반적으로 적용될 수 있는 범위를 제시한 것이다.

<표 4-14> 향기와 컬러의 적용 (예)

관련 가맹점	향 기	컬 러	비 고
학 원	감귤, 페퍼민트	파 랑	졸음방지, 집중력
베이커리	커피, 브레드	갈 색	식욕증진
아이스크림	체 리	분홍, 블루베리, 군청, 흰색	시 원
이·미용	애 플	검정, 흰색	단정, 깔끔
문 구	자스민	노랑, 군청, 빨강	실 용
PC방	아카시아	파랑, 초색	담배냄새 제거
잡 화	솔 잎	오렌지, 꽃자주색	상 쾌
자동차	블루베리	빨강, 검정	금속냄새 제거
주 점	모과, 솔잎	흰색, 파랑	시원, 경쾌
헬 스	스포츠, 발삼	노랑, 군청	쾌 적
편의점	그레이프, 피치	초록, 파랑, 흰색	친근, 편안
휴 게	레몬, 포도	초록, 노랑	아 늑
숙 박	아카시아	초 록	편 안
레스토랑	커피, 체리	오렌지	안 정
일반음식	감귤, 모과	빨강, 노랑, 흰색	음식냄새 제거
여 행	라일락	진달래색	활 동
약 국	라벤더	파 랑	편 안
유아/아동	프리지아, 딸기	복숭아색	천진난만, 청순

[바이오미스트홈페이지 참조 재구성]

또 다른 예로 붉은 악마 탄생 이후 축구와 월드컵 그리고 붉은색은 불가분한 관계를 맺게 된 것을 들 수 있는데, 대다수의 국민들이 붉은색을 통해 단합심을 유발하는 것은 물론, 심리적 만족까지 느끼게 하는 결과를 나타내었다.

최근 안정된 경제력을 기반으로 감각적인 소비형태를 해결시키기 위해 검정색이나 명도가 낮은 컬러가 주는 프리미엄 이미지와 가치를 동경하는 어퍼블랙족(Upper Black)을 겨냥한 영업활동 역시 컬러 마케팅의 일환으로 볼 수 있다. 이 경우에는 각종 정보통신 관련 기기업체를 필두로 가전제품, 음료, 패션 등에 일반적으로 적용되고 있다.

소비자가 인식한 컬러는 기억강화와 소비심리를 촉진시키는 것은 물론 소속감과 정체성을 부여할 수도 있는 만큼 색감의 차별화를 위해 월드컵 시즌 때 점포의 컬러를 푸른 계통으로 가져간다든지, 여름에 검정컬러를 사용한다든지 등의 무의미하고 일관성 없는 컬러 선택은 삼가야 할 것이다. 참고적으로 과거에 보수적이고 권위적인 이미지였던 명도와 채도가 낮은 컬러의 고유한 이미지가 시대와 문화에 따라 안정과 명품 그리고 세련된 이미지로 바뀔 수도 있다는 점에 유의하기 바란다.

◈ 날씨 마케팅

우리나라 옛이야기 중 '우산장수와 소금장수 어머니'라는 이야기가 있다. 두 아들 중 한 명은 소금장수이고, 다른 한 명은 우산장수여서 날씨에 따라 노심초사하는 어머니에 관한 얘기이다. 결론은 맑은 날은 소금이 잘 팔려서 좋고, 비 오는 날은 우산이 잘 팔려서 좋다는 생각을 하게 되어 부정적인 근심을 긍정적인 마음으로 전환시켰다는 얘기이다. 과연 창업에 있어서도 이러한 얘기가 적용될 수 있을까? 절대 그렇지 않다. 물론 날씨와 관계없이 일년 365일 사시사철 잘 팔리는 아이템을 찾아내었다면 얘기는 달라지겠지만, 현실적으로 이러한 사업 테마는 아직 세상에 존재하지도 않을뿐더러 미래에도 없을 것이다.

날씨 마케팅은 판매자 측면의 가맹본부와 가맹점, 구매자 측면의 소비자, 그리고 유통측면에서의 제품 흐름에 영향을 미치는 요소 중 날씨의 변화에 따라 적절한 대응방안을 모색하게 해주는 것으로 대부분 소비자 보상심리를 충족시키는 방법으로 널리 사용되고 있다. 중장기 측면에서 기상 변화의 정보를 획득한 후, 향후에 발생할 가능성이 높은 상황을 마케팅 테마로 설정하여 활용하는 경우와 단기적인 측면에서 단시간 내에 바로 발생할 날씨에 대비하여 즉각적으로 시행하는 방법 등 두 가지로 나누어 볼 수 있다.

전자의 경우는 이미 생활가전업체들이 일반적으로 쓰고 있는 마케팅 전략으로서 예를 들어, 폭염 시 또는 여름철 날씨가 덥지 않으면 ○○% 가격할인, 눈이 몇 센티미터 오면 환불 등의 방식으로 예약판촉에 많이 사용하고 있다. 꼭 판매자 측면이 아닌 물류나 생산관리 측면에서도 날씨 정보를 적절히 활용하면, 가맹점의 발주량 예측이 가능해지기 때문에 날씨와 민감한 제품의 생산과 공급량을 조절하여 물류비용을 절감시킬 수도 있다. 하지만 이 경우에는 장기적인 시간이 소요되기 때문에 가맹점에서 사용하기에 부적절한 경우도 많다.

따라서 가맹점은 자기 상권의 소비자 성향을 분석하여 단기간에 다가올 날씨에 대비하여 탄력적으로 운영하는 후자의 방법을 택하는 것이 바람직하다고 할 수 있는데, 업종을 불문하고 비가 오는 날, 장마철, 눈 오는 날, 날씨가 너무 좋은 날은 상권이 뒷받침되거나 온·오프라인 채널로 판매하는 경우를 제외하고는 매출이 큰 폭으로 떨어지게 된다. 왜냐하면 사람의 신체구조상 날씨가 변하거나 일교차가 커지게 되면, 바이오리듬이 바뀌고 행동반경이 변화됨은 물론 구매 행태에도 영향을 미치게 되기 때문이다. 그러므로 날씨 정보를 등한시하고 매출하락을 날씨 탓으로만 돌리는 경우, 원부자재, 완제품 발주의 오류로 인한 재고량 증가 또는 품절, 상품의 변색과 변질 등으로 인한 판매기회 상실, 주문 수량예측오류, 제품 구색과 진열에 시차를 놓치게 됨으로써 또 다른 기회비용을 발생시키는 악순환을 가져오게 된다.

가맹점이 손쉽게 적용할 수 있는 방법으로는 무더위가 지속될 때 세숫대야에 얼음을 띄워 손님이 발을 담고 의자에 앉을 수 있게 한다든지, 비가 오는 날 부침개를 서비스로 준다든지, 우산을 대여한다든지, 불을 사용하는 구이집에 유리창 쪽의 벽을 완전히 개방하다든지, 오늘의 패션과 건강을 유지하는 방법을 게재하는 방법 등이 있다. 그리고 공산품을 판매하는 가맹점의 경우는 재고관리와 계절별 상품 배분에 초점을 맞추고, 외식업의 경우는 재고와 발주관리, 서비스업의 경우에는 세일 기간의 선택에 날씨 마케팅을 적절히 적용하도록 한다.

가맹점주는 날씨변화에 따른 즉각적이고 효율성이 높은 마케팅 활동을 전개함으로써 고객의 머릿속에 '이런 날씨에는 그 집이 적격이야!'라는 생각이 떠오르도록 해야 한다. 또한 의류나 잡화 등의 공산품을 취급하는 도·소매업 가맹점의 경우는 날씨 변화에 따른 실내장식과 매장 코디, 쇼윈도우의 제품 진열에 각별한 주의가 요망된다. 정보화의 발달로 온라인상에서도 '케이웨더'와 같은 곳에서 기상정보를 쉽게 취득할 수 있는 만큼, 날씨 마케팅에 들어가는 부수적인 비용에 집착하지 말고 우호적인 고객의 태도를 이끌어냄으로써 날씨로 인한 매출하락 현상을 제거하는 데 주력해야 한다. 대다수 가맹점의 경우 자기 점포의 평균 매출을 가장 큰 폭으로 깎아내리는 요인이 요일과 날씨 때문이라는 점을 간과해서는 안 될 것이다. 단 하루의 방심으로 떨어진 큰 폭의 매출손실이 월 매출액과 수익에 얼마나 큰 영향을 미치는지 생각해 보도록 한다.

다음 〈표 4-15〉와 〈그림 4-23〉은 2003. 11. 1~2005. 8. 30 까지 731일간의 날씨와 매출의 상관관계를 분석하기 위해 대학가에 위치한 외식업 관련 가맹점 자료를 분석한 것이다. 분석 결과에 의하면, 요일별 비올 확률은 차이가 미미하기는 하지만, 수〉목〉월, 화〉금, 토〉일요일 순으로 나타났으며, 〈그림 4-23〉에서 보듯이 날씨와 매출의 상관관계는 매우 높다는 것을 알 수 있다.

〈표 4-15〉 요일별 날씨 현황

구 분	월	화	수	목	금	토	일	계
비	28%	28%	31%	29%	26%	26%	21%	27%
흐 림	6%	8%	7%	2%	2%	6%	10%	6%
구름많음	9%	13%	8%	9%	11%	11%	13%	10%
구름조금	22%	21%	19%	23%	27%	21%	19%	22%
맑 음	33%	29%	33%	36%	32%	31%	35%	33%
눈	3%	2%	2%	2%	2%	6%	2%	3%
계	100%	100%	100%	100%	100%	100%	100%	100%

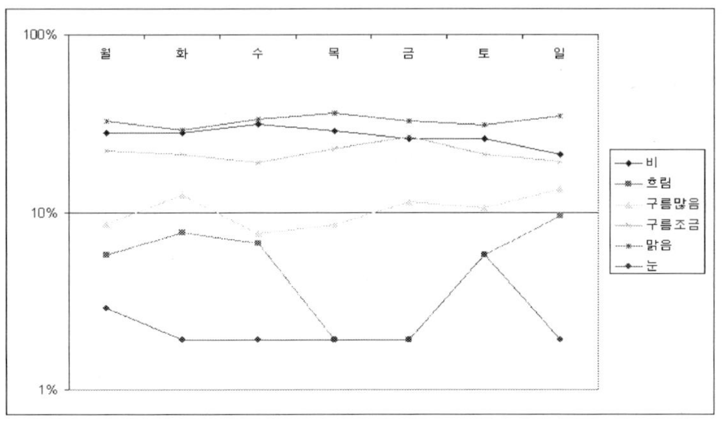

〈그림 4-23〉 날씨와 매출의 상관관계

참고로 산업기상연구소에서 발표한 보고서에 따르면, 〈표 4-16〉에서 보는 바와 같이 날씨의 변화에 따라 상품의 매출 비율이 변화됨을 알 수 있다.

〈표 4-16〉 날씨 변화에 따른 판매량과 매출액의 변동폭

과즙음료	최고 기온 20도가 넘으면 팔리기 시작하며, 25도가 넘으면 1도 상승 시마다 20% 판매증가
우유/요구르트	기온 상승과 매출이 반비례, 20도에서 30도로 기온이 상승하면 8%의 매출 감소
콜 라	25도 이상 기온상승 시 매출 급상승, 기온 1도 상승 시마다 15% 판매량 증가
캔커피	기온이 30도 가까이 되면 매출 급상승, 25도 넘어서면 1도 상승 시마다 18% 판매량 증가
스포츠드링크	최고기온 23도부터 매출 상승, 25도 넘으면 2도 상승 시마다 8% 매출 상승, 30도 육박 시 급상승
아이스크림/빙과류	유지방 첨가 아이스크림은 25~30도, 얼음이 많은 빙과류는 30도가 넘으면 매출 상승 20도 이하 시 매출 감소
잔치국수	최고기온 25도부터 매출 상승, 25도가 넘으면 1도 상승 시마다 15% 비율로 매출 증가
골프/테니스	평균기온 16도~24도에 즐기는 사람 증가, 27도가 넘으면 감소
신사복	낮 기온이 27도, 아침기온이 20도 이하이면 신사복 착용이 60% 가량 증가

[산업기상연구소]

◆ 프리미엄 마케팅

프리미엄이란 용어는 가격적인 측면에서 보면, '고가격대'를, 소비자 집단이라는 측면에서는 '우량 고객'을, 서비스 측면에서는 '최고의 우대 서비스'를 의미한다. 그러나 통상적으로 프리미엄 마케팅이라 함은 경기변동에 민감하지 않은 고객층을 겨냥해 고품질의 고가격대 제품과 서비스를 제공하는 리치 마케팅 방법의 일종이라고 말할 수 있다. 물론 프리미엄 마케팅이 단지 제품 가격대가 높게 형성된 가맹점에서만 진행할 수 있는 것은 아니다. 왜냐하면 자기 가맹점이 중저가 제품을 제공하는 점포일지라도 상권과 고객층에 따라 느낄 수 있는 가격의 정도 차이가 모두 다르기 때문이다. 따라서 프리미엄 마케팅은 가격 대비 우수한 품질을 보유하고 있는 상품과 서비스를 기반으로 강력한 브랜드 포지셔닝을 시도함으로써 구매 의욕을 이끌어낼 수 있어야 한다.

경기 침체에 따라 중산층의 급격한 감소와 소득수준의 양극화 현상이 가속되고 있지만, 일정한 소구력을 갖춘 소비자들은 프리미엄 마케팅에 지갑을 여는 구매행동을 보인다. 따라서 프리미엄 마케팅을 실시할 때에는 평균 이상의 가격을 받아들이는 고객을 마케팅 대상으로 삼는 것보다는 가격체계를 유지하되 그 범위 내에서 고관여 제품을 관리하는 방향으로 초점을 맞추어 진행하는 것이 바람직한데, 그 이유는 제품과 서비스의 기능적 신뢰를 유지할 수 있게 되어 결국 소비자의 구매의욕을 촉진시키는 결과를 가져올 수 있기 때문이다. 가맹점주가 선정한 프리미엄 제품은 자기 고객들이 수용할 수 있는 고가 범위에 속해야 함은 물론 품질이 보장되어야 하며, 높은 마진율을 바탕으로 수익률을 높여주는 것이어야 한다.

우리 가맹점에서 가장 비싸도 잘 팔리는 또는 팔릴 수 있는 제품이 무엇인가 생각해 보자. 아마도 외식업의 경우는 웰빙과 관련된 무공해, 자연산, HACCP(식품위해요소 중점관리기준 Hazard Analysis Cristical Control Point) 통과, 100% 국내산 사용 등이 포함된 제품일 것이다. 이러한 제품은 해당 점포에서 프리미엄 마케팅을 시도해야 하는 제품으로서 고품격, 고품질 이미지를 부각시켜야 프리미엄 고객들에게 받아들여질 수 있는 것이다. 예를 들어 우리 집 메뉴의 대부분은 4,000원이지만 삼계탕만큼은 12,000원을 받을 수 있을 것이라고 확신한다면, 다른 삼계탕 집에서 판매하는 제품보다는 분명히 차별화된 뭔가에 대한 프리미엄 마케팅을 펼치지 않으면 안 된다. 걸쭉한 닭고기 육수에 20여 가지 곡물이 들어갔다든지, 100% 국내산이라든지, 직화 숯불로 참숯을 쓰고 있다든지, 황토가마에서 초벌구이를 했다든지 등 뭐가 좋다는 분명히 어필할 수 있는 마케팅이 반드시 필요하다. 고객이 전문 용어를 이해하지 못하는 경우에는 직접 해당 물품을 보여주고 비교할 수 있게 설명해 주는 것이 바람직하며, 역사와 전통을 자랑하는 경우 'since 1900' 등의 표기를 전면에 부각시키는 것도 좋은 방법이다.

프리미엄 마케팅은 브랜드 가치를 유지하여야 가능한 방법이며, 가격 할인 등을 통한 일시적인 고객 유도 방법보다는 폭리를 취하지 않는 범위 내에서 적정한 이윤을 보장해 가맹점주와 종업원은 물론 고객에게도 양질의 상품과 서비스를 제공하는 것을 가능하게 해준다는 장점이 있다. 만일 주변의 경쟁점에 비해 가격저항이 심하게 느껴지는 경우에는 단품에 대해 직접적인 가격 조정에 들어가는 것보다는 가장 높은 경쟁우위를 점하고 있는 제품과 다른 제품을 스페셜

세트 등으로 구성하여 우회적으로 할인 판매하는 방법을 택하여 가맹점 고유의 브랜드 이미지에 손상을 입히거나 악영향을 미치는 것을 피하도록 한다.

국내의 한 도소매 관련업체는 원재료의 완전표시는 물론, 그 회사가 제조, 유통하는 모든 제품에 식품 첨가물, 미국 식품의약국(FDA Food and Drug Administration) 기준 14대 영양성분, 주의할 필요가 있는 알레르기 유발물질 등을 모두 표기하여 소비자 신뢰를 극대화시키는 독특한 프리미엄 마케팅을 전개하여 오히려 프리미엄 제품에 대한 소비자 반응을 높인 사례도 있다.

◈ 귀족 마케팅

귀족 마케팅은 충성도가 가장 높은 사람들, 즉 우리 가맹점의 가장 중요한 사람(VIP; Very Important Person)을 집중 관리하는 마케팅으로 프리미엄 마케팅이 고가, 고품질을 추구하는 데 중점을 두는 데 반해, 귀족 마케팅은 가격수준에 따른 접근 방식이라기보다는 고객관리에 의해 추출된 우량고객이나 오피니언 리더들을 중점적으로 관리하는 방법이라고 할 수 있다.

가맹점주는 브랜드 우위를 바탕으로 제공되는 상품과 서비스 품목 중 희소성을 느낄 수 있는 부분을 선정하여 VIP라고 지칭할 수 있는 한정된 고객만을 위해 쓰일 수 있도록 준비하여야 하며, 그것은 반드시 매장 현장에서 대면한 상태에서 전달되어야 지속적인 고객과의 네트워킹이 가능해진다.

Reference Site

Font Explorer (www.digitalroom.net)

AMP Font Viewer (www.ampsoft.net)

폰트세계 (www.zellibbi.com)

테마월드 (www.themeworld.com)

아이콘바자 (www.iconbazaar.com)

마이크로소프트 (office.microsoft.com)

포토스클럽 (www.photosclub.co.kr)

샵캐스트 (www.shop-cast.com) -매장음악전문

TeenOn (www.teeon.net) -24시간 음악전문방송

뮤직매니저 (www.musicmanager.co.kr) -매장 배경음악 컨설팅 서비스

CSB (www.csb.co.kr) -매장 전문방송

채널V (www.channelv.co.kr) -음악 관련 공중파 방송채널

WAVE TV (www.wavetv.co.kr) -음악 관련 공중파 방송채널

KMTV (www.kmtv.co.kr) -음악 관련 공중파 방송채널

SATIO (www.satio.co.kr) -음악 관련 공중파 채널

Digital Radio KISS (www.radiokiss.co.kr) -음악 관련 공중파 채널

산업자원부 기술표준원 (www.ats.go.kr) -물체색의 종류와 색이름

바이오미스트 (www.biomist.co.kr)

케이웨더 (www.kweather.co.kr)

산업기상연구소 (www.kweather.or.kr)

럭셔리걸2 (www.luxurygirl2.com)

NPFEEL (www.npfeel.co.kr)

대용량 파일전송 (www.webhard.co.kr)

C-6. 사회적 이슈와 공감대의 변화에 따른 마케팅

> **POINT**
>
> 사회적 이슈에 대해서는 항상 공감대가 형성하는 찬성과 반대부류가 생기면서 한 시대를 풍미하게 되는 특성을 지니고 있다. 최근에는 그 공감대를 형성하는 場도 다양화되고 있지만, 사회적 이슈 자체도 엄청나게 세분화되어 발생하고 있기 때문에 가맹점은 항상 보유 상품과 서비스에 대한 긍정적인 이슈가 주제가 될 수 있도록 공감대를 형성하는 주된 세력에게 어필할 수 있는 마케팅 방안을 보유하고 있어야 한다.

◆ 문화 마케팅

문화마케팅은 광의의 의미로는 기업문화를 대중이나 소비자들에게 알리기 위한활동이라고 할 수 있다. 가맹점보다는 가맹본부에서 브랜드 이미지를 제고시키기 위해 많이 사용되고 있는데, 비교적 브랜드 인지도가 높고, 영업망이 넓을수록 좋은 결과를 얻을 수 있다.

가맹본부가 해당 브랜드 문화를 형성하기 위해서는 브랜드의 성격에 따라 다음의 두 가지 형태를 고려하여 실시해야 한다. 하나는 pull 전략을 통해 먼저 고객에게 제품과 서비스를 홍보함으로써 가맹점으로 발걸음을 옮기도록 하여 고객의 재방문 유도를 통해 브랜드 사용과 소비에 대한 빈도수를 넓혀 새로운 소비문화를 정착시키려는 형태이고, 또 다른 하나는 고객들의 문화적인 욕구를 해소시키기 위해 각 세대의 문화와 라이프사이클, 가치관을 분석하여 캠페인이나 이벤트를 펼치는 방법으로 진행하여 브랜드 이미지를 제고시키려는 push 전략 형태가 바로 그것이다.

편의성과 전문성을 내포한 제품을 판매하는 경우에는 pull 전략을, 품질과 실용성 면에서 구매할 필요는 있지만 구매빈도가 낮고 비교적 가격이 비싼 선매품을 취급하는 경우는 push 전략을 선택하는 것이 바람직하다. 가맹점의 경우는 지역밀착형 마케팅에서 설명한 것과 유사한 형태로 진행할 방법이 있으며, 표준화된 영업, 운영 매뉴얼을 충실히 지켜준다면, 해당 브랜드에 대한 긍정적인 소비문화는 자연적으로 형성될 수 있다. 예를 들면, 일본의 독도망언이 주기적으로 발생할 때마다 한 가맹본부가 실시하고 있는 '해산물 사랑과 국토사랑'이라는 슬로건 아래 선발된 고객을 독도로 여행시켜 주어 한일관계문화를 적절히 이용한 방법도 문화 마케팅이라고 할 수 있다. 또한 가맹본부의 비즈니스 모델을 아예 외식과 공연문화로 규정지어 고객에게 각종 유명 공연에 초청하는 행사를 지속적으로 시행함으로써 그 가맹점에서의 외식=문화라는 이미지를 각인시켜주는 경우도 있다.

◈ 스포츠 마케팅

스포츠 마케팅은 스포츠를 중심으로 관람 지원, 직접 참여, 스폰서십 체결 등의 방법을 통해 고객과 공동 관심사에 대한 틀을 마련하고 커뮤니케이션을 활성화시키기 위한 방법으로 널리 사용되고 있다.

스포츠 행사의 국제화와 스포츠 스타의 탄생 등에 힘입어 강력한 소비계층으로 부각된 '스포슈머'라는 집단이 있다. 2006년 6월에 제일

기획에서 발표한 자료에 따르면, 스포츠(Sports)와 컨슈머(Consumer)의 합성어인 이 스포슈머(Sposumer)집단이 가까운 시일 내에 새로운 소비문화를 창출하는 주력집단이 될 것으로 예견했다. 스포츠 마케팅이라고 하면, 국내외 유명 스포츠용품 회사가 스포츠 스타를 광고 모델로 내세운 것이 시조라고 할 수 있다. 이제 우리나라도 선진국 대열에 입성하고 있는 현 시점에서 생각해 보면, 각종 건강식과 건강 관련 제품, 레저용품, 헬스클럽 등을 기반으로 한 운동마케팅이 사회 전반에 깊숙이 침투해 있음을 알 수 있다. 언제 어디에서나 남녀노소 할 것 없이 팔을 기억자로 구부리고 힘차게 걷는 모습을 흔하게 볼 수 있게 된 것도 국민생활 전반에 퍼진 스포츠 열풍 때문이라고 할 수 있다.

이 보고서에 따르면, 스포슈머는 적극성, 타인과의 교류 중시, 자신감 충만, 트렌드 민감, 정보 수집능력 탁월, 관심사 다양, 흥미와 즐거움을 추구하는 특징이 있다고 하는데, 이들을 대상으로 가맹점에서 무슨 마케팅을 준비할 수 있을까 생각해 보자. 제일 먼저 떠올릴 수 있는 것이 스포츠와 관련된 빅게임이 있을 때 고객을 우리 점포로 끌어들이기 위한 방법일 것이다. 젊고 활기찬 매장 분위기를 조성하고, 성능 좋은 영상과 음향기기를 확보하여 스코어 맞추기 이벤트를 진행하는 것이 과연 단순하고 식상한 영업활동이겠는가? 지난 독일 월드컵 때 붐을 이룬 꼭짓점 댄스를 이용해 마케팅 활동에 응용하는 것이 유치한 방법일까?

결국 주5일 근무제의 지속적인 확산과 스포츠 문화 조성 등 한 시대를 리드하는 요소들을 통해 가맹점의 차별화 포인트를 찾아내는 것이야말로 훌륭한 고객밀착형 마케팅인 것이다.

◆ 마니아 마케팅

마니아란 특정한 분야에 광적인 관심을 가진 사람을 지칭하는 말로서 그 분야를 주업으로 삼지는 않지만 전문가 못지않은 정보와 식견을 보유하고 있다. 특히 각종 동아리 등 단체 활동에 있어서도 오피니언 리더로 역할을 수행하며, 끈끈한 결집력을 형성하는 데 적극적인 성향을 갖고 있다. 이전에 기술한 바와 같이 '별다방파, 콩다방파' 등에 소속된 이들을 마니아라고 할 수 있다. 근래에는 브랜드 마니아가 아닌 '라면을 좋아하는 사람들의 모임'등과 같은 제품 마니아 그룹을 아예 회사 차원에서 적극적으로 스폰서 해주는 경우도 많아지고 있다.

이들 마니아 그룹은 오프라인은 물론 온라인상에서도 관심분야에 대한 문화를 확산시키는 데 큰 힘을 발휘하고 있으며, 희귀 분야에서만 형성되었던 과거와는 달리 대중적인 분야에서도 단순한 모방심리가 아닌 그 문화를 하나의 생활방식으로 수용하려는 그룹이 두텁게 생겨나고 있다. 이러한 마니아층을 단순히 소비의 대상으로 인정하는 경우에는 판매자와의 교감이 형성될 가능성이 희박하기 때문에, 가맹점의 정보와 지식을 전파하는 파트너로서 인정해주는 것이 바람직하다.

마니아의 근원을 획일적이고 동질적으로 일어나는 유행이나 트렌드에 찾기보다는, 그 이면에 존재하는 '나'를 찾아 다른 집단과의 차별성을 느끼고자 하는 일종의 아이덴티티(identity)에서 출발하였다고 볼 수 있는데, 현재 자신이 속한 조직이나 집단에서 느낄 수 없는 욕구를 해소시키는 방편으로 삼기도 한다. 따라서 가맹점주는 해당 브랜드에 관심이 있는 고객들을 위해 각종 커뮤니티 운영에 적극 협력하여 항상 우리 상품과 서비스를 선택할 수 있도록 유인하는 사업 동반자로서 마니아들을 상대해야 한다.

◈ 뚱보 마케팅

미국 경제잡지인 '비즈니스 2.0' 2006년 6월호에서는 비만인구가 구매력을 갖춘 새로운 소비자층으로 자리잡고 있어 다이어트 산업에 국한되어 있던 뚱보마케팅이 거의 모든 산업으로 확대되고 있다고 보도했다. 미국의 비만인구는 80년에 2,300만여 명에서 2006년 5월 현재 6,000만여 명으로 3배 가까이 늘었다고 한다. 우리나라 역시 미국에 비해 숫자는 적지만, 꾸준히 비만인구가 증가하고 있는 실정이다.

중요한 것은 비만인구가 하류층이 아니라는 명백한 사실과 중산층에서 가장 많이 늘어나고 있다는 점이다. 구매력을 갖춘 비만고객에게 제공해 줄 수 있는 것이 무엇인가를 찾아내고 몸집이 큰 고객에 대한 배려나 부가상품을 제공할 수 있는 마케팅 전략을 찾아낸다면, 해당 가맹점을 소문나게 도와줄 것이다. 미국의 대표적인 헬스 프랜차이즈 업체인 커브스포워먼(Curves For Women)의 경우, 뚱보들은 상대적으로 외부활동이 적고, 동병상련을 느끼면서 무분별한 다이어트를 한다는 점을 착안하여 클럽 직원을 아예 비만에 가까운 뚱보 여성들을 채용하여 고객과의 동질감을 유발시키는 마케팅 전략을 펼치고 있고, 'Say good-bye to your fat pants'라는 슬로건을 내걸고 고객별 영양상태와 체형에 맞는 6주간의 Weight Management를 하는 것을 또 하나의 마케팅 포인트로 삼고 있다.

◆ 도토리 마케팅

도토리 마케팅은 국내 한 이동통신사가 탄생시킨 싸이월드를 통해 재미와 호기심을 자극시켜 가맹점을 오프라인(매장에서의 고객과 커뮤니케이션)은 물론 온라인(해당 가맹점 싸이월드 클럽)에서도 쉽게 홍보할 수 있는 방법으로 이용할 수 있다. 이 방법은 온라인 커뮤니티를 인프라로 하여 가맹점과 고객 간의 거리를 좁히는 데 큰 효과를 거둘 수 있으며, 클럽 운영을 공개, 허가제 등의 형태로 조정할 수 있어 운영자가 원하는 마케팅 목표에 맞는 클럽 형태를 만들어낼 수 있다.

2005년 말 현재 싸이월드 가입자는 1,800만 명에 육박하며, 도토리 월 판매액이 90억 원에 이르고 있고, 이 사이트와의 연동이 가능한 네이트온 메신저의 경우도 이용자 수가 1,232만 명이라고 해당 이동통신사는 밝히고 있다. 또한 도토리 판매 방식을 오프라인(편의점)까지 확대함에 따라 도토리가 단지 사이버머니라는 인식을 넘어 현금과는 차별화된 일종의 유가증권 가치로 격상되고 있다는 점에서 도토리 마케팅은 가맹점 홍보와 마케팅 수단으로 활용할 수 있는 매우 훌륭한 매개체라고 할 수 있겠다.

〈그림 4-24〉 도토리 마케팅의 운영(예)

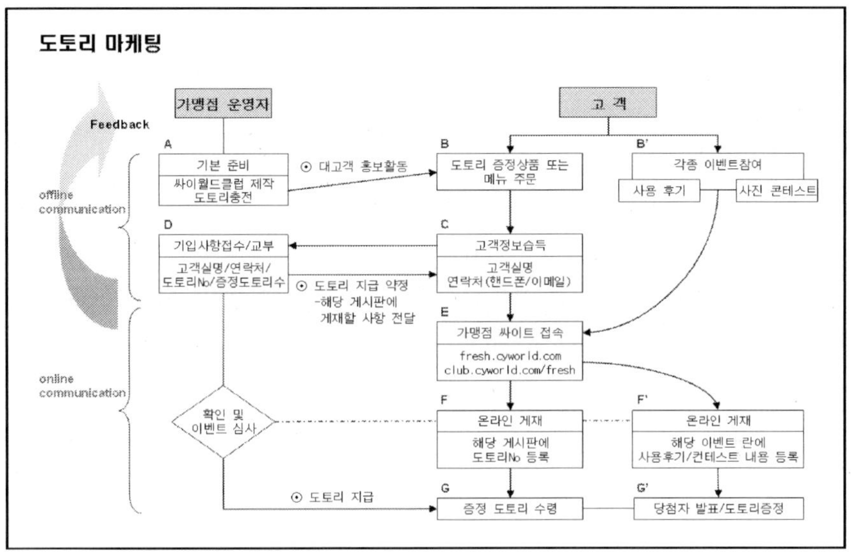

이 마케팅 방법은 온라인 사용고객의 접점 확보를 통해 일촌맺기, SMS, email, 생일축하, 각종 이벤트 등 다양한 마케팅 채널로 확대, 운영할 수 있는 점과 멤버십 마케팅 활동보다 운영 측면에서 수월하다는 장점이 있는 반면, 기성세대의 경우에는 호기심 유발을 통해 구매유도는 할 수 있지만, 적극적인 참여를 기대하기는 쉽지 않아 모든 연령대를 참여시키기는 어렵다는 단점이 있다.

예를 들어, 외식업 가맹점에서 도토리 마케팅을 시행할 수 있는 방법으로는 〈그림 4-24〉에서 보는 바와 같이, 도토리 스티커를 제작하여 도토리 지급대상이 되는 메뉴에 부착해 놓고, 고객이 그 메뉴를 주문하면 C와 같은 고객정보를 습득한 후 온라인상에서 도토리를 선물하는 방법과 사진 콘테스트나 기타 이벤트에 참여하는 고객을 대상으로 도토리를 지급하는 등 다양한 방법으로 고객과의 커뮤니케이션을 유도할 수 있다. 참고로 도토리 지급대상이 되는 메뉴를 선정할 때는 무작정 아무 메뉴에나 적용하기보다는 재고관리를 위해 해당 품목을 빨리 회전시켜야 한다든지, 주력 메뉴로서 성장시켜야 한다든지 등의 가맹점 상황에 맞게 구성하는 것이 바람직하다.

또한 도토리 마케팅을 통해 커버스토리를 비롯하여 다양한 게시판 형태의 채널을 통해 사용 후기나 문의, 건의사항과 불만사항 등을 고객과 교감할 수 있으며, 가맹점주의 댓글 달기를 통해 자기 점포의 개선점을 찾아내는 등 고객 신뢰를 각인시키기에 알맞다. 또한 싸이월드라는 방대한 커뮤니티 속의 한 클럽으로 활동하면서 가맹점 홍보는 물론 공통 과제나 의문점 등 의견교환과 친목 도모를 통해 오프라인 커뮤니티도 형성할 수 있다.

Reference Site
제일기획 (www.cheil.com)   Business 2.0 (money.cnn.com/magazines/business2)   Curves International (www.curves.com)   싸이월드 (www.cyworld.com)

C-7. 기타 마케팅

◈ 공간활용 마케팅

공간활용 마케팅은 점포 내·외부의 공간을 활용한 마케팅 방법으로 가맹점에서는 보통 외부 유동인구 흐름을 이용한 홍보물 설치, 매장 전면유리를 활용한 문구부착, 내부 벽면을 활용한 홍보용 각종 소품 부착 등이 모두 이에 해당된다고 할 수 있다. 이를 통해 가맹점주는 정보 전달방법의 편의를 도모하여 고객을 유도하는 기능을 강화시켜야 한다.

공간활용을 통한 사인(Sign)물은 점포 외부, 내부를 활용하여 상품별, 대 고객전달용 각종 정보 및 가격 등을 중심으로 계획될 수 있는데, 외부 활용공간은 지주, 옥탑, 옥상, 벽면, 주차장, 출입구 외부 등이며, 내부 활용공간은 출입구 내부, 카운터, 테이블, 매장 벽면, 천정, 바닥, 기둥, 화장실 등이 모두 포함된다. 외부공간에는 보통 점포 정면, 옥상, 돌출형태로 부착할 수 있겠지만, 입간판 설치와 마찬가지로 점포 앞 또는 보도 위에 홍보물을 설치하는 것은 현행법상 불법임이므로, 이러한 점을 고려하여 가맹점주는 많이 사용하게 되는 POP(Point Of Purchase)부착 등에서도 부착위치를 고려한 안내, 정보, 설명용 등으로 구분하여 기획, 제작해야 한다.

점포입지와 위치에 따라 유객 동선과 고객이 접근하는 방법이 모두 다르다. 예를 들어 전면도로에 위치한 점포의 경우 버스의 상하행선, 횡단보도의 위치, 등하교 방향, 출퇴근 방향 등에 따라 고객이 점포를 바라보게 되는 시선의 위치는 바뀌게 된다. 특히 30대 이상 세대의 경우는 무의식 중 좌측통행을 하게 되는 경우가 많고, 지하철을 많이 이용하는 사람들의 경우에는 좌측통행보다는 우측통행을 하는 경향이 있다. 또한 보통 보행자가 시계성을 확보하게 되는 것은 전방 거리가 25m 이상이라고 하며, 차량의 경우는 60m 정도라고 하는 점도 감안해야 한다. 그리고 차량을 통해 이동하는 인구가 많은 점포는 주행 중인 차량의 시계성이 인커브와 아웃커브에 따라 크게 달라진다는 점을 감안하여 인커브 쪽보다는 반대차선에 홍보물을 부착하는 것이 일반적이다.

따라서 점포 내·외부에 롤스크린, Y거치대, POP, 플래카드, 낙서판, 빵이 나오는 시간을 알리는 게시판, 이벤트 당첨자 공지문 등을 부착하더라도 자기 점포를 쳐다보는 유객 상황을 관찰하여 시계성이 좋은 곳에 홍보물 위치를 정하는 것이 좋다. 또한 매장 전면 유리를 활용하여 게시판으로 이용할 때도 홍보 문구, 배열, 크기, 폰트, 색상 등을 고려하여 반드시 상품 이미지와 조화를 이룬 형태로 제작하여야 한다. 참고적으로 외식업의 경우에는 단품 메뉴만을 부착시키는 형태보다는 알리고 싶은 메뉴나 추천메뉴를 함께 홍보하는 것이 매출 증대에 도움을 주게 된다.

최근 들어 Digital display 기기를 통한 매장의 고급화를 추구하는 경향이 많은데 매장의 기본 안내, 메뉴, 상품 등을 정지화면이나 동영상으로 LCD나 PDP 등의 화면에 디스플레이 시킴으로써, 간접적으로 매장의 고급스러움을 강조하는 동시에 매장 공간을 효율적으로 활용하는 경우가 많다. 또한 날씨, 교통정보 등 생활편의와 관련된 정보를 실시간 보여주는 서비스를 제공받아 다양한 정보를 노출시켜 줌으로써 고객의 시선을 주목시키는 사례도 많이 늘어나고 있다. 특히 매장 규모가 작은 가맹점은 설치가 용이하고 공간을 많이 차지하지 않는 light panel, neon board 등을 사용하여 다양한 색상과 디자인을 가미한 정보를 노출시켜 고객 유인 방법으로 활용하도록 한다. 특히 프레임이 전면개폐형(플립)으로 되어 있어 홍보물 교체가 쉬운 메뉴보드패널을 사용하는 것이 좋으며, 홍보물의 소재로는 스틸(Steel), 갈바(Galva), 플랙스(Flex, 실사출력) 등 보통 간판에 사용하는 소재보다는 아크릴이나 후크걸이용 현수막을 사용하는 것이 비용 면이나 효과 면에서 바람직하다.

◆ 적립 카드 마케팅

적립카드 마케팅은 가맹점에서 제공되는 재화를 소비하는 대가로 일정액의 포인트나 보너스를 적립받고, 향후 해당 가맹점의 재방문을 통해 사용하게 함으로써 고객을 가맹점의 동반자인 충성고객으로 만들고, 고객만족의 극대화를 목적으로 하는 일종의 퍼미션 마케팅이다.

대부분 신용카드 업계와 온라인 비즈니스 업계가 많은 사용자를 대상으로 다양한 방법을 통해 실시하고 있는데 비즈니스 모델과 업태 성격 자체가 오프라인과 초고속통신망 등의 기간망 그리고 웹이라는 인터페이스를 모두 사용하기 때문에 회원 수가 많고 회원의 정보수집도 용이하게 처리될 수 있다는 특성 때문이다.

특히 기본적인 고객정보의 데이터베이스화와 RFM분석(Recency 최근도, 최근 적립일 / Frequency 구매, 적립빈도 / Monetary 구매금액, 적립액수 등을 종합 분석하는 방법)을 통한 우량고객의 관리에 총력을 기울임으로써 과거 Mass Marketing에서 One to One Marketing을 실현시키고 있다. 사행심을 조장하는 복권 마케팅이라 꼭 10번이라는 숫자를 채워야만 소비자 권리를 행세할 수 있는 쿠폰 마케팅보다 발전된 형태이며, 가맹점의 수익성 또는 고객관리 측면에서 훨씬 유리하다.

대부분 프랜차이즈 가맹본부는 개점 초기에 POS system과 고객카드단말기를 초도 물품에 포함시켜 강제적으로 공급하는 것과는 달리 이용용도가 매출파악이나 발주용도 등에 국한되고 있고, 활용방법에 있어서도 비계획적인 단발성, 일회성 행사에만 치중하는 경향이 많다. 더불어 가맹점주 역시 자체적인 적립카드를 이용한 마케팅을 준비하기보다는 가맹본부에 의지하는 경향이 많으며, 심지어는 카운터 밑에 기계를 고스란히 보관하는 점포도 어렵지 않게 볼 수 있다. 하지만 적립 카드 마케팅은 잠금 효과(Lock In)와 네트워크 효과(Network Effecr)를 발생시킬 수 있는 방법이므로, 다음과 같은 기본적인 사항을 이해하고 실행에 옮기도록 한다.

(1) 고객이 자발적으로 참여할 수 있는 이벤트나 인센티브를 준비한다.
 - 회원가입에 필요한 고객카드를 작성하는 데 투자한 시간이나 보너스 카드를 만들기 위해 대기한 시간 등에 대한 보상

체계를 마련하여 가맹점 요구에 흔쾌히 응대해준 대가를 보상해주는 것이 좋다.

(2) 관심을 보이는 고객에게는 반드시 운영방식과 혜택에 대한 상세한 설명을 해주도록 한다.

(3) 고객의 지속적인 관심을 유도하기 위해 각종 마케팅과 항상 연계성을 갖도록 하며, 그에 부응한 인센티브나 혜택을 계속적으로 강화시키도록 한다.

프랜차이즈 가맹점의 경우도 다양한 형태의 적립카드 마케팅을 펼치고 그 중 가장 많이 쓰이는 모델로는 〈표 4-17〉에서 보는 바와 같이, 멤버십을 통한 포인트 적립 모델과 멤버십을 통하지 않은 보너스 적립 모델이 있다. 이 두 가지 형태는 모두 일종의 고객보상에 초점이 맞추어진 것으로 단골고객을 확보, 유지시킨다는 데 공통점을 갖지만, 고객정보를 확보할 수 있는 멤버십을 통한 포인트 적립 모델이 장기적인 고객관리 측면에서 유리하며, 쿠폰 마케팅에 비해 좀 더 세련된 영업활동 분위기를 고객이 느낄 수 있게 해줄 뿐만 아니라 가맹점주 입장에서는 계획적이고 체계적인 고객관리가 가능하게 된다.

두 가지 방법 모두 퍼센트 적립방식과 포인트 적립방식이 가능한데, 구매금액의 일정비율(%)을 적립하고 차후 계산금액을 할인해주는 방식을 통하거나 일정 금액당 포인트를 적립하고 차후 이벤트 행사 등을 통해 사은품을 제공 또는 일정 포인트 이상 적립 시 적용하기로 한 상품이나 서비스를 무료로 제공해 주는 방식 등으로 사용되고 있다. 또한 이·미용, 코스메틱, 오피스문구 관련 가맹점들은 방문 횟수에 따라 일정하게 포인트를 적립하는 방식으로 운영하기도 한다.

〈표 4-17〉 적립카드의 유형과 운영방식

구 분	형 태	발행방법	장 점	정보 획득
멤버십을 통한 포인트 적립	PVC카드 (두꺼움)	회원정보 입력을 통한 발급(바코드, 마그네틱에 입력)	고객정보 관리 유리 POS, PC연동	이름, 주소, 전호번호, 생일, 각종 연락처 등 다양
멤버십을 통하지 않은 보너스 적립	PET카드 (얇음)	회원가입 절차 없이 상단부의 일렬번호로 발급	대량발급 인쇄방식 다양	이름, 전화번호

적립카드 마케팅은 과거에 일시적인 매출을 보장받기 위해 불특정 다수를 대상으로 진행했던 가격할인 마케팅보다는 진보된 마케팅 형태이며, 특히 멤버십을 통한 포인트 적립방식은 가맹점에서 많은 투자비용 없이 운영할 수 있을 뿐만 아니라, 효율적인 고객관계관리(CRM; Customer Relationship Management)를 구현할 수 있는 기본 인프라를 마련할 수 있다는 장점을 가지고 있다.

주의할 점은 구매액을 기준으로 한 적립률, 적립방법과 사용 가능한 최소 누적포인트의 범위, 사용방법, 유효기간 등 운영방법에 대한 명확한 설명이 이루어져야 멤버십을 이용하고자 하는 소비자에게 신뢰와 사용의 편의성을 느끼게 할 수 있다는 점이다. 그리고 고객정보 유출에 대한 배려나, 같은 브랜드의 타 가맹점과의 호환 유무 등을 정확히 알려주어야 하며, 만일 자신의 가맹점이 배달과 내점을 동시에 행하는 경우 포인트 적립의 형평성과 고객 신뢰를 위해서라도 배달 시에도 차후 점포에 방문하면 포인트를 적립해줄 수 있도록 배려하는 것도 중요하다.

○ 멤버십 가입 약관

멤버십을 통한 포인트 적립마케팅을 실시할 경우에는, 희망 고객과 가맹점(운영자) 간에 멤버십 가입(회원가입)약관을 자체적으로 만들어 고객의 동의를 반드시 얻어야 하는데, 가맹점에서 사용할 수 있는 약관은 최소한 아래의 내용을 충족시키는 것이 좋다. 보험이나 카드사의 약관처럼 복잡한 문구보다는 간단명료하게 고객이 쉽게 알아보고 이해할 수 있도록 작성하도록 한다. 경우에 따라 고객의 동의를 이끌어내기가 힘들다거나, 고객의 호응도가 너무 낮아 활성화되기가 어려울 것으로 예상된다면, PET 카드를 이용하는 방식을 택하도록 한다.

〈멤버십 가입 약관에 들어갈 주요 내용〉
- 멤버십 명칭, 운영 목적, 운영 주체
- 멤버십 규칙과 사용방법 및 유효기간
- 멤버십의 분실 및 재발급
- 변경사항 고지
- 개인정보 수집에 대한 동의
- 게인정보 수집목적 및 이용목적
- 개인정보보호 및 활용범위

이 외에 가맹점 규모가 크고 멤버십에 대한 고객민감도가 클 것으로 예상되는 경우에는 사후 분쟁발생을 대비하여 약관 변경의 승인, 멤버십 탈퇴의 조건과 적용 기간 및 소멸처리, 부정사용에 대한 책임과 의무, 분쟁 조정 및 관할법원 등 필요한 조항을 추가 삽입하도록 한다.

○ 멤버십 가입을 위한 고객정보의 습득

고객정보를 취득함에 있어 가맹점주는 진행하고자 하는 마케팅의 범위를 고려하여 꼭 필요한 고객정보만을 얻어낼 수 있도록 가입신청서의 내용을 〈그림 4-25〉보다는 〈그림 4-26〉과 같이 구성하는 것이 좋다. 많은 정보기입을 원할수록 가입에 대한 의사결정을 판단하는 시간이 많이 걸리게 되는 것은 물론 고객 기대감은 더 커지는 현상이 발생기 때문에 마케팅 운영계획에 맞는 정보만을 선별하여 기재하도록 유도해야 한다. 특히 고객들이 가맹점의 운영약관과 개인신용정보의 제공에 동의하는 절차를 반드시 삽입하여 서명받아야 한다. 또한 후술되는 고객관리 부분의 '고객정보 취득 시 유의사항'을 참조하여 운영계획에 맞게 적용해야 한다.

〈그림 4-25〉 광범위한 고객정보의 습득이 필요한 경우

OOO 점 멤버쉽 신청서 (회원가입신청서)

● 기본 정보

▶고객성명	(한글)___________ (영문)_______________
▶주민등록번호	000000-****00
▶생년월일	_____ 년 ___ 월 ___ 일 (양력/음력)
▶회원아이디	___________________________ (아이디 중복확인)
▶비밀번호	___________________________
▶비밀번호확인	___________________________
▶주소 (자택)	___________________________
▶주소(직장)	___________________________
▶전화번호 (자택)	___________________________
▶전화번호 (직장)	___________________________
▶핸드폰 번호	___________________________ (SMS 수신여부)
▶이메일	___________________________ (이메일 수신여부)
▶신체특성기록	___________________________
▶건의사항	___________________________

(온라인과 멤버쉽을 겸할 경우: 회원아이디·비밀번호·비밀번호확인)

● 선택 정보

▷결혼 유무	___________________________
▷가족구성원	___________________________
▷관심 품목	___________________________
▷직업	___________________________
▷학력	___________________________

www.OOO.co.kr

〈그림 4-26〉 계획된 마케팅에 필요한 최소 정보만 습득할 경우

000 점 멤버쉽 신청서 (회원가입신청서)

신규 □   재발급 □

▶고객번호 [| | |]

▶성명 (한글) ______________________
　(영문) ______________________
▶주민등록번호 000000-****00
▶생년월일 ______년 ____월 ____일 (양력/음력)
▶이메일 ______________________
▶주소 (자택) ______________________
　(직장) ______________________
▶전화번호 ______________________
▶핸드폰번호 __________________ (SMS 수신여부)
▶이메일 __________________ (이메일 수신여부)

www.000.co.kr

　〈그림 4-25〉의 회원가입신청서 내용 중, 성명, 주민등록번호, 아이디, 비밀번호는 고객식별 및 연령제한 및 민원처리 용도이며, 이메일, 전화번호는 고지사항전달, 불만처리, 신제품 출시 및 이벤트 정보를 전달하기 위해 필요하며, 주소는 우편물 및 물품배송 시 배송지를 확보하기 위함이다. 특히 신체특성기록 부분은 제품 착용이나 섭취로 인한 알레르기가 있는 경우를 기록하게 함으로써 고객 배려에 대해 최선을 다하고 있다는 모습을 보여주기에 적절한 내용이다.

　그리고 회원가입에 대한 약관이 없는 경우에는 각 회원신청서 하

단에 〈표 4-18〉과 같은 고객의 개인정보에 대한 활용동의와 가맹점의 서약이 첨부되는 것이 바람직하다.

〈표 4-18〉 고객으로부터 동의를 이끌어내야 할 사항

<table>
<tr><td colspan="2" align="center">◉ 개인신용정보의 제공 및 활용동의</td></tr>
<tr><td colspan="2">본인은 ○○○멤버십 서비스 이용약관에 동의하며, 본 신청서에 기재된 내용이 사실과 일치함을 확인합니다. 본인은 신청서에 게재된 개인정보 및 ○○○멤버십이용실적, 기타 서비스 이용에 관한 일체의 거래정보를 본인에 대한 마케팅활동의 목적으로만 귀사가 사용함에 있어 본인의 개인정보를 제공하는 것에 동의합니다.</td></tr>
<tr><td>　 년 　 월 　 일</td><td>서명 또는 날인</td></tr>
<tr><td colspan="2" align="center">◉ ○○○가맹점의 고객정보보호</td></tr>
<tr><td colspan="2">○○○가맹점은 고객의 사전동의 없이 개인정보를 함부로 공개하지 않으며, 고객관리와 우리 점포 마케팅활동 외 타 용도로 사용하지 않습니다.</td></tr>
<tr><td>○○○ 가맹점
(TEL)02-000-0000/(FAX)02-000-0000</td><td>점주 　 서명 또는 날인
○○○@○○○.co.kr</td></tr>
</table>

◈ Fun & Entertainment 마케팅

Fun/엔터테인먼트 마케팅은 연예인, 게임, 영화, 만화 등에서 찾을 수 있는 다양한 오락적 요소와 캐릭터를 홍보와 판촉활동에 가미하는 형태로 시작되었으나, 요즘에는 자기 점포의 분위기에 맞도록 적절히 변형하여 재밌거리와 즐거움을 선사하기 위한 이벤트로 제공되는 경우가 보다 일반화되어 있다. 이 방법은 특히 새로움과 즐거움을 추구하는 고객층에 좋은 반응을 불러일으키고 있다.

소비자가 해당 점포로 유인되는 요인은 상품 자체에 대한 기본적인 구매 욕구나 니즈 그리고 이전의 사용경험에 의존한다. 하지만 이러한 요인 외에 무료시식이나 사은품 증정 등 스팟 형태의 이벤트를 통해 구매충동 욕구를 자극할 수 있다. 특히 불경기가 지속되는 경기 상황에서는 이러한 방식을 많이 사용하며, 공중파의 CF 역시 대부분 재미와 즐거움을 가미한 광고가 점차 증가되고 있음을 알 수 있다.

연예인을 통한 방법은 일종의 스타 마케팅과 유사한 개념으로 이미 대상 고객층에 깊숙이 자리잡고 있는 문화를 형성한 주체자에 대한 추종 또는 흠모와 질투심을 유발시켜 자연스럽게 대화의 소재거리가 되도록 유도할 수 있다. 예를 들면 상권에 따라 차이가 있기는 하지만 프랜차이즈 가맹점을 운영하다 보면 연예인들의 방문이 심심치 않게 이루어지는 경우가 많은데 이 때 가맹점주는 연예인들과의 사진 촬영은 물론 사인과 팬들에게 하고 싶은 말, 점포의 발전을 기원하는 문구 등을 접수할 수 있는 타이밍을 놓치지 말도록 하여, 접수된 사인물을 점포 내외에 부착함으로써 고객이 좋아하는 연예인이든 아니든 고객들의 호기심과 화제를 유도하도록 하면 된다. 이 경우 대부분은 가맹점 브랜드에 대한 호감과 신뢰를 형성하는 데 도움을 주게 된다. 물론 불특정 다수의 대중에게 해당 브랜드의 소비 욕구를 진작시키기 위해 가맹본부 전사적인 측면에서 스타 마케팅을 펼치는 경우가 대부분이지만, 이와는 별개로 상기의 방법과 같이 가맹점 자체적으로 운영할 수 있는 방법을 찾아내면 된다.

가맹점 자체적으로 소화하기 힘든 경우에는, TV에서 방영된 개그 관련 프로그램이나 연속극, 네티즌 사이에 유행하고 있는 각종 패러디 등을 적절히 이용하는 것, 콘서트나 공연, 영화티켓을 제공하는 것, 대중성 있는 게임 또는 아바타(Avatar), 아이템을 활용하는 것도 좋은 마케팅 수단이 될 수 있다. 프랜차이즈 사업을 하는 업체는 아니지만, 가정의 달을 맞이하여 가족게임경연대회를 개최함으로써 자사의 게임 브랜드를 홍보하는 것은 물론 게임에 대한 부모의 우려를 불식시키는 마케팅 역시 제품 특성에 맞는 타깃과 포지셔닝 그리고 적절한 시기성과 설득의 대상이 정확히 파악된 Fun & Entertainment 마케팅이라고 볼 수 있다.

대부분의 현대인은 복잡한 인간관계, 경기동향, 경제활동에 따른 어깨의 짓눌림, 보육과 부양, 소득과 사회적 위치에 대한 불만, 업무의 과중으로 인한 책임과 의무, 다양한 먹거리 그리고 상품의 선택 및 의사결정의 부담 등 소속된 집단과 활동범위, 연령과 계층에 따라 다양한 형태로 스트레스를 받아가며 생활하고 있다. 따라서 현대인은 이러한 스트레스를 해소하기 위해 자기만의 취미활동을 찾게 되며, 소비에 있어서도 가급적 고정관념과 상식에서 탈피한 색다른 즐거움을 지향하는 제품에 대해 호감을 느끼는 경향이 많다.

따라서 가맹점은 이러한 고객 심리를 이용하여 제품을 통해 즐거움을 주는 방법 또는 유행어, 신조어 등 언어적 표현을 통한 재밌거리를 제공하는 것도 바람직하다. 예를 들면, 100% 국내산 신선육을 판매하는 가맹점에서 휴대폰 단말기 광고카피와 적절히 융합하여 'It's different'라고 가맹점을 어필하는 것이라든지, 'ㅇㅇㅇ에 안 되는 게 어딨니? 다 되지', '그까짓 거 뭐 대충' 등의 유행어를 자기 가맹점의 특성에 맞게 수정하여 사용하는 것 등이 바로 그것이다. 또한 외식업 가맹점의 경우 후식으로 냉동된 망고스틴을 제공하거나 과자 속에 숨겨진 메시지가 호기심을 불러일으키게 하는 포춘 쿠키를 제공하는 것 등으로도 디저트라는 부가 서비스를 제공하는 것 외에 재미있는 식사를 기억하게 할 수 있는 저렴한 비용으로 시행할 수 있는 펀마케팅 사례이다.

판매하는 제품에서 느껴지거나 연상되는 것과는 다른 전혀 예상할 수 없는 오락적 요소를 적절히 활용하는 방법이야말로 즐거움과 재미를 갈망하는 현대인에게서 호응받기 가장 쉬운 방법이다. 또한 가맹점주나 종업원 역시 제공되는 제품과 서비스에서는 느끼지 못하는 재미있는 말투나 억양, 외모, 유머감각을 지닌다면 금상첨화일 것이다.

특히 종업원과 가맹점주가 항상 웃음을 잃지 않고 손님을 대면하는 것도 고객에게 편안함과 즐거움을 선사하는 가장 기본적인 fun marketing으로서, 웃음을 통해 고객의 닫힌 마음을 열어주고 점포 전체에 대한 긍정적인 생각을 갖게 함으로써 매출과 직결시킬 수 있다. 마음에서 우러나오지 않은 웃음으로 불편함을 초래한다거나 비아냥거리듯 무작정 웃기만 한다거나, 가맹점주만 친절하고 종업원은 무표정한 얼굴로 고객을 대면한다면, 오히려 썰렁한 매장 분위기를 조성할 수 있다는 점에 유의해야 한다. 왜냐하면 진심이 아닌 웃음에 대해 고객은 장사속이라고 느끼기 때문이다.

한 예를 들어본다면, 최근에는 생일을 맞이한 고객을 위해 노래를 불러주고 기념사진도 찍어주는 가맹점이 눈에 띄게 많아졌는데, 그

생일파티 분위기를 조성해주는 종업원들의 얼굴을 유심히 쳐다보면, 아예 웃음을 잃어버린 무표정한 얼굴은 물론이고, 설령 그렇지 않다 하더라도 기계적인 웃음과 정형화된 몸동작을 하고 있다는 것을 알 수 있다. 이런 모습을 보고 과연 고객이 만족할 수 있을까?, 매장 외벽에는 Fun마케팅에 관한 홍보문구를 걸어놓고 바로 밑에 24시간 CCTV녹화 중이라고 써 놓으면, 과연 그 마케팅이 성공할 수 있을까? 안하는 것보다도 못한 이벤트는 도리어 역효과를 낳게 된다는 점을 명심하도록 하자.

한 대학가에서는 의류점이 옷을 저울에 파는 마케팅을 펼친 적이 있다. 물론 책정된 가격은 유사 제품보다 저렴한 것은 당연지사다. 소비자가 대부분 인식할 수 있는 가격대의 상품을 100g 단위로 가격을 책정하여 판매함으로써, 실용성을 추구하는 젊은 고객층으로부터 큰 호응을 얻었다. 이러한 영업활동이 지속되는 불황과 알뜰 소비를 하고자 하는 고객심리와 부합되면서 고객에게 재밋거리와 실속 있는 가격을 동시에 제공한 것이 좋은 영업성과를 가져오게 된 것이다.

치킨 가맹점들이 주로 사용하는 닭살커플 메뉴, 코스닭, 닭큐먼트, 아디닭스, 닭터김, 분식 관련 가맹점에서 사용하는 콩쥐라면, 내가너라면, 배뿔록 등 메뉴명을 재미있게 구성한 것이나 머르장머리, 味親○○, 가슴을 피자, 입안에 행복, 피자에땅, 피부를 위한 맛있는 화장품 등과 같이 상호나 브랜드명을 정한 것, ○○○ 가맹점이라는 말 대신 가족점, ○○ 1소대 등으로 가맹점 명을 표현한 것, 아주만나처럼 한 대학가의 명칭을 적절히 활용한 경우, 또는 종업원들이 교복, 삐에로 등 독특한 복장이나 유니폼을 착용하여 고객의 눈을 즐

겁게 하는 방법, 물에 넣으면 불어나는 깜짝 물수건을 제공하는 방법, 맥주를 한번에 다 마시면 술값을 받지 않는 방법, 매운 음식을 먹을 때 물을 한번도 먹지 않으면 할인해주는 방법, 소주뚜껑 위에 500원짜리 동전을 부착하여 서빙하는 방법, 테이블에 냉각 홀더를 설치해 고객이 직접 맥주를 따라 먹게 하는 방법, 고객이 직접 고기의 무게를 달아 가져가게 하는 방법, 전통 한방약재로 만든 한지에 고기를 감싸서 쿠킹 후 까먹게 한다든지 등, 이 모든 것이 고객에게는 재밋거리로 받아들여지는 것이다.

또 다른 예를 들어보면, D도넛업체의 경우 '도넛은 동그랗다'는 고정관념을 깨고 '사각링'형태의 제품을 출시하고 있는데, 이것 역시 경험과 인지의 변화를 추구하는 펀마케팅의 일환이라고 볼 수 있다. 먹고 마시는 제품 하나에도 새로움을 추구하는 고객의 욕구에 편승하여 마케팅을 전개한 것으로 기존의 도넛을 연상하는 개념을 깬 것이라고 할 수 있다. 외식산업의 경우에 이러한 현상이 나타나는 이유는 다양해진 먹거리로 소비자의 선택 폭이 점점 넓어지고 있는 반면, 기업 입장에서는 맛을 넘어선 재미와 새로운 형식을 추구하는 차별화된 제품과 마케팅을 구사해야 하는 부담이 생기고 있기 때문이다.

Reference Site

정보통신부 (www.mic.go.kr) −정보통신망 이용촉진 및 정보보호 등에 관한 법률
Camptel (www.fc.co.kr)
코코펀 (www.cocofun.co.kr)

D. 고객관리

D-1. 고객관리를 통한 관계변화

> **POINT**
>
> 고객관리는 창업에서 이윤의 원천인 신규 고객의 획득, 고객의 선별, 기존 고객의 유지, 고객과의 관계 형성 등을 통해 수익성을 증대시키기 위한 일련의 활동으로 고객정보의 획득, 선별, 유지, 강화를 통해 고객과의 평생가치(LTV; Life Time Value)를 증진시키고 지속적인 고객과의 커뮤니케이션을 통해 고객 행동에 영향을 주기 위한 고객관계형 영업활동(CRM; Customer Relationship Management)이다.

고객관리의 궁극적인 목적은 고객의 핵심적인 욕구를 알아내는 데 있다. 고객관리를 위해서 가맹점이 손쉽게 얻을 수 있는 정보는 영업활동 과정을 통해 발생하는 각종 구매행위와 관련된 고객정보이다. 〈그림 4-27〉과 같이 시대에 따라 고객관리의 방법이 다양해지고 있는 만큼 과거의 매스마케팅 방식으로는 성공적인 가맹점 운영이 불가능하기 때문에 각 개별 고객의 기호와 특성을 찾아내고 차별화함으로써 확실한 목표시장을 설정하여야만 비로소 각종 마케팅을 효과적으로 진행할 수 있을 뿐 아니라 고객이탈을 방지할 수 있다. 효과적인 고객관리를 통해 얻을 수 있는 것은 반복구매율의 증가, 매출 증대라는 경제적인 효과 이외에 입소문 효과, 가격 저항에 대비한 우월적 지위의 획득 등의 부가적인 효과를 얻을 수 있다. 가맹점주는 접객과 판매활동으로 얻어지는 고객정보를 이용해 최적의 경험치를 발견해 냄으로써 고객과의 관계를 개선시켜 궁극적으로 가맹점의 매출증대는 물론 영업활동에 필요한 개선방향을 수립하는 데 사용해야 한다.

〈그림 4-27〉 고객관리의 변천

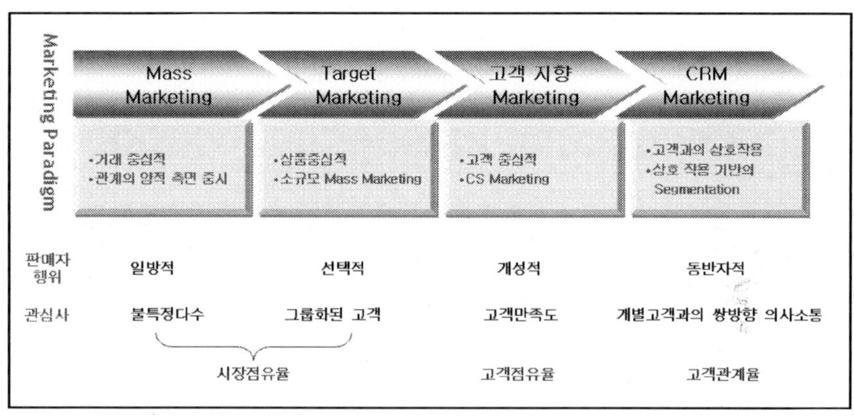

사업 초기에 양적 고객확보를 위해 고객과의 접촉을 시도했던 Mass Marketing 이 가능했던 시대와는 달리 〈그림 4-28〉과 같이 고객의 관심사가 변화함에 따라 결국 가맹점주는 다음과 같은 영업전략 단계를 세워 현업에 적용해야 한다.

(1) 고객의 유형별 세분화를 통해 고정고객으로 유도할 방법을 찾는다.
  - 가맹점이 접근 가능한 방식으로 고객 데이터베이스를 확보한다.
(2) 고정고객 데이터베이스를 기반으로 맞춤 서비스를 제공한다.
  - 고객 데이터베이스의 유형별 세분화를 실시한다.
(3) 고객에게 알맞은 정보 및 서비스를 제공하기 위해 지속적인 커뮤니케이션을 유지한다.

(4) 체계적인 고객관리를 통한 세부 서비스 활성화 및 수익창출의
   토대를 마련한다.

〈그림 4-28〉 가맹점주 관심사와 고객 관심사의 비교

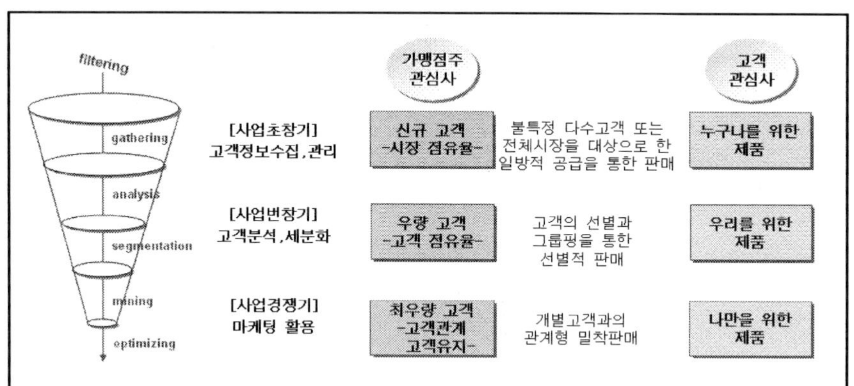

고객관리를 강화하면, 우량 고객이나 최우량 고객으로부터 습득된
특성과 구매행태를 파악하고 활용함으로써 상품별로 분산된 구매행
태를 회원 중심으로 통합된 정보관리능력이 향상되어 자기 가맹점
고유의 고객관리 노하우를 축적하게 될 뿐만 아니라 잠재고객, 신규
고객, 비정기적으로 방문하는 고객에 적용하여 최우량고객으로 끌어
올릴 수 있는 확률이 높아진다.

〈그림 4-29〉에서 보는 바와 같이, 고객관계율을 높일수록 주문횟
수, 방문횟수, 구매금액은 높아짐에 따라 경제적 이윤창출을 극대화
할 수 있으며, 간접비용을 절감할 수 있게 됨은 물론 신속한 불만처
리와 문의에 대한 적절한 응대로 가맹점 신뢰를 높일 수 있다. 이러
한 과정을 통해 소비자는 심리적인 만족을 느끼게 되며, 그 동기를

부여해준 가맹점에 대한 태도가 긍정적으로 결국 모든 것이 합당하거나 합리적이라고 간주하는 경향이 있다. 결국 가맹점과 고객 간에 우호적인 관계가 형성되어 파트너십으로 발전할 수 있는 것이다. 비용절감 또는 불황이라는 명목하에 무조건 상품과 서비스의 질을 낮추거나 축소시키는 것보다는 우량고객을 발굴하여 이들을 중심으로 차별화된 서비스를 마련함으로써 고객 만족도와 충성도를 높여 수익을 극대화하는 것이 바람직하다.

〈그림 4-29〉 고객관리를 통한 관계변화

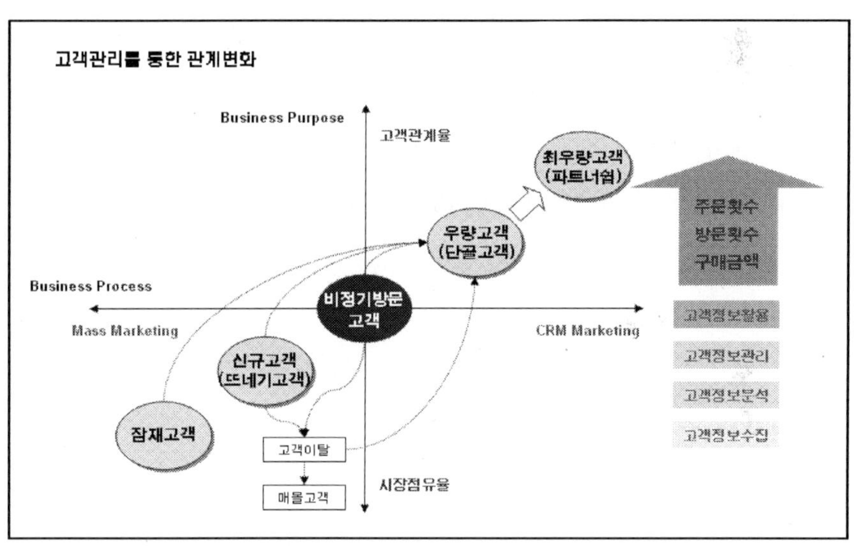

따라서 가맹점주는 수집된 고객정보를 통해 보다 더 효율적인 마케팅 활동을 전개토록 하며, 신 메뉴나 이벤트 시행 시 다른 고객에 비해 우선적으로 혜택을 입을 수 있도록 우선순위를 정하는 것이 중요하다.

고객의 관리는 말 그대로 고객만족을 위해 가맹본부의 브랜드 가치를 극대화시키고 가맹점의 매출확대와 비용절감을 꾀하는 데 기본적인 목적이 있다. 비교적 고객의 접점과 신규고객창출이 쉽게 일어나는 프랜차이즈 창업의 경우는 내점 또는 각종 채널을 통해 주문을 시도하는 소비자 그리고 잠재 수요층에 대해 가맹본부의 컨셉과 점포 내·외부의 자료분석을 바탕으로, 서로 다른 만족수준을 지닌 고객에게 각각에 맞는 차별화된 마케팅을 구사하여 소위 나비고객의 마음을 사로잡는 것이 중요하다.

특히 고객은 자신이 경험한 서비스에 대해 상대방의 의향에 관계없이 최종 경험한 느낌과 감정을 원래의 상태로 되돌리지 않으려는 경향이 강하다. 서비스의 특성상 제공하는 동시에 소멸되는 동시성을 갖고 있으나 소비자에게 각인되는 것은 쉽게 잊혀지지 않는 지속성과 전파성의 특성을 갖는다.

고객관리는 소비자 집단의 개별적인 관계로 이어지게 되고 무형재화이기 때문에 표준화에 대한 난이도가 높다. 결국 제공하는 유·무형의 재화 공급이 소비자에게 미치는 모든 영역에 대한 정보를 수집, 분석하고 활용하는 것은 점포 운영 당사자가 가장 잘 알 수밖에 없으며, 가맹본부는 본사 컨셉을 바탕으로 한 전반적인 마케팅 활동의 일부로서 고객관리에 힘을 쏟는 역할을 하게 된다.

따라서 프랜차이즈 업종이라 할지라도 고객이 처음 방문하는 접점시간을 제외하고는 고객관리에 대한 부분에 있어서는 가맹본부에 대해 의존할 수 있는 정도가 높지 않다는 것을 인지하여야 할 것이다.

훌륭한 고객관리는 고객의 만족을 통해 소비자의 선택기회를 확대함으로써 고객증가와 유지 및 이탈방지를 유도하여 매출증대와 수익증가를 통해 사업의 성공의 지름길을 마련하게 되는 것이다.

Reference Site

공영DBM (www.00db.co.kr)

비즈메카 (www.bizmeka.com)

비즈포스 (www.bizfos.co.kr)

이비즈마트 (www.ebizmart.co.kr)

비즈체크 (www.bizcheck.net)

비즈퍼스트 (www.bizfirst.co.kr)

D-2. 고객관리의 기본

POINT

가맹점의 고객관리는 일반적인 정보통신기술을 전면에 내세워 인간미를 잃는 것보다는 전방위에서는 소비자와의 원활한 커뮤니케이션을 위해 노력하고, 후방위에서는 가맹점의 마케팅 환경에 최적화시킨 솔루션을 이용하여 효율과 정확성을 추구하는 것이 좋다.

◈ 최소의 법칙(Law of Minimum)

독일의 식물학자 리비히(J.Liebig)가 식물을 연구하며 정립한 최소의 법칙은 '식물의 성장을 결정하는 것은 넘치는 요소가 아니라 가장 부족한 요소'라는 것이다. 이 법칙은 비단 식물에게만 적용되는 것이 아니라 가맹점 창업에 있어서도 마찬가지로 사업 활성화와 성장에 영향을 미치는 여러 가지 필수요소들 중 어느 하나가 부족하면, 다른 것들이 아무리 완벽하게 갖추어졌다 하더라도 사업을 제대로 수행할 수 없게 된다는 것으로 이해할 수 있다. 따라서 고객 관리야말로 물리적으로 해결할 수 없는, 자기 가맹점의 노력만으로 쌓아올릴 수 있는 영양분인 만큼 부족요소에 포함되어서는 안 될 것이다.

◆ 고객 접점(MOT; Moment of Truth)의 중요성

프랜차이즈 가맹본부가 새로운 브랜드를 탄생시키게 되면, 소비자는 유무선 매체 광고나 전단지, 인근의 가맹점을 통해 그 브랜드를 처음 접하게 되는데 이처럼 소비자가 공급자 측과 마주치는 접점, 이것을 고객접점이라고 한다. 정보통신기기가 발달하면서 고객접점을 매우 다양화되어 있으며, 특히 인터넷 게임업체 등 온라인상에서 사업을 영위하는 경우는 접점이 일, 시간단위이라는 개념보다는 초단위에 가깝게 일어나고 있다.

소비자의 잠재의식 속에 자리잡고 있는 가맹본부의 사회적 인지도와 브랜드의 수준과 사용 전후에서 느끼게 되는 고객인지도에 비해 접점 순간에서 느끼게 되는 것이 그 브랜드, 점포의 수준평가에 가장 결정적인 영향을 미치게 된다. 따라서 최우량 고객별 서비스 차별화를 위한 경쟁력 확보의 시작점은 고객의 첫 접점에서부터 진행된다는 것을 명심하기 바란다.

◆ POS의 중요성

많은 가맹점주들은 POS(Point of Sales)에서 제공되는 기능을 제대로 활용하지 못하고 있다. 그 이유는 가맹점 형태가 생계형 창업이 많아 영업관리에는 관심이 없다는 점과 주문접수와 결제처리 외에는 쓸모가 없다고 인식하고 있는 경우가 많기 때문이다. 하지만 POS 시스템은 판매 시점에서 매출정보를 등록하고 계산하는 기능 외에 가맹점주에게 매출동향 파악, 적정재고 유지, 상품관리 등에 대한 자동적인 관리가 가능하게 함으로써 매출증대를 위한 모든 정보를 통합 관리할 수 있다는 장점을 지니고 있다. 다음 〈그림 4-30〉은 종로에 입점한 한 중대형 퓨전음식점이 POS를 통해 얻은 정보로 판매 메뉴정보를 취합한 예이다.

〈그림 4-30〉 POS를 통한 관리될 수 있는 데이터(예)

[메뉴별 매출 분석]

돌 분류	판매량	판매비율	공헌이익
다이나마이트	178	0.5%	5,270
드래곤볼	361	1.1%	5,780
라이언 킹	568	1.7%	5,973
레인보우	1,551	4.7%	5,585
머쉬룸우라이드롤	843	2.5%	5,238
베니스롤	523	1.6%	3,819
수퍼크런치	780	2.3%	6,603
스파이더롤	141	0.4%	6,315

커피&음료	판매량	판매비율	공헌이익
카페 에스프레소	84	0.6%	1,776
카페 아메리카노	1,107	7.7%	1,958
카페 라떼	450	3.1%	1,810
카페 카푸치노	364	2.5%	1,810
카페 모카	557	3.9%	1,782
레몬 카모마일	304	2.1%	2,562
아이스 티A	278	1.9%	3,140
핫 초코라떼	341	2.4%	1,950
소 계	4,488	27.1%	37,781
콜라	2,824	19.7%	1,503
스프라이트	3,264	22.8%	1,503
환타(오렌지)	1,011	7.1%	1,503
환타(파인애플)	661	4.6%	1,503
오렌지 프라페	226	1.6%	2,663
레몬 스쿼시	172	1.2%	2,768
스트로베리 스쿼	148	1.0%	2,726
키위바나나 스쿼	263	1.8%	2,621

* 갈색 음영 메뉴가 판매량과 이익이 높은 스타 메뉴.

[상품정보관리]

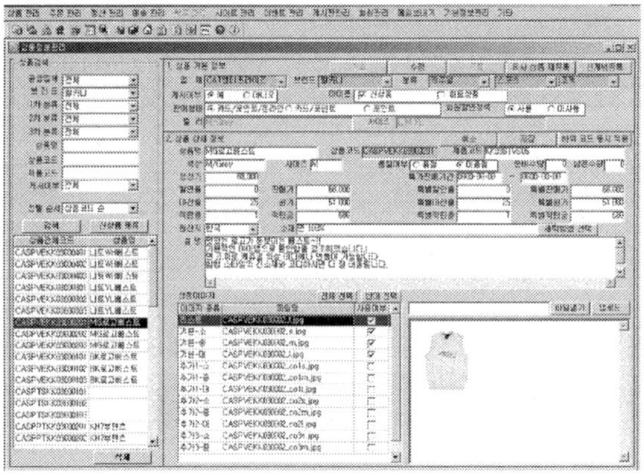

POS의 올바른 활용으로 단순반복적인 업무를 최소한으로 줄이고, 가맹점의 판매실적 및 각종 의사결정에 필요한 정보를 신속, 정확하

게 수집함으로써 점포관리의 표준화를 통해 기존 고객을 유지하고, 상품 회전율을 높이며, 고객과의 접점이 이루어지는 모든 곳에서 다양한 마케팅을 펼칠 수 있도록 노력해야 한다.

다음은 POS를 통해 얻을 수 있는 정보와 그 정보를 응용 가능해 얻을 수 있는 부분은 다음과 같으며, 〈그림 4-31〉과 같이 도식화할 수 있다.

(1) 통계적 측면: 기간별, 상품별, 조건별 매출정보
(2) 분석 측면: 고객군, 상품간 상관관계, 충성도 분석과 매출 예측
(3) 응용가능 부분: 고객정보, 상품정보, 결제정보 등 각종 분류정보

〈그림 4-31〉 POS로부터 획득되거나 분석 가능한 분야

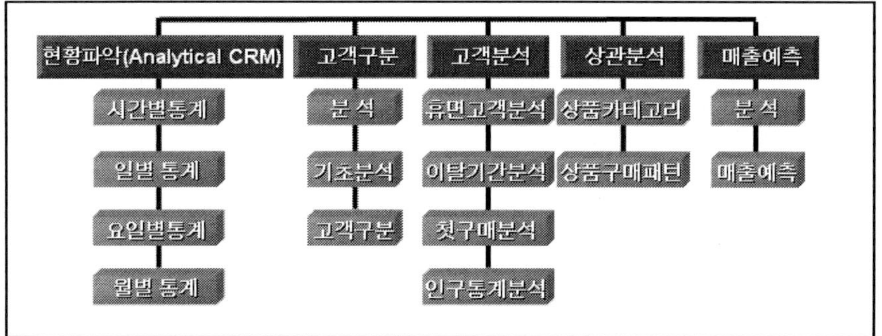

◆ 고객정보 취득 시 유의사항

고객정보라는 것은 개인정보를 지칭하는 것으로서 보통 성명, 주민등록번호 등의 사항으로 개인을 식별할 수 있는 정보 등을 말한다. 효율적인 고객관리를 위해서는 내방 또는 판매를 통해 매장에서 자

연스럽게 알게 되거나 판매를 통해 취득되는 정보가 있는 반면, 정형화된 양식에 고객의 자발적인 참여로 습득되는 좀 더 자세한 정보가 있다. 전자의 경우는 가맹점주나 종업원의 노력에 따라 그 형태와 관리 양식을 정하여 정리하는 수준이지만 후자의 경우는 성격이 다르다.

우리나라 국민들의 대다수는 자기 정보를 제공하는 것이 기본적 인권 침해의 우려가 있다고 생각하여 민감한 개인정보에 대한 노출을 상당히 꺼려하는 경향이 있다. 익명의 댓글 달기나 폐쇄된 공간에서 자기 신분을 노출하지 않고 웹서핑을 하는 국민정서가 결국 우리나라를 인터넷 강국으로 도약시키는 데 일조를 한 것도 사실이다. 고객들은 관습과 사회 통념상 꼭 필요한 경우가 아니라면 자신의 정보를 제공하는 데 거부감과 불쾌감을 갖고 있으며, 더 나아가 불안감을 갖기까지 한다.

따라서 초기에 고객정보를 취득하는 데 신중을 기함은 물론 시간과 비용이 많이 투입될 수 있다는 점과 시작 초기부터 고객관리의 방향성을 확립하여 일관성을 유지하고, 필요 이상의 고객정보를 무리하게 요구하지 말아야 할 것이다. 특히 온라인상에서 정보를 취득할 경우 통신비밀보호법, 전기통신사업법, 정보통신망 이용촉진 및 정보보호 등에 관한 법률 등을 탐독하도록 하여 서비스 제공자가 준수해야 할 개인정보보호규정이나 정보통신부가 제정한 개인정보보호지침을 따르도록 한다. 또한 현행법상 만14세 미만의 어린이가 온라인으로 타인에게 개인정보를 보내기 위해서는 반드시 법정대리인(부모님)의 동의를 받아야 하므로 가맹점 고객으로 가입 시 부모님의 동의를 받았는지 확인해야 한다. 가맹점은 법정대리인에게 email이나 DM, SMS 등을 발송하여 동의의사를 표시한 내용을 회신받아 처리하도록 한다.

또한 아래 〈그림 4-32〉과 같이 고객정보 관리 책임자와 관리 담당자를 명기하여 고객들이 개인정보를 제공하는 데 따르는 불안감을 해소하도록 하는 것도 중요하다.

〈그림 4-32〉 고객정보 관리자의 표기(예)

고객정보 관리 책임자	고객정보 관리 담당자
성　명: 000 소속/직위: 000 프랜차이즈 00점/ 대표 연락처: 02-333-0000 / 016-000-0000 이메일: franchise@abc.co.kr	성　명: 000 소속/직위: 000 프랜차이즈 00점/ 차석 연락처: 02-333-0000 / 011-000-0000 이메일: subfranchise@abc.co.kr

◈ 다양한 지불방법 대비

영업행위의 종착점인 결제단계에서도 소비자를 배려하는 준비해야 한다. 즉 카운터에서 소비자가 원하는 방식의 결제가 받아들여지지 않거나 신용카드 리더기의 고장, 용지부족, 현금영수증 발행 거부, 신용카드 수수료 전가 등으로 그 시점까지 쌓아온 가맹점의 신뢰가 한순간에 무너질 수도 있기 때문이다. 또한 IC카드형, 네트워크형 전자화폐, 모바일 결제, 직불카드, 디지털 상품권 등 정보화 기술을 바탕으로 지속적으로 발전하고 있는 다양한 결제수단을 구비해야 할 필요성이 높기 때문에 이에 대한 충분한 이해를 바탕으로 가맹점에 적용 여부를 결정해야 한다.

요즘 대학가에서는 기존 신용카드에서는 볼 수 없는 100원, 10원까지 소액결제가 가능한 전자화폐가 인기몰이를 하고 있다. 사용자인 대학생들이 전자화폐에 거부감이 없는 N세대인 점과 전자화폐 업계가 교통카드를 제외한 신규 진출영역을 찾고 있었던 결과가 학생증에 전자화폐를 장착하여 결제가 가능한 또 하나의 색다른 결제방법을 탄생시킨 것이다. 2005년 말 현재 충남대, 포스텍, 부산동아대, 이화여대, 나사렛대, 충남대, 건양대, 한국기술교육대 등 7개 대학이 운영하고 있으며, 2006년 6월 현재 연세대, 서강대 등 신촌 대학가를 전자화폐 확산을 위해 k-cash, 비자캐시, 마이비 등의 업계들이 발 빠르게 움직이고 있다.

이러한 동향을 감안한다면 정보통신계의 특성상 학생증을 통해 결제하는 방식이 주변 상권에 빠르게 적용될 것이다. 따라서 결제 대행업체는 지역상권에서 전자화폐 가맹점을 모집하여 고객(대학생)이 주거래 은행에 일정액을 충전하여 해당 대학교 내·외부에서 자유롭게 이용하게 될 시장을 선점하기 위해 노력할 것이기 때문에 해당 상권에 속하는 가맹점은 이에 대한 신속한 대비를 하여야 한다.

또한 IC칩 기반 비접촉(RF)식 카드인 비자웨이브가 지급결제 시장의 화두를 장식하고 있는데, 교통카드처럼 IC칩과 RF안테나를 내장한 카드를 단말기에 대면 자동으로 결제가 이루어지는 신개념의 결제방식이다. 올 하반기까지 대부분의 신용카드사와 시중 은행들이 이 카드를 출시할 계획으로 알려지고 있다. 비접촉식 결제방식을 도입하는 것을 가맹점주들이 판단해야 되는 이유는, 이 카드는 상품과 서비스 구매 시 결제시간이 0.3~0.5초로 크게 단축됨으로써, 카드 사용자의 결제 대기시간의 단축효과를 통해 가맹점의 다른 영업활동 기회를 창출할 수 있기 때문이다. 특히 소액결제가 빈번히 일어나거나 회전율이 높아 피크타임 시 카운터에서 소비하는 시간을 줄여야 하는 가맹점의 경우 도입을 고려해보는 것이 좋다.

소액결제 전자화폐나 비접촉식 카드에 의한 결제방식이 정보통신 기술기반에서 새롭게 탄생된 결제방식인데 반해, 기술 기반이 아닌 제휴관계를 통해 기존의 결제수단을 가맹점에 활용하는 경우도 있는데, 한 PC방 관련 가맹본부와 상품권 발행업체가 제휴하여 온라인 게임의 결제수단뿐만 아니라 PC방 이용요금까지 상품권으로 결제할 수 있게 함으로써 특별한 결제수단을 갖고 있지 않은 청소년 및 학생층을 고객으로 편입시키고 있는 것이 바로 그 예이다.

참고적으로 프랜차이즈 가맹점에서 보편적으로 발행하는 쿠폰의 경우에 대해 소비자는 시간 또는 기간제한 쿠폰 〈 ○○공짜 쿠폰 〈 00% 할인 쿠폰 〈 금액할인쿠폰 〈 무료시식권 (시제품 교환 쿠폰) 등의 순으로, 유가증권의 경우는 토탈상품권 〈 문화상품권, 도서상품권 〈 백화점 상품권 순으로 선호하는 경향이 있으므로 이에 대한 결제방식도 고려해 보아야 할 것이다.

Reference Site
아름넷닷컴 (www.arumnet.com)
아스템즈 (www.astems.co.kr)
비자코리아 (www.visakorea.com/www.visa-asia.com)

D-3. 고객관리 노트와 고객설문

> **POINT**
>
> 가맹점주와 종업원이 쉽게 고객에게 다가설 수 있는 방법은 그 고객이 무엇을 원한다는 것을 먼저 알고 있는 것이 아니라 고객과의 인간적인 관계를 먼저 형성하는 것이다.

◆ 고객관리 노트

고객관리를 함에 있어 가장 중요한 것은 고객이 누구인지 파악되어야 한다는 점이다. 전술한 바와 같이 정보시스템으로 처리되어진 결과물은 신속성과 정확성에서 고객을 통합, 세분화하는 관리를 통해 효율적인 전략을 제시해 줄 수 있는 장점이 있다. 하지만 가맹점의 규모나 특성에 따라서는 〈표 4-19〉와 같은 고객관리 노트를 작성하는 것이 바람직하다. 그 이유는 시스템 상으로만 처리된 고객관리는 대면한 상태에서의 고객과 교감을 이룰 수 있는 원천적인 소스를 제공할 수 없기 때문이다. 물론 이 방법은 가맹점주가 매장에 머무는 시간이 많을수록, 그리고 가맹점주가 없더라도 종업원이 관리할 수 있도록 할수록 그 효용성이 높다.

〈표 4-19〉 고객관리 노트 작성(예)

구 분	특 징	고객 평가 (관리 등급)
A Type	가맹점주가 알아주는 것을 좋아함. Opinion Leader임	♣♣♣♣♣♣ (최우량고객)
B Type	일대일 마케팅을 좋아하며, 브랜드 충성도 높음	♣♣♣♣♣ (우량고객)
C Type	운동, 개그, 연속극 프로 선호, 분위기추구형디자인에 대한 편견이 있음	♣♣♣♣ (비정기 방문고객)
D Type	경제성 추구로 가격에 민감하나 설득이나 권유 판매에 약함	♣♣♣ (신규고객)
E Type	모방심리만 강할 뿐 경제적, 시간적 여유가 없음	♣♣ (잠재고객)
F Type	대화를 싫어하며, 충동구매가 전혀 없고 구매력이 약함	♣ (이탈고객)

구 분	이 름 인상착의	기본성향 옷차림	소비형태	추 정				접객 포인트
				연령	학력	경제력	주변인에 대한 영향력	
F type	홍길동(남) 염색,안경	혼자내점 /유행민감	저가선호 심사숙고	27	대학 원재	중	하	주문 전까지 접근 금지
F type	모름(여) 생머리김	애기하기 싫어함	아이쇼핑 즐김	21	회사원	하	최하	고가품 제시하 지 말 것
B type	김갑순(여) 뚱뚱함	우리집 메뉴자랑많 이함/청바지	항상 포인트카드/ 이벤트 참여	31	회사원	중상	중상	계산 시 포인트사용 하더라도 재적립할 것
C type	남달리(남) 얼굴그을림	야구광 정장	세트메뉴 선호	43	자영업	중	하	야구중계 채널로 켜줄 것
A type	모름(남) 신체건강	동아리회원 이사람저사 람 몰고옴 /유니폼	일요일에만 내방함	30	대학~ 회사원	중하	상	축구동아리 양 많이 줄 것
A type	가나다(여) 깔끔	외향적 /술즐김	매번 ○○만 시킴	32	교직원	상	중상	얼굴 알아주면 좋아함
E type	모름(남)	보수적 캐주얼	뛰는 상품 싫어함	50	고졸	상	중하	선물용으로 추천할 것
D type	최○○(여) 주걱틱	유행관심 자신감결여 평범	가격민감	17	고등 학생	중하	하	유행상품 권해볼 것

◈ 고객설문

고객을 대상으로 설문할 때는 다음과 같은 사항을 염두에 두어 용도에 맞게 작성하도록 한다. 1회 설문 시 너무 광범위한 정보를 얻고자 하는 욕심을 버리고 가맹점 전체 운영에 필요한 설문, 고객군을 파악하기 위한 설문, 판매액을 예측하기 위한 설문, 고객 문의와 불만을 처리하기 위한 설문, 매출 확대를 위한 설문 등으로 나누어 설문의 목적을 분명히 하도록 한다.

○ **가맹점 전체 운영에 필요한 설문 (management survey)**
〈예시〉와 같이 가맹점 운영에 대한 전체적인 평가를 취득하기
원할 때 사용한다.

○ **고객군을 파악하기 위한 설문 (customer group survey)**
구매 후 일정기간 동안 아무런 활동이 없는 고객군을 파악하여
그들이 다시 활동적으로 구매할 수 있도록 유도하거나 첫 방문
후 어느 정도의 기간 후에 구매활동을 시작하는지 등의 고객군
특성을 파악하는 데 사용한다.

○ **판매액을 예측하기 위한 설문 (sales prediction survey)**
주간, 월간 등 기간별 판매액 등을 예측하여 급격한 매출 하락
을 예방하거나 경쟁점 출점이 예상되는 등 위험 요인을 제거하
고자 할 때 사용한다.

○ **고객 문의와 불만을 처리하기 위한 설문 (VOC survey)**
각 이용단계별 고객의 문의와 불만에 대한 단순처리에서 벗어
나 근본적인 원인을 분석하여 고객불만의 근본적인 원인을 제
거하고자 할 때 사용한다.

○ **매출 확대를 위한 설문(recommendation survey)**
특정 상품을 구매한 고객이나 비슷한 성향을 가진 고객들의 비
중을 파악하고 상품 추천을 통해 매출규모를 확대할 수 있는
원활한 방법을 찾고자 할 때 사용한다.

〈예시〉 고객만족도 측정을 위한 설문

○○○점 고객만족을 위한 설문

안녕하십니까? ○○○○점 대표 ○○○입니다.
항상 저희 매장을 방문해주신 점 대단히 감사합니다.
본 설문은 고객 서비스의 질을 높이기 위해 내방객 여러분을 대상으로 현재
시설, 관리, 운영 및 서비스에 대한 만족수준과 향후 개선방안을 마련하기
위한 것입니다.
고객께서 응답해 주신 자료는 우리 매장 서비스 개선을 위한 기초자료로 활
용될 것입니다. 보다 나은 고객지향적인 매장으로 거듭나기 위한 것이니 만
큼 좋은 의견 부탁드리며, 취득된 고객정보는 통계 처리 목적 외에 다른 목
적으로 활용되지 않음을 약속드립니다. 감사합니다.

[설문작성 고객께는 도토리 5개를 증정합니다]

Part─I. '시설 및 환경'에 대한 질문입니다.

문1-1. 우리 매장의 '시설 및 환경'과 관련하여 어느 정도 만족하는
     지 응답해 주십시오.

시설 및 환경 차원	매우 불만족	불만족	보통	만족	매우 만족
1)매장 내 설치된 기기의 전반적 성능	1	2	3	4	5
2)매장을 안내하는 내용에 대한 만족도	1	2	3	4	5
3)매장 청소상태 등 환경의 청결정도	1	2	3	4	5

문1-2. 이상의 3가지 질문을 전반적으로 고려할 때, 매장의 '시설 및
     환경'에 대해 얼마나 만족하십니까?

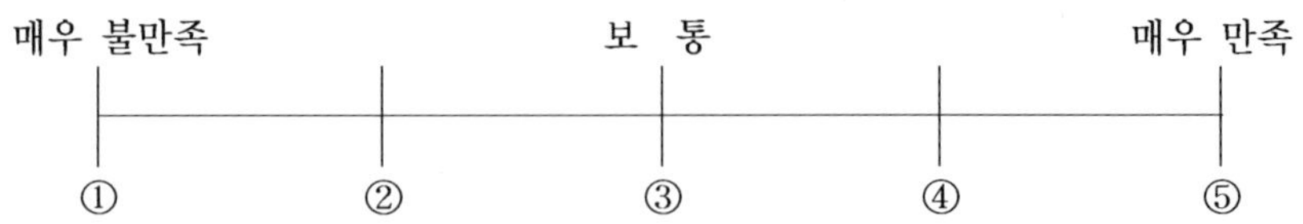

Part—II. '담당자 및 직원'에 대해
여쭈어 보겠습니다.

문2-1. 주문접수나 제품설명을 담당한 '담당자 및 직원'에 관한 다음
각 사항에 대해 어느 정도 만족하시는지를 1점에서 5점 사
이로 말씀해 주십시오.

담당자 및 직원 차원	매우 불만족	불만족	보통	만족	매우 만족
1)담당자가 고객에게 정보를 전달하는 능력	1	2	3	4	5
2)담당자가 성실하게 임하는 정도	1	2	3	4	5
3)담당자 및 직원들의 친절한 정도	1	2	3	4	5
4)담당자 및 직원들의 전문화 정도	1	2	3	4	5

문2-2. 이상의 3가지 질문을 전반적으로 고려할 때, '담당자'에 대해
얼마나 만족하십니까?

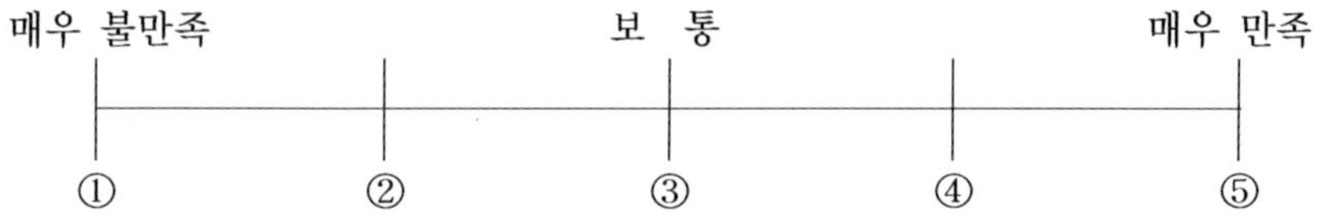

Part—III. "구입에 따른 만족도"와
관련하여 여쭈어 보겠습니다

문3-1. 우리 매장에서 판매하는 제품을 구입하여 느끼신 '만족도'와
관련된 다음 각 사항에 어느 정도 만족하시는지 1점에서 5
점 사이로 말씀해 주십시오.

만족도 차원	매우 감소	감소	변동없음	증가	매우 증가
1) 제품의 품질과 디자인 만족도	1	2	3	4	5
2) 제품의 가격만족도	1	2	3	4	5
3) 제품의 견고성과 실용도	1	2	3	4	5
4) 메뉴의 다양성과 맛, 청결도	1	2	3	4	5

문3-2. 이상의3가지 질문을 전반적으로 고려할 때, '구입에 따른 만
족도'에 대해 얼마나 만족하십니까?

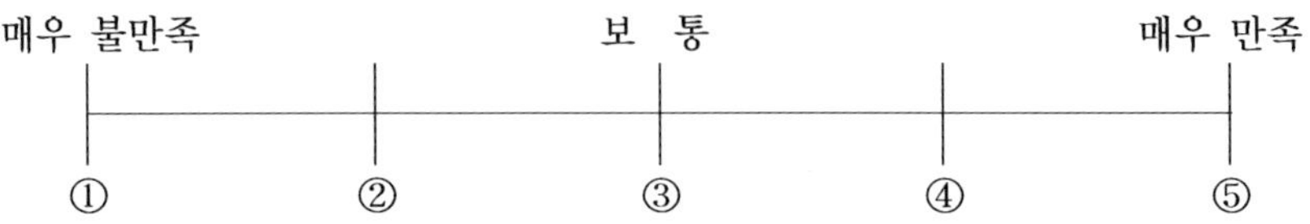

Part—IV.전반적인 개선 건의사항에
대해 자유롭게 기술하여 주십시오.

문4. 우리 점포에 대해 전반적으로 얼마나 만족하십니까?

구 분	건 의 내 용
제품/ 메뉴/ 디자인 관련	
가격 / 품질	
매장 위치와 레이아웃	
종업원 관련	
기 타	

Part—V. 우리 점포의 브랜드 이용실태와
관련하여 여쭈어 보겠습니다.

문5. 우리 점포의 브랜드는 어떤 경로를 통해서 처음 알게 되셨습니까?

① 텔레비전, 신문, 잡지, 생활정보지 등 대중매체의 안내광고나
기사

② 관련 사이트 등 인터넷을 통해서

③ 관련된 기업이나 단체의 공지를 통해서

④ 주변사람을 통해서

⑤ 기타 _______________

문6. 금일 우리 점포를 방문하신 가장 중요한 이유는 무엇입니까?

    ① 주변동료, 가족, 연인, 친구 등과의 만남

    ② 나의 욕구충족을 해결하기 위해

    ③ 주변 점포에 자리가 없어서 또는 호기심으로

    ④ 이벤트나 홍보문구에 이끌려

    ⑤ 기타 ________________

Part—Ⅵ. 마지막으로 자료의 분류를 위한 몇 가지 사항을 여쭈어 보겠습니다.

DQ1. 귀하의 거주 지역은 어디십니까?

    1) ○○○동   2) ○○○동   3) ○○○동
    4) ○○○동   5) ○○○동   6) ○○○동
    7) 기타 ____________________

DQ2. 귀하의 성별을 어떻게 되십니까?

    1) 남   2) 여

DQ3. 귀하의 연령대는 어떻게 되십니까?

    1) 20대   2) 30대   3) 40대   4) 50대   5) 60대

DQ4. 귀하의 소속되어 있는 사업장(학교, 가정)의 구성원 수는 어떻게 되십니까?

    1) 1~9명   2) 10~49명   3) 50~99명
    4) 100~299명   5) 300명 이상

DQ5. 귀하의 소속되어 있는 사업장은 어떤 업종에 해당되십니까?
   1) 제조업　　　　2) 건설업　　　　3) 도·소매업
   4) 숙박/음식업　　5) 운수업　　　　6) 서비스업
   7) 학교 (초, 중, 고, 대학, 대학원)
   8) 기타 ________________

　　　◉ 끝까지 성의 있게 답변해 주셔서 대단히 감사합니다. ◉

〈표 4-19〉와 같은 고객관리 노트 작성과 〈예시〉의 설문 등을 통해 다음과 같은 접객 매뉴얼과 최우량고객군을 설정할 수 있다.

(1) 구매행위에 소극적이고 구매, 주문까지의 시간이 긴 고객은 대부분 급격한 변화를 싫어하는 성향이 있으므로 접객 시 가급적 근접하지 말고 질문사항에 자세한 답변을 하도록 하며, 말투와 말의 논리성을 판단하여 너무 전문적인 설명은 피할 것.

(2) 종업원의 말에 강하고 즉각적인 반응을 보이는 경우 신상품을 권하고 경제능력을 추정하여 고가상품도 참고로 보여줄 것

(3) 평소의 옷차림과는 달리 최신유행 상품에 눈을 뜨지 못하는 경우 편리성이나 보편성을 강조하여 자신감을 불러일으켜 세우고 최근 고객 구매동향에 대한 멘트를 할 것

(4) 양을 많이 줘야 하는 경우, 싫은 기색을 하지 말 것. 특히 재방문 시 그 고객을 중심으로 다른 인물을 동행할 경우는 주변인에 대한 영향력이 있는 고객이므로 특별히 서비스할 것

(5) 구매, 주문한 상품이 주문 당사자가 사용할 것이 아닌 경우 단품보다는 세트된 상품을 권유하고 사용자가 될 사람이 누구인가 파악하여 주문 당사자의 역할을 강조하여 구매동기를 유발할 것

(6) 교육수준이 높고 보수성향이 강하거나 원리원칙을 중요시하는 경우 상품에 대한 설명은 논리 있고 상세하게 하여 우리 가맹점의 전문성이나 접객수준이 높다는 인식을 갖게 할 것 등

(7) 우리 점포의 최우량고객군 설정
자신의 능력을 강하게 어필하며, 오피니언 리더로서 주변인의 의사결정을 좌지우지할 수 있고, 외향적인 성격과 말투를 사용하는 고객. 한편으로는 유행에 민감하지 않아 보수성향이 강한 캐릭터처럼 보이지만 자기 자신보다는 가족이나 연인, 동료를 위하는 역할 의식이 강해 가격에 민감하지 않으며, 주변인을 위한 제품구매를 통한 만족하는 소비행태를 보이는 30~40대 초반의 남자.

〈그림 4-33〉은 전술한 모든 고객관리방법을 통해 얻어진 가맹점의 고객분석 결과의 사례이다.

〈그림 4-33〉 최우량고객군의 설정

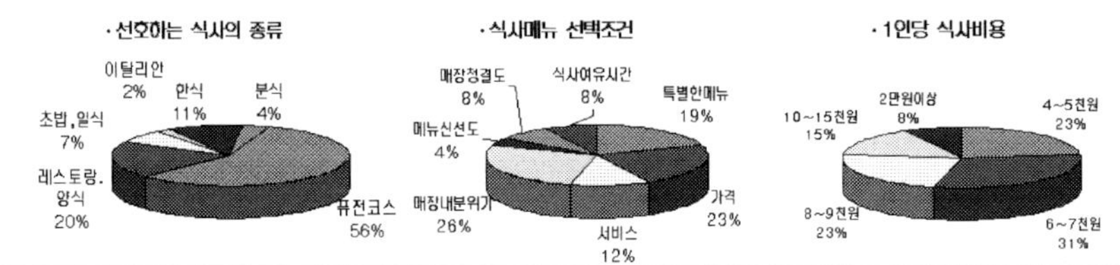

Reference Site
Consumer Reports (www.consumerreports.org)
마이비즈메이크 (www.mybizmake.com)
네이버 지식시장 서식 (km.naver.com)
비즈폼(www.bizforms.co.kr)
예스폼(www.yesform.com)

[제5장] 세무관리 및 분쟁처리

A. 세무관리

B. 가맹사업거래 분쟁처리

제5장 세무관리 및 분쟁처리

A. 세무관리

POINT

사업자는 크게 법인과 개인으로 구분되지만 프랜차이즈 가맹점의 경우 법인 사업자로 등록하여 여러 가맹본부의 여러 가맹점을 운영하는 경우도 있으나 대부분 개인사업자에 해당되게 된다. 해당되는 세금의 종류로는 부가가치세, 소득세 또는 법인세, 사업자로서 소득자에게 징수하여 납부해야 할 원천세, 4대 보험료, 지방세 등이 있다.

프랜차이즈 사업은 크게 전술한 바와 같이 외식업, 도·소매업, 서비스업으로 분류되어 있으나 아직 통계청의 한국표준산업분류 중 대분류 20개 항목에 프랜차이즈업이라는 분류체계는 없기 때문에 업종 구분에 있어 업태를 음식점업, 도매업, 소매업, 서비스업으로 구분하고 종목에 프랜차이즈 가맹점이라고 사업자등록을 하는 것이 보통이다.

프랜차이즈 가맹점주가 알아야 할 세무 관련 내용은 아래와 같으며, 혼자의 힘으로 처리가 힘든 경우에는 세무사를 지정하거나 국세청의 홈택스 서비스를 이용하면 된다. 특히 홈택스 서비스는 회원가입과 공인인증서 발급을 통해 이용할 수 있는데, 납세자가 고지 사실을 조회하거나 과세자료를 인터넷을 통해 제출할 수 있고, 은행계

좌와 비밀번호만의 입력을 통해 전자납부도 가능하다. 물론 납세자
의 신고 납부내역을 조회할 수 있다.

◆ 부가가치세

(1) 개념: 생산 및 유통과정의 각 단계에서 창출되는 부가가치에
대하여 부과되는 조세로서 사업에서 창출한 부가가치를
과세표준으로 하여, 그 사업을 경영하는 개인이나 법인
에게 매기는 세금이다.

사업업종에 따라 부가가치세 과세사업자와 면세사업자로 나뉘며,
면세 종목을 제외하고 모두 거래금액의 10%에 대해 부가가치세가
과세된다.

면세종목에는 기초생활품인 미가공식료품(곡물, 과실, 채소, 육류,
생선 등), 국민후생용역 등이 있는데 프랜차이즈 가맹점의 경우도
본사에서 공급되는 원부자재 중 면세종목인 경우 부가가치세가 면세
처리된다.

매 3개월 또는 6개월 단위로 사업장의 매출액(공급가액)의 10%
상당액 (전 단계 부담 매입세액공제)을 부가가치세로 신고 납부함으
로써 소비세를 징수함과 동시에 사업장의 매출액을 파악하여 소득세
신고자료로 활용한다.

(2) 신고기한

6개월을 과세기간으로 하여 신고, 납부하게 되며, 각 과세기간
을 다시 3개월로 나눈 예정신고 기간이 있다.

〈표 5-1〉 확정신고 (모든 사업자)

과세기간	과세대상기간		신고 납부기간
	계속사업자	신규사업자	
제1기 (1/1~6/30)	1월1일 ~ 6월30일	사업개시일 ~ 6월30일	7/1 ~ 7/25
제2기 (7/1~12/31)	7월1일 ~ 12월31일	사업개시일 ~ 12월31일	익년 1/1 ~ 1/25

〈표 5-2〉 예정신고(법인 또는 개인일반사업자 중
예정신고를 선택하거나 반드시 해야 하는 자)

구 분	신고기간 (과세기간이 아님)		신고 납부기간
	계속사업자	신규사업자	
제1기 예정신고	1월1일 ~ 3월31일	사업개시일 ~ 3월31일	4/1 ~ 4/25
제2기 예정신고	7월1일 ~ 9월30일	사업개시일 ~ 9월30일	10/1 ~ 10/25

일반적으로 개인은 1년에 두 번 확정신고만 하면 되지만, 다음의 경우에 해당하는 대상자는 예정신고를 해야 한다.

* 개인 일반사업자 중 선택하여 예정신고납부 할 수 있는 자
- 휴업 또는 사업부진 등으로 인하여 각 예정신고기간의 공급가액 또는 납부세액이 직전과세기간의 공급가액 또는 납부세액의 3분의 1에 미달하는 자
- 각 예정신고기간분에 대해 조기환급을 받고자 하는 자

* 개인 일반사업자 중 반드시 예정신고납부를 하여야 하는 자
- 법인, 신규사업개시자, 직전기에 환급을 받았거나 납부할 세액이 없는 사업자
- 예정신고기간 중 간이과세자에서 일반과세자로 전환된 사업자
- 예정신고기간 중 신규사업개시자
- 총괄납부 승인을 얻은 자
- 사업자단위 신고, 납부 승인을 얻은 자

- 기타의 경우 4월 25일과 10월 25일에 직전기 과세기간 6개월의 납부세액의 2분의 1을 예정고지 받아 납부하여야 하나 일정한 경우 자진 신고 납부할 수 있다.
  단, 간이과세자와 일반과세자 중 10만 원 이하는 제외한다.

* 법인의 경우는
1월1일~3월31일 해당 분은 4월25일
4월1일~6월30일 해당 분은 7월25일
7월1일~9월30일 해당 분은 10월25일
10월1일~12월 31일 해당 분은 익년 1월25일까지 신고 납부해야 한다.

(3) 신고 범위
  각 기한별로 매출액의 10%(매출에 해당하는 부가가치세)에서 가맹본부로부터 공급받은 주요 매입원가 10% 상당의 부가가치세, 신용카드매입세액, 현금영수증매입세액, 기타 매입세액

해당액(차량주유비, 정비비, 도시가스요금, 전기전화요금, 가맹점주 핸드폰요금), 의제매입세액 등을 차감하여 남은 세액을 납부하는 것이며, 차감잔액이 마이너스인 경우는 이를 환급해 준다. 여기서 매출액은 주로 신용카드 매출과 현금영수증 발행 매출이 된다.

* TIP

- 가맹점 인테리어 공사 시 들어간 비용에 대해서는 반드시 세금계산서를 모두 받아야 한다. 그 이유는 부가세는 바로 공제, 환급대상이 되고 소득세에 있어서는 감가상각으로 수년에 걸쳐 경비 처리되기 때문이다.

- 가맹비에 부가가치세를 포함해서 지급한 경우도 부가세 환급이 가능하다.

- 법인사업자인 경우는 각 신고기한별로 공급한 상품 등의 매출액의 10%에서 원가 등의 부가가치세를 공제한 금액을 부가가치세로 신고하면 된다.

- 카드매출과 현금영수증 매출의 1%(간이과세자는 1.5%)를 부가가치세 납부할 세액(1년 한도 500만원)에서 공제가 가능하다.

- 의제매입세액공제: 부가가치세가 면제되는 농·축·수·임산물을 구입하여 부가가치세를 납부하는 사업을 하는 경우 비록 그

농산물 등을 구입할 당시 직접 징수당한 부가가치세는 없지만 그 매입가액의 일정률에 해당하는 금액을 매입세액으로 인정(의제)하여 매출세액에서 공제하는 제도이다.

* 의제매입세액＝면세로 제공받은 농·축·수·임산물의 매입가액 × 2/102(음식업 5/105)

* 의제매입세액이 적용되는 재료(예)
① 농산물: 쌀, 채소, 청과물 등
② 축산물: 육류(정육, 돈육 등), 계란 등
③ 수산물: 생선, 미역, 김 등
④ 임산물: 송이버섯, 죽순 등

- 사업에 관한 모든 권리와 의무를 포괄적으로 승계시키는 사업양도는 재화의 공급으로 보지 않으므로, 사업장별로 승계하거나 사업에 관한 모든 권리와 의무를 승계하거나, 업종의 동일성과 양수인이 일반과세자로 등록신청하거나, 사업포괄양수도계약서를 작성하면 부가가치세 부담이 없게 된다.

- 가맹점을 폐업하는 경우 부가가치세를 공제받고 판매되지 않은 상품과 폐업 전에 신고하지 않은 매출과 매입이 있는 경우 폐업일로부터 25일 내에 그에 상응한 부가가치세를 신고납부하도록 하며, 이때 폐업신고서도 같이 제출한다. 또한 개인사업자는 다음 해 5월1일~31일까지 종합소득세 신고납부의무가 남게 된다.

〈표 5-3〉 일반과세자와 간이과세자 차이

구 분	일반과세자	간이과세자
발행가능증빙	세금계산서(의무적 발행)	영수증(세금계산서 발행 불가)
매입세액공제여부	전액공제	부분공제(매입세액×업종별 부가가치율)
세액계산	매출세액(매출액×10%) −매입세액(매입액×10%)	(매출액 × 업종별부가가치율 × 10%) −기타 공제세액(세금계산서 상 매입세액 × 업종별 부가가치율)
의제매입세액공제	모든 업종에 적용	음식업 사업자만 공제

◈ 소득세

(1) 개 념:

가맹점주는 매 회계기간의 소득금액에 대하여 소득세 납세의
무를 지게 되는데, 소득금액의 산출은 주로 부가가치세로 신
고된 매출액에서 세무관리상 집계된 원가 및 판매비, 일반관
리비 등을 차감한 금액으로 한다. 여기서 회계기간을 법인은
임의로 선택할 수 있지만 개인은 무조건 1월1일부터 12월31일
까지 1년이다.

(2) 신고기한

매년 5월1일~5월 31일까지 직전 년도의 소득금액에 대하여
신고 납부한다.

(3) 신고범위

주로 신용카드 매출금액과 일부 현금매출금액에서 가맹본부로
부터의 공급물에 대한 매입원가와 판매비, 일반관리비 등을
차감한 금액에 대하여 8%~35%의 4단계 초과누진세율구조로
소득세 납세의무를 진다.

400

〈표 5-4〉 종합소득세율

과 세 표 준	세 율	누진공제
1,000만원 이하	8%	-
1,000만원 초과 4,000만원 이하	17%	900,000원
4,000만원 초과 8,000만원 이하	26%	4,500,000원
8,000만원 초과	35%	11,700,000원

* TIP

- 법인사업자인 경우: 회계기간 종료 후 3개월 내이며, 보통 법인 사업자는 회계기간이 1년 단위이고 12월 결산법인이므로 매년 3월 31일까지 신고하면 된다.

- 신고방법에는 인정과세에 의한 방법과 기장에 의한 방법 두 가지가 있는데 전자는 매출 또는 수입금액에 기준경비와 국세청이 정한 기준경비율에 의하여 계산한 금액을 공제하고 나머지를 이익으로 하여 소득세를 계산하는 방법이고 후자는 장부 기장을 통하여 나타난 재무제표 상의 이익을 기준으로 소득세를 계산하는 방법이다.

- 기준경비율 제도란 과거 2001년까지 적용되었던 무기장에 대한 과세를 위해 업종에 따라 일정한 이익률을 정한 표준소득율제도의 단점을 해소하기 위한 제도로서 2002.1.1 이후 발생하는 소득분부터 무기장사업자도 기장사업자와 같이 수입금액(매출금액)에서 필요경비를 공제하여 정상적으로 소득금액을 계산하는 제

도이다. 즉 사업의 기본적인 비용인 세 가지 주요경비(매입비용, 임차료, 인건비)는 증빙서류에 의해 인정하고, 나머지 비용은 정부가 정한 기준경비율에 의해 필요경비를 인정하여 소득금액을 계산하는 제도로 '소득금액＝수입금액－주요경비－(수입금액×기준경비율)'으로 계산한다.

세 가지 주요 경비의 증빙을 제출하지 않는 경우 많은 세금이 부과됨으로 유의하여야 하며, 결국 기장을 하는 방법이 가장 좋다.

- 결손금이 발생한 경우 종합소득세 납부의무는 없지만 결손처리된 금액도 종합소득세 신고기간에 신고를 반드시 해야 하는데 그 이유는 결손금액을 향후 5년간의 과세표준에서 공제시키기 때문이다.

- 가맹점 규모에 따라 다르지만 정규직 형태의 직원보다는 대부분 일용직을 채용하는 경우가 더 많은데 아르바이트를 포함한 일용직의 인건비 처리를 위해서는 주민등록등본을 받고 지급 인건비를 급여대장에 기록해야 하나 대부분 주민등록증 앞뒷면을 복사하고 급여대장에 기록하는 것이 일반화되어 있다.

정부가 2006년 초 소득세법 시행령을 고쳐 2006년도 귀속분부터 일용 근로자에게 지급한 매월 임금 지급액 총액과 일용 근로자 이름, 주민등록번호 등을 기재하는 급여내역(지급조서)을 분기별로 관할 세무서에 제출하도록 한 '종업원 임금신고제(일용직 근로자 지급조서 제출 의무화 제도)'를 시도하고 있는 만큼 제도 변화에 관심을 두고 있어야 할 사항이다.

◆ 원천세

(1) 개 념

인건비를 비용 처리하는 과정으로 가맹점주가 고용한 종업원 등에게 지급한 인건비 또는 외주비는 세금계산서 등 증빙을 수취한 것이 아님으로 가맹점주 스스로 인건비에서 원천징수액(갑근세)을 징수한 후 다음 달 10일까지 원천징수이행상황신고서와 함께 납부하는 것이다.

이는 지급받는 자의 세금을 대신 징수하여 납부하는 것으로 사업자의 세금이 아니지만 징수, 납부의 의무가 고용인에게 있는 세금으로 이해하면 된다.

(2) 신고기한

지급일 익월 10일까지 신고납부

(예외) 고용인원 연평균 10인 이하 소규모사업자의 경우 반기별로 익월 10일까지 신고납부

(3) 일용근로자의 지급조서(임금명세서) 제출 제도

이 제도는 2008년부터 시행 예정인 근로소득지원세제(EITC Earned IncOme Tax Credit)에 대비하여 저소득층에 대한 지원을 위해 일용근로자의 소득을 파악하기 위한 것으로 2006년부터 일용근로소득 등 분리과세가 되는 소득에 대해서도 지급조서 제출이 의무화되었다.

따라서 사업자는 근로소득세 납부세액이 없는 일용 및 상시 근로자

에 대한 급여액을 현금영수증 단말기에 입력하면 지급조서(임금명세서) 제출을 끝마칠 수 있게 한 방법이다. 현금영수증 단말기를 이용하면 별도로 지급조서를 작성할 필요가 없고, 사업자의 소득세를 신고할 때도 영수증만 출력하면 인건비 지급자료로 인정받을 수 있다.

따라서 일용근로소득자를 많이 고용하게 되는 가맹점주 입장에서는 일용근로자의 소득신고 시 이들에 대한 갑근세의 원천징수 부담 및 4대 보험과 관련된 신고의무와 보험료 납부 등의 부담이 더욱 증가될 것으로 보인다.

* 참고: EITC란 저소득층에 대한 경제적 지원과 근로의욕 고취를 위해 저소득 근로자에게 급여의 일정 비율만큼을 국가가 지원하는 제도로서 근로자의 세부담이 증가하는 것은 아니며 오히려 생활비의 일부를 지급받게 된다.

◈ 4대보험

4대보험이란 고용보험, 산재보험, 국민연금, 건강보험으로서 1인 이상의 근로자를 고용한 사업자는 반드시 가입해야 하는 보험이다. 산재보험의 경우는 100% 사업자 부담이며, 국민연금, 건강보험은 보험료의 2분의 1씩 사업자와 근로자가 부담하게 되며, 고용보험료는 법정비율대로 사업자와 근로자가 부담하게 된다.

〈표 5-5〉 종업원에 대한 4대보험 부담비 (년 부담률)

구 분	상시근로자수	직원급료대비 적용률		
		사업주부담	직원부담	계
국민연금	5인 이상	4.5%	4.5%	9%
건강보험		2.155%	2.155%	4.31%
고용보험(일용직포함)	1인 이상	0.9%	0.45%	1.35%
산재보험(일용직포함)		0.65%	0%	0.65%
합 계		8.205%	7.105%	15.31%

[김정봉세무사회계사무소- 프랜차이즈 관련 세무 법률 발표자료, 2006.6]

◈ **지방세**

지방세는 지방자치단체인 특별시, 광역시, 도·시·군·구의 지방 행정기관에서 징수한다.

주민세: 지방자치단체의 주민에게 일정액을 부과하거나 소득세액 등에 일정율로 부과하는 세금이다. 법인세, 소득세, 근로 소득세는 주민세도 신고 납부하여야 한다.

취득세, 등록세: 사업자가 토지, 건물, 자동차 등의 재산을 취득할 때는 취득세를, 그 재산을 등기(등록)할 때는 등 록세를 내야 한다.

◈ **세무신고를 위해 필수적으로 준비되어야 서류와 증빙자료**

(1) 가맹점주를 포함한 종업원의 주민등록등본
(2) 종업원 급여지급명세서 및 일용근로자의지급조서(임금명세서)
(3) 고정자산명세서

(4) 매입, 매출분의 세금계산서

(5) 각종 지출 증빙서류

　－ 전기요금, 전화요금, 임차료, 세금과 공과금, 수선비, 운반비, 지급수수료, 보험료, 직원식대, 접대비, 소모품비, 여비교통비, 도서구입비, 지급이자 등의 영수증

(6) 업무용 차량운반비 등록원부 사본

　－ 주유대, 수리비, 보험료, 통행료, 주차비, 면허세 등의 영수증

* (참고) 전기요금에 대한 부가가치세 세액공제를 위한 한국전력에 등록해야 하는데 필요한 서류로는 사업자등록증 사본, 건물주 주민등록 사본(앞뒷면) 및 도장, 최종불입 영수증, 건축물 대장 등이 있다.

Reference Site

국세청 (www.nts.go.kr) －EITC

홈택스 서비스 (www.hometax.go.kr)

통계청 (www.nso.go.kr)

김정봉 세무회계사무소 (1410002.semusa.in)

세무법인 정상 (www.toptax.co.kr)

비즈앤택스 (www.bizntax.com)

B. 가맹사업거래 분쟁처리

> **POINT**
>
> 가맹점 운영시 분쟁이 발생할 경우에는 가맹사업거래공정화에관한 법률과 시행령을 탐독한 후, 가맹사업거래와 관련하여 발생한 분쟁에 대해서 조정을 이루어내는 법정기구인 가맹사업거래분쟁조정협의회에 의뢰하도록 한다. 이 위원회는 공정거래위원장이 위촉한 9명의 전문조정위원들에 의해 조정이 행해지게 된다.

독립창업과는 달리 프랜차이즈 가맹사업은 가맹본부와 가맹점 간의 상호 계약위반이나 운영상의 불합리한 점의 발생으로 분쟁이 생기게 되는데 분쟁사건의 신고는 공정거래위원회나 가맹사업거래분쟁조정협의회에 접수하여 아래 〈그림 5-1〉과 같은 피해구제절차에 의해 처리할 수 있으며, 약 3개월 정도의 기간이 소요된다.

가맹사업분쟁조정협의회는 가맹본부와 가맹점 간의 분쟁을 조정할 목적으로 설치된 법정기구로서 민사상 합의와 동일한 효력을 지니며, 조정이 이루어진 경우에는 비록 가맹본부가 사맹사업법을 위반하였다 하더라도 특별한 사유가 없는 한 공정거래위원회로부터 시정조치나 시정권고가 면제된다.

분쟁조정의 결과 조정이 성립되면, 사건이 종결되나 조정성립이 되지 않은 경우에는 공정거래위원회에 통보되어 정식 사건처리절차에 따라 처리된다. 이 사건이 가맹사업법 적용대상이 아닌 경우를 제외하고 공정거래위원회의 직권조사가 있을 수 있으며, 가맹본부의 행위가 가맹사업거래법에 저촉되는 경우 그 위반 정도에 따라 시정권고나 과징금 등의 행정처분을 받게 된다. 만일 당사자 간에 합의된 것이 이행되지 않는 경우에는 합의서 내지 조정조서는 법원에서 집행할 수 있는 집행권원이 되지 못함으로 신청인은 이를 첨부하여 집행권원을 얻기 위한 소송절차를 거쳐야 한다.

〈그림 5-1〉 가맹사업거래 분쟁 처리 절차

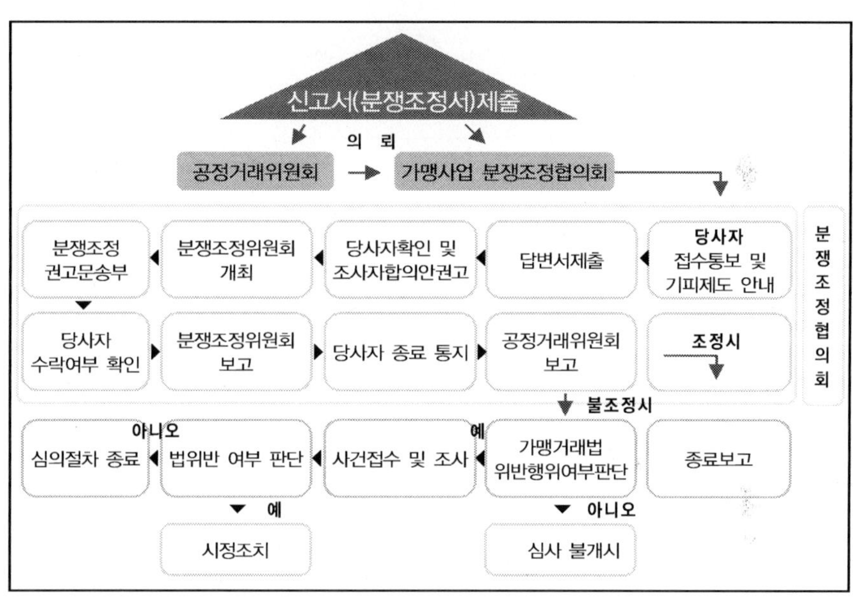

[공정거래위원회, 가맹유통팀]

분쟁조정을 신청하려면 별도 서식인 〈표 5-6〉과 같은 '가맹사업거래 분쟁조정신청서'를 작성하여 등기우편이나 방문을 통해 접수하여야 하며, 이메일이나 전화접수는 불가능하다. 또한 가맹본부의 행위가 가맹사업법에 위반되는 불공정한 행위라고 판단되는 경우에 〈표 5-7〉과 같은 '부당한 가맹사업거래행위 신고서'를 작성하여 접수할 수도 있다.

<표 5-6> 가맹사업거래분쟁조정신청서

<table>
<tr><td colspan="2" align="center">가맹사업거래분쟁조정신청서</td></tr>
<tr><td colspan="2">1. 신청인
성명:　　　　　　주민등록번호:

주소:
사업자등록번호:
TEL:　　　　　H.P:　　　　　　　　　우편번호:</td></tr>
<tr><td colspan="2">2. 대리인
성명:　　　　　　주민등록번호:

주소:
TEL:　　　　　H.P:　　　　　　　　　우편번호:</td></tr>
<tr><td colspan="2">3. 피신청인

　　　　　　　　　　　　　　　　　　TEL:
법인명:　　　대표이사명(　　　)　사업자등록번호:
　　　　　　　　　　　　　　　　　　우편번호:
주소:</td></tr>
<tr><td colspan="2">4. 신청취지:

5. 신청이유: 별첨(A4용지에 작성)

</td></tr>
<tr><td colspan="2">가맹사업거래공정화에관한법률 제22조제1항 및 법시행령 제19조의 규정에 의하여 위와 같이 신청합니다.

　　　　　　　　　년　　　월　　　일

　　　　신청인　　　　　　　　　　　　(인)
첨부: 1. 신청이유(분쟁조정신청의 원인 및 사실을 증명하는 서류)
　　　 2. 대리인이 신청하는 경우 위임장
　　　 3. 기타 분쟁조정에 필요한 증거서류 또는 자료

※위 신청서 및 첨부자료를 각4부씩 제출하여 주시기 바랍니다. (위원회상정, 송달용)

　　　　　가맹사업거래분쟁조정협의회 귀중</td></tr>
</table>

〈표 5-7〉 부당한 가맹사업거래행위신고서

<table>
<tr><td colspan="7" align="center">부당한 가맹사업거래행위 신고서</td></tr>
<tr><td colspan="7">☞ * 표시항목은 필수사항이니 반드시 기재하여 주시고, 나머지 사항은 효율적인 심사를 위하여 가능한 기재해 주시기 바랍니다.</td></tr>
<tr><td rowspan="12">신
고
인</td><td colspan="2">성 명(*)</td><td colspan="2"></td><td>주민등록번호(*)</td><td colspan="2"></td></tr>
<tr><td colspan="2">주 소(*)</td><td colspan="5"></td></tr>
<tr><td rowspan="2">연락처</td><td>전화번호(*)</td><td colspan="2"></td><td>휴대폰</td><td colspan="2"></td></tr>
<tr><td>팩스번호</td><td colspan="2"></td><td>이메일</td><td colspan="2"></td></tr>
<tr><td colspan="2">피신고인과의 관계</td><td colspan="5"></td></tr>
<tr><td rowspan="5">신 고 인 이
가맹사업자
인 경 우</td><td>가맹사업자명(*)</td><td colspan="2"></td><td>사업자등록번호(*)</td><td colspan="2"></td></tr>
<tr><td>사업장 주소(*)</td><td colspan="5"></td></tr>
<tr><td>가맹사업내용(*)</td><td colspan="2"></td><td>가맹금(*)</td><td colspan="2"></td></tr>
<tr><td>가맹계약일자(*)</td><td colspan="2"></td><td>가맹계약기간(*)</td><td colspan="2"></td></tr>
<tr><td rowspan="6">피
신
고
인</td><td colspan="2">사업자명(*)</td><td colspan="2"></td><td>대표자 성명</td><td colspan="2"></td></tr>
<tr><td colspan="2">주소 또는
전화번호(*)</td><td colspan="2"></td><td>관련부서 및 담당자</td><td colspan="2"></td></tr>
<tr><td colspan="2">사업내용 또는 영위업종</td><td colspan="5"></td></tr>
<tr><td colspan="2">피신고인의 연간 매출액</td><td colspan="5"></td></tr>
<tr><td colspan="2">피신고인의 시장점유율</td><td colspan="5"></td></tr>
<tr><td rowspan="2">신
고
내
용
(*)</td><td colspan="6">☞ 신고서와 함께 제공되는 「부당한가맹사업거래행위신고서 작성안내」에 따라, 신고하고자 하는 내용을 가급적 6하 원칙에 맞게 기재하시고, 쓸 공간이 부족하면 별지에 작성하여 첨부해 주시기 바랍니다.</td></tr>
<tr><td colspan="6"></td></tr>
<tr><td>증거
자료</td><td colspan="6">☐ 있음(☞ 신고내용을 증명하는 데 도움이 되는 증거 자료가 있으면 첨부하여 주십시오.)
☐ 없음</td></tr>
<tr><td colspan="7">가맹사업거래의공정화에관한법률 제37조 제1항 및 공정거래위원회회의운영및사건절차등에관한규칙 제10조 제2항에 의하여 위와 같이 신고합니다.
 년   월   일 신고인: (서명 또는 날인) </td></tr>
</table>

◆ 공정한 프랜차이즈 계약체결을 위한 가이드

2005년 10월 공정거래위원회에서 제시한 공정한 프랜차이즈 계약 체결을 위한 가이드의 내용을 요약하면 다음과 같다.

(1) 프랜차이즈에 대해 충분히 알고 투자하여야 한다.
- 사업경험이 없이도 창업할 수 있는 장점이 있는 반면, 영업 활동에 대한 제한이나 통제, 계약위반 등의 이유로 가맹본부의 계약해지권 행사 또는 계약갱신거절의 경우 투자비를 상실할 우려가 있음을 유의하여야 한다.
(2) 반드시 정보공개서를 제공받아 충실히 검토한 후 투자하여야 한다.
- 이전에 설명한 정보공개서의 내용은 가맹본부의 신뢰성 및 사업의 성공가능성 등에 관한 중요한 판단자료를 담고 있는 만큼 자세히 비교, 검토하도록 한다.
(3) 기존 가맹점 사업자 및 점포를 방문하여 영업현황, 가맹본부의 평판 등을 체크하여야 한다.
- 정보공개서에는 가맹점을 희망하는 지역 근처 10개 가맹점 사업자의 주소, 연락처 등이 기재되어 있으므로, 가능한 한 다수의 점포를 방문하여 직접 사업성을 판단하여야 한다.
(4) 거래조건을 명확하게 하고 이를 반드시 계약서에 기재하여야 한다.
- 각종 비용의 부담, 영업활동에 대한 조건, 제한, 계약해지사유, 계약갱신거절사유 등 계약조건을 분명하고 구체적으로 정하여 이를 가맹계약서에 기재하여야 한다. 그 이유는 불분명한 계약조건, 막연한 계약조건은 가맹점 사업자에게 불이익으로 작용할 수 있기 때문이다.

(5) 가급적 전문가의 자문을 받는 것이 현명하다.

　－ 가맹사업거래상담사 등 전문자격인의 자문을 받음으로써 적은 비용으로 장래의 위험을 회피할 수 있도록 하는 것이 좋다.

Reference Site

공정거래위원회 기업협력단 가맹유통팀 (franchise.ftc.go.kr)

가맹사업거래분쟁조정협의회 (www.fmc.or.kr)

대한가맹사업거래상담사협회 (www.fea.or.kr)

· 저자 ·

최진욱   **· 약 력 ·**

아주대학교 경영학 학사
서강대학교 경제학 석사

한진그룹 한진정보통신 사업기획실
수협중앙회 경제사업부문 마케팅팀
한국소호연합회 창립 / KoreaSOHO 창립
도소매 프랜차이즈 가맹본부 마케팅기획팀, 외식업 프랜차이즈 가맹점 운영
정보통신부 사단법인 한국커머스넷 사업기획팀
현 중소기업청 사단법인 한국프랜차이즈협회 기획·조사팀
현 한국전산원 중소기업정보화사업 자문위원

정보통신부 소기업정보화 및 백만가정 홈페이지 갖기 캠페인 주관
부산시청 창업박람회 주관
한국능률협회 한국 SOHO EXPO 주관
한국전자상거래대상, 한국프랜차이즈산업박람회 및 한국프랜차이즈대상 주관

· 주요논저 ·

대한상공회의소 '알기 쉬운 전자상거래'집필 위원
한국전산원 '이야기로 풀어가는 소기업 정보화'집필 위원
한국전산원 '국가정보화백서'집필 위원, 소상공인 네트워크화 사업 교재 집필
한국능률협회 'SOHO Business Guidebook'집필 위원
정보통신정책연구원 'SOHO 활성화를 위한 법제도 정비방안' 전문 패널
중소기업청 소기업과 소호창업부문 자문

· e-mail

hana1233@kornet.net / cjinwool@naver.com / cjinwook@nate.com

프랜차이즈
성공 창업의 길 알고가면 가깝다

- 초판 인쇄   2006년 10월 30일
- 초판 발행   2006년 10월 30일

- 지 은 이   최진욱
- 펴 낸 이   채종준
- 펴 낸 곳   한국학술정보㈜
             경기도 파주시 교하읍 문발리 526-2
             파주출판문화정보산업단지
             전화 031) 908-3181(대표)·팩스 031) 908-3189
             홈페이지 http://www.kstudy.com
             e-mail(출판사업부) publish@kstudy.com
- 등   록   제일산-115호(2000. 6. 19)
- 가   격   20,000원

ISBN   89-534-5772-6 93320 (Paper Book)
       89-534-5773-4 98320 (e-Book)